河南警察学院中原警务文库

脸面：文化社会心理学视野下的多维探索

滕修攀　著

中国人民公安大学出版社
·北　京·

图书在版编目（CIP）数据

脸面：文化社会心理学视野下的多维探索 / 滕修攀著. -- 北京：中国人民公安大学出版社，2024. 10.
ISBN 978-7-5653-4814-3

Ⅰ. C912. 6

中国国家版本馆 CIP 数据核字第 20240SD489 号

脸面：文化社会心理学视野下的多维探索

滕修攀　著

策划编辑：李娜
责任编辑：李玮煜
装帧设计：张彦
责任印制：周振东

出版发行：中国人民公安大学出版社
地　　址：北京市西城区木樨地南里
邮政编码：100038
经　　销：新华书店
印　　刷：北京市科星印刷有限责任公司

版　　次：2024 年 10 月第 1 版
印　　次：2024 年 10 月第 1 次
印　　张：12. 75
开　　本：787 毫米×1092 毫米　1/16
字　　数：230 千字

书　　号：ISBN 978-7-5653-4814-3
定　　价：58. 00 元

网　　址：www. cppsup. com. cn　www. porclub. com. cn
电子邮箱：zbs@ cppsup. com　zbs@ cppsu. edu. cn

营销中心电话：010-83903991
读者服务部电话（门市）：010-83903257
警官读者俱乐部电话（网购、邮购）：010-83901775
公安业务分社电话：010-83906108

总　序

2022年4月25日，习近平总书记在中国人民大学考察时指出，加快构建中国特色哲学社会科学，归根结底是建构中国自主的知识体系。要以中国为观照、以时代为观照，立足实际，解决问题，不断推动中华优秀传统文化创造性转化、创新性发展，不断推进知识创新、理论创新、方法创新，使中国特色哲学社会科学真正屹立于世界学术之林。党的二十大报告提出，要实施科教兴国战略，要把教育、科技、人才工作一体部署推进。

新征程赋予高等院校和广大教科研工作者新的历史使命。公安院校作为教育系统和公安机关的重要组成部分，承担着为党育人、为国育才的时代重任。河南警察学院全面落实党的教育方针，始终坚持政治建警，认真落实立德树人的根本任务，深入推动教育教学改革，“教学练战研”一体化发展，校局合作开展得有声有色，实战化教学水平不断提升。围绕服务公安工作设立了河南公安智库，涌现出一批具有前瞻性和实用性的科研创新成果，高质量的科研创新与高水平的教育教学相辅相成、相互促进。

2023年是全面贯彻落实党的二十大精神的开局之年，中华儿女在以习近平同志为核心的党中央引领下，意气风发踏上全面建设社会主义现代化国家新征程。在向第二个百年奋斗目标进军，全面建成社会主义现代化强国过程中，迫切需要一支对党忠诚、服务人民、执法公正、纪律严明的公安队伍，人民公安面临的任务更加艰巨、责任更加重大、使命更加光荣。学院作为公安人才培养的主渠道、在职民警培训的主阵地、警务战略研究的主平台，围绕构建自主知识体系，聚焦适应新时期公安机关警务工作需要，汇聚专门力量，精心编纂了“河南警察学院中原警务文库”系列丛书，旨在为学院教师创造良好的学术空间，为学院教师潜心治学搭建支持平台，奋力打造公安理论研究的学术品牌，不断推动学院科研工作全面深入发展。

丛书以学院高学历、高职称优秀骨干教师为创作主体，以学院各科研团队及省部级以上课题研究成果为基础，集中展现了学院紧贴前沿的科研成果。丛书收录了学院教师在公安学基础理论、警察法治、警务战略、公安思想政治工作、治安学、侦查学、网络安全执法与技术、刑事科学技术、交通工程与安全管理、警务指挥与战术、安全风险管理、河南警务改革理论与实践、县域社会治理创新理论与实践等方面的最新学术研究成果，结构合理、图文并茂、自成体系，体现了理论与实践相结合的特点，积极为公安实践提供智力支持，有较强的理论性、针对性和实用性，对于保障公安机关侦查工作顺利开展、促进公安机关人民警察规范文明执法、提升公安机关人民警察素质能力、推进公安队伍“四化”建设，具有重要意义。

独木不成林，一花难成春。丛书是学院教师在不断积累警务实战经验，深入钻研公安理论，潜心思考、厚积薄发的基础上，推出的具有前瞻性、实用性的科研成果，真诚希望从事公安理论研究的专家学者、公安实务工作者以及社会各界不吝赐教，共同关心支持这套丛书的出版，共同推动公安理论研究向纵深发展。

是为序。

河南警察学院院长、党委副书记　徐晓慧

2023 年 1 月

目　录

第一章　导　论

探讨中国人的心理和行为有很多路径。例如人文取向的探讨，侧重于国民性研究，以社会批判为主，这种取向倾向于为人们贴上某些“标签”，却难以系统深入地探讨“标签”背后复杂的文化传统、社会结构或心理性因素。又如国学取向的探讨，注重传统典籍的解读与诠释，关注古代思想层面的问题，却容易脱离社会实际，不关注当代中国人的行动实践。人文取向与国学取向的研究往往不能完全符合社会科学的要求，有时会经不起逻辑推敲或实证检验。西方社会科学取向的探讨强调研究的科学性，如文化比较、人类学研究、汉学与史学研究、社会科学的地域性研究，然而这些研究始终离不开西方人的思维和视角，看待中国问题大多是雾里看花。本书立足于社会科学研究的本土性，不做简单的人文批判，或者从古人的思想层面讨论中国人，而是尝试从本土概念“脸面”出发，发现属于中国人的某些“人性与社会秩序”。

第一节　研究背景

关于为何要讨论脸面的问题，借用何友晖等（2007）的说法，是为了洞悉世道与人心。人们要在社会上安身立命，就不能不了解世道、理解人心，不断探索世道人心之间的复杂关系。“脸”与“面子”在汉语中是常见的概念，与威望、荣誉、地位、声望、尊严相关，但又不尽相同。它是中国数千年文化与社会传统呈现出的重要面相，是人们至今仍在实践的行动法则。在历史的长河中，脸面作为一种文化符号，规范着人们的日常行为举止。在当代社会，从朋友聚会到商务谈判，脸面的重要性无处不在，体现为人们对于社交礼仪和人际关系的重视。无论是维护个人形象还是对他人情感的细腻关怀，均以保护自我与他人的脸面为核心。脸面的维护常常伴随复杂的社会规则及潜在的心理博弈。在追求脸面的过程中，个体往往需要在真实自我与社会期望之间寻求平衡。脸面不仅能促使人们追求卓越，亦会导致过度的攀比与心理压力，使个体陷入无休止的竞争之中。在更为广泛的社会层面，脸面问题反映了中国社会的变迁与发展。随着经济的迅速发展和社会结构的转变，中国人对脸面的理解也在不断演化。传统脸面观念与现代价值观念的交织，形成了多元化的社会面貌。

我们在翻阅书籍、杂志，看电视、上网时，很容易就能找到与脸面相关的内容。2019 年的热播剧《都挺好》塑造了苏明哲这一好面子的令人印象深刻的艺术形象。他在苏家三兄妹中排行老大，自幼受到父母重视，考上名校，留学美国，博士学位傍身，然而在光鲜的学历背景之下，职场失意，经济拮据，在美国过得相当窘迫。但他极好面子，在家人面前百般掩饰，为了表面的“事业有成”做足了功夫。苏明哲的行为模式淋漓尽致地展示了何为“打肿脸充胖子”。脸面的学术研究始于 1944 年胡先晋发表的《中国人的脸面观》。她通过语言分析阐述了脸和面子的含义。就在两年后，钱钟书完成了《围城》的创作，塑造了方鸿渐这一经典的民国知识分子形象，爱面子、做面子功夫也是方鸿渐重要的行为模式（古凌，2020）。对比苏明哲与方鸿渐两个艺术形象，其被塑造的时间相隔了 70 余年，历史背景、人生际遇和性格特征等均有所差异，但行为模式却很相似。他们虽然都接受过西方现代教育，都在西方生活多年，其心理与行为模型却似乎没有在西方文化影响下被“同化”，其身上表现出的好面子行为与心理上并无二致。

面子文化在中国社会中根深蒂固，人们的言谈举止总是和面子紧密相连。面子既让人“爱不释手”，又让人辗转难眠；既让人们和谐相处，又让人们争得面红耳赤。自民国以来，对“脸面观”持怀疑和批评态度的文人学者不在少数。普通人也经常劝慰自己和他人，不要太在意面子。人们总是向往活出自我，活出本真，但先于个体存在的文化传统和社会结构所施加的强大力量，使人们在人际互动中始终难以摆脱面子与人情的桎梏。

正因为脸面对于中国人如此重要，在实践应用领域对面子心理的关注和运用很多。在心理咨询中，本土咨询师越来越意识到面子、人情、关系网的重要性。主要的咨询流派，即精神分析、行为主义、认知心理学和存在—人本主义，都是从个体主义角度出发帮助来访者解决心理问题。然而，很多时候来访者的问题并不是个体问题。家庭咨询、团体辅导、工作坊等让来访者及其主要社会关系人员共同参与，往往能达到更好的咨询效果。心理评测领域针对中国人的特点开发了不少测量工具，被广泛商用的《中国人人格量表》就包含了面子维度。在市场营销当中，人们对于面子文化的运用更是达到了登峰造极的地步。产品和服务的差异化设计，人为造成价格歧视，往往就是为了更好地迎合消费者的面子心理。为了面子，消费者愿意多花钱买“至尊”

版产品，去享受 VIP 服务。可谓增一分面子，多三分利润。与市场营销紧密相关的广告传媒，总是把产品或服务与受众所向往的更高层的生活状态联系起来。面对社会中下层的受众，描绘的是中产阶级的美好图景。面对中上层的受众，描述的则是更上层的生活状态。比如，某房地产广告就是“人生当有别，一墅见高下”。媒体广告不断暗示受众更高阶层的生活才更有尊严，产品和服务的购买能够让他们增加面子。在组织管理中，面子也是很重要的问题。在企业招聘中，出现了针对中国人心理特点设置的评价内容。有公司在招聘销售员岗位时，就把面子敏感度作为重要的考察指标。在组织内的日常沟通中，很多员工容易把纯粹的技术问题当成面子和关系的问题。管理者如果缺乏对员工面子的关照，可能增加工作压力，积累负面情绪，影响工作效率。优秀的管理者必须能够洞悉人心，人情练达。随着对外合作交往的增多，文化差异直接横亘在越来越多的中国人面前。许多人已经认识到，与外国人交流应该调整自己的文化心态。不少外国人也意识到，要实现良好的跨文化沟通，必须更好地做到“面子协商”。有些外国人深谙中国人的文化心理，俨然成为“面子操纵”的高手。国内短视频平台兴起后，一些入驻的国外视频博主，不卖任何产品和服务，仅仅不断吹捧中国社会的发展和中国人的优点，靠着给粉丝们“兜售面子”便收获“三连”无数，赚得盆满钵满。

改革开放 40 多年来，现代化、城市化、全球化是时代发展的主基调。根据国家统计局的数据，2021 年中国人均国内生产总值达 12551 美元，2021 年年末，我国常住人口城镇化率为 64.72%。乡土社会的流动性不断增强，大城市充满了现代气息，车水马龙，塔吊林立，摩天大楼如雨后春笋般涌现出来。经济快速增长和人口向城镇迁移，使得社会的传统性与现代性相互碰撞与交融（周怀红、徐兆东，2007；丁香桃，2009；莫志宏、刘业进，2020；郭怡、刘钒、朱秋锦，2020）。在这样的情况下，社会如何重构其秩序，个人如何安身立命，是我们常常思考的问题。曾经有观点认为，中国要实现现代化，就要弱化民族性，尤其是消除所谓民族“劣根性”。但当经济社会发展到一定阶段，人们又开始意识到传统性与民族性的重要性。它们并不是想脱就脱的“外套”，早已浸透在中华文明与中国人的生命之中。社会秩序的建立离不开传统性与民族性，其所提供的生活规范、德行价值及文化归属感，起着其他文化要素所不能替代的作用。这让人联想到逻辑学家、哲学家殷海光的人生经历（陈鼓应，2019）。殷海光早年就读于西南联合大学，师从金岳霖教授学习逻辑和哲学，自称“五四之子”，曾一度相信只有西方文化才能救中国，并打算为此奋斗终生。后来他颇有感触地说道，自己恰好生长在中国的大动乱年代，中国的文化传统被连根拔起，外来的文化又让人眼花缭乱，使自己在东西文明冲突的旋涡中挣扎与彷徨。直至垂暮之年，他才猛然意识到，再如何西化，自己依然是一个中国人。脸面之所以对中国人如此重要，可能是因为其已深深嵌入文化传统与社会结构中。经济发展和社会转型非但没有消解面子对于人们的意义，反倒给了面子更多呈现的平台。在快速发展的今天，如果我们不希望进入一个混乱分裂的文化状态，就应该更加深入去阐释、整合传统文化心理模式。脸面既是一个老问题，又是一个新问题。对于脸面问题已经有了大量讨论，新的研究成果也时而出现。这既表明了脸面问题的重要性，也表明该问题仍有不少值得讨论的地方，以往研究还有不少相互矛盾之处，也留下了很多悬而未决的问题。本书将在前人研究的基础上，继续探讨脸面问题。

第二节　研究意义

一、理论意义

费孝通先生提出的“文化自觉”或许能很好地诠释华人学者在脸面问题上的探索。费孝通强调，生活在一定文化中的人对其文化有自知之明，明白它的来历、形成过程、所具有的特色（费孝通，2016）。“文化自觉”的形成是一个艰巨的过程，华人学者在挖掘和探讨自己的文化，尝试在多元文化的世界里确立主体文化的位置方面做出了很多努力。本书的主要理论价值包括：(1) 在基本内容方面，针对脸面内涵尚存在争议的现状，通过语言分析探讨脸面的内涵结构，研究结构背后的社会与文化根源；编制更加有效的脸面评估工具，为个体心理与行为的评估和诊断提供参考，也为社会学、心理学、教育学、管理学、传播学、市场营销学等领域相关问题的实证研究提供了定量工具。(2) 在方法与资料方面，本书将兼顾脸面的质性研究与量性研究，力求二者相得益彰；本书基于项目反应理论实施量表的开发，项目反应理论能够弥补以往面子量表编制所运用的经典测验理论存在的不足，更适用于计算机智能系统的操作平台，有利于顺应社会科学大数据研究的发展趋势；本书将收集较大样本的中国人脸面自评数据，以丰富脸面相关的实证调查资料。(3) 从理论视角来说，本书将在文化社会心理学的视野下考察脸面相关的一系列问题，参照杨中芳的“文化/社会/历史脉络观”和康萤仪等人提出的“文化动态建构论”建立分析框架，从“文化主位”的角度出发，建立文化自身的阐释系统，从而有利于丰富本土学术话语体系。

二、实践意义

在微观层面，本书的研究结果可以服务于个体的成长与发展。随着我国经济的迅猛发展，人们的生活水平日益提高，然而面子对于个人的重要性却似乎并未改变。面子可以是人们前进和成功的动力，也是自卑和负担的根源。本书可以给人们提供观察自己的工具，促进人们自我成长，保持健康的心态，积极主动地为自己赋能；有利于个体更好地处理自己与他人、与社会、与传统的关系，积极地参与社群的建构。在中观层面，脸面问题的研究对于心理咨询、社会工作、人力资源管理、市场营销等专业工作具有参考意义。在宏观的国家与民族层面，脸面问题不仅是文化问题，也涉及政治工作、经济建设、社会建设等方面。文化是我们安身立命的根基，正视自身的脸面文化，推进相关学术的建立和强化，提升中国学术话语权，提高文化软实力。在政治工作方面，脸面文化关乎组织能力建设。毛泽东、邓小平、习近平等党的领导人所批评的“形式主义”“官僚主义”“奢靡之风”等不良现象大都与面子文化存在千丝万缕的联系。一些基层组织善于做面子功夫，对于上级下达的任务不认真执行，“拼凑应对”（周雪光，2017），对于群众的诉求敷衍塞责，损坏了党和政府的形象。深入探索脸面问题，弄清楚脸和面子的区别，考察其形成机制，有利于根除组织内部的痼疾，不断提升组织效能。在经济建设方面，面子问题涉及资源的合理利用。“面子工程”造成了资源的严重浪费；“面子消费”造成了数量庞大的不合理支出。研究脸面的文化内核，探索中国人关系网络的基本结构，有利于帮助人们树立正确的政绩观、消费观。在社会建设方面，面子往往折射出世道人心，对于面子的研究，有利于准确把握许多社会问题的文化症结，从而在社会治理中做到对症下药。做好脸面的研究，对于提升组织效能，加强和创新社会治理，都具有现实参考意义。

第三节　文献综述

脸面问题可以说是中国处于“百年未有之大变局”的历史时期时，中西方文化交融的重要发现。如果将脸面问题比喻成一只映照中国人与中国社会的水晶球，那么在百余年间窥探这只水晶球的，既有众多西方学者，也有大量国学者。清朝晚期以来，多位西方传教士、外交官在其著作中将脸面问题作为了解中国人民族性格的重点。受此启发，民国时期的一些文学家、哲学家、教育家等开始关注这个问题，面子文化成为国民性反思和批评的焦点，产生了不少相关的论著。20 世纪 40 年代，胡先晋最早将脸面问题带入社会科学的学术殿堂，其后引发了海外与港台学者对该问题的一系列探讨。20 世纪 50 年代，戈夫曼（Erving Goffman）开创了从礼貌现象研究脸面问题的先河，该范式不断丰富和发展，先后出现了礼貌理论、面子协商理论、护面子理论等，至今仍在研究中具有影响力。20 世 70 年代以来，因意识到西方理论的局限性，国内学者不断拓展本土心理学的研究，脸面问题成为其中的重要课题。进入 21 世纪以来，脸面问题被越来越多的学科领域所关注，实证研究尤其是定量研究不断丰富，拓展了我们对于脸面问题的认识边界。本节将按照以上脉络分五部分梳理脸面问题的相关文献。

一、脸面问题的早期探讨

在脸面问题的早期探讨中，西方的传教士们扮演了十分重要的角色。他们随着西方殖民化的步伐于晚清与民国时期来到东方，提供了另一双审视中国文化的眼睛，通过文化接触认识到面子对于中国人和中国社会的重要性。刘禾（2017）认为，对脸面问题的分析有必要回溯到西方传教士的著作中，因为在此之前没有论著专门提到脸面，并将其作为分析中国人特质的重要概念。

在众多脸面相关的文献中，美国人明恩溥（原名 Arthur Hendrson Smith）是一个经常被提到的名字。他于清朝末年以基督教公理会来华传教士的身份来到中国，将自己的所见所闻写成了《中国人的性格》，并于 1894 年出版。此书在当时颇具影响力，曾被列为驻华外交官的必读书。他在书中列出中国人的 27 个方面的性格特征，首要一条就是面子。明恩溥开门见山地指出，面子在中国文化中是一个具有特定的、多种复杂含义的名词（明恩溥，2017）。明恩溥认识到，面子对中国人生活的支配无处不在，故将面子称为解开中国人行为密码的钥匙。作为写给西方人看的书，明恩溥尽量用西方熟知的事物来描述面子，尤其从“戏剧”的角度刻画了面子的本质特征。他认为中国人爱面子，源于“对戏剧的狂热”，但这种“戏剧本能”从何而来，何以必然牵涉面子，却并未交代清楚，只是将面子类比为南洋土著的“禁忌”，又将中国人爱面子类比为“英国人爱体育、西班牙人爱斗牛”。明恩溥在一部名为《王者基督》（*Rex Christus*，1903）的著作中再次强调了脸面对于中国人的重要意义，“中国的理论和实践都认为，外表比实际重要，这就是面子的实质”。

之后，其他外国传教士、使节、学者也陆续关注到脸面问题。美国传教士、外交官何天爵（Chester Holcombe）在其作中，着重论述了脸面在中国的普遍性与重要性。他主要从礼义、礼节的角度描述了中国人脸面的运作。在华生活 50 余年的英国传教士麦高温（John MacGowan）在 1909 年出版了《多面中国人》，再次强调了脸面是中国人重要的生活特征。他认为，中国人非常重视其他人的想法，总是想着要在别人面前显露得光彩一些，做到了就是“有面子”，没做到就是“丢面子”。中国人对于如何才能脸上有光这件事知之甚详，所以总是在人前表现出一副得体的样子，就如同演戏一般（麦高温，2014）。麦高温认为，面子有两层含义：一是名望或荣誉，比如一个人因为做了福及他人的善事而得到极高的名望，其名其事见诸报端而为人称颂，就是很有脸面的事；二是尊严，中国人总是竭尽全力地维护尊严。法国学者罗兹（Rodes，1929）在其出版的《中国人——人种地理学的心理论》一书中看到了德行、礼貌与面子之间的不一致性，并再次将中国人的行为和态度大致归结到面子上来，以说明面子可以解释中国人的大多数心理和行为。

德国传教士卫礼贤（Richard Wilhelm）对于中国人的探讨主要反映在《中国心灵》（1928）和《中国经济心理》（1930）两本书中。在前一本书中，卫礼贤探讨了中国人性格形成的思想根源，认为其以儒家和道家的思想为中心，而儒家的和谐思想在中国家庭中找到了归属。受儒家和道家影响，中国人在既定社会秩序的规范下行动，若能通达则全力以赴，不能得之则急流勇退，“爱面子”和“没法子”体现了中国人在进退之间叠加形成的心理特质。这一观点被引申到后来的《中国经济心理》中，又阐释了一种经济心理特质，即中国人在小农经济中产生了忍耐、温顺、宿命论等心理，但中国人如果遇到面子问题，这些心理特征就非常有限了。卫礼贤不但发现了脸面背后深藏着中国特有的伦理思想体系，而且看到了脸面和“集合感情”的关系。卫礼贤的研究已经涉及脸面现象深层次的文化探讨。

可以说，来华的外国人揭开了脸面问题的研究序章。他们对于脸面问题的讨论呈现出以下特征：（1）认识到脸面对于中国人的重要性，都把脸面作为观察和解释中国人和中国社会的重要特征，为后面的国民性研究打下了基础；（2）尝试去揭示脸面的内涵，如运用戏剧、礼节、尊严、德行等概念去阐释脸面；（3）对于脸面的探讨大多来源于直接观察。尽管这些研究还不能完全被纳入现代社会科学体系，但他们实证路径下的脸面探讨依然能给后继研究者提供一些很好的借鉴和启示。当然，早期外国人对脸面问题的探讨无疑更倾向于“现实性理解”，即主要还是停留在现象观察和描述性分析上。因为文化鸿沟的存在，这些探讨还存在松散零碎、雾里看花、带着种族与文化偏见等问题。

西方文化观察家们对于脸面问题的探讨，对早期中国文人学者产生一定的启发作用，包括文学家、历史学家、哲学家等都参与到对脸面现象的讨论和反思当中。他们所处的清朝末年到民国时期，民族危机不断加深，同时西方启蒙思想涌入，形成了反思和改造国民性思想的社会历史条件和思想渊源（郭汉民等，2000）。这一时期对中国国民性的反思，对打破传统人格、改造民族灵魂的探索，被持续、广泛地关注（郑大华，2019），而脸面问题则成为人们的重点批判对象。

鲁迅对中国人或中国社会的认识，以及其小说、杂文中对中国人特征的概括，向来被说是“国民性批判”（钱理群，1998）。鲁迅较为认同明恩溥对中国人心理特征的剖析，他自己的作品中也不乏对于面子现象的描述与鞭挞。在《阿 Q 正传》中，鲁迅塑造了一个具有“国民性”特征的经典人物形象，尽管备受欺凌，丢面子，但仍要以精神胜利法宽慰自己，直到被送上刑场也要以自欺欺人的方式维护自己的面子。《说“面子”》一文里，鲁迅更是尖锐地指出，在中国社会中，“‘面子’是‘圆机活法’，善于变化，于是就和‘不要脸’混起来了”。在《马上支日记》里，鲁迅所表达的是他所感受到的民族危机。他指出，外国人能够利用中国人（特别是中国官员）的面子观念，以取得他们在外交上的利益。外国人明明是干涉中国的邮政，但只要将“邮政局”改为“邮务局”，在名称上显得外国人只管理一点相关事务而没有涉及政权，就可以让当时的中国官员们坦然接受，这不过是自欺欺人的“做戏”罢了。鲁迅对面子的批评、对国民性的反思，和他对中国传统社会旧秩序的鞭策相契合。在他看来，中国古代社会是一个等级社会，在等级制度的基础上形成了中国人的礼教和面子观念（冯契，2019）。

“两脚踏东西文化，一心评宇宙文章”的林语堂在 1935 年出版了《吾国与吾民》一书。他在谈及中国人的社会生活和政治生活时，将“面子、命运和恩典”称为统领中国人精神的三位“女神”。面子抽象而不可捉摸，却是中国人社会心理中最微妙、最精细的规范（林语堂，2018）。林语堂通过一系列生动的现实案例来描述面子，表现出面子文化极大地破坏了社会的公平与公正，阻碍了中国社会的发展与进步。他没有给面子一个明确的定义，但指出了面子是一种可以“得到”、可以“丢掉”，又可以作为礼物送给别人的心理形象，具有丰富的文化内涵。

王造时在 1932 年出版的《国民心理》中将面子与礼教联系起来。在他看来，礼教主宰了传统社会中人们的生活，但礼教却处处透着虚伪。随着虚伪心理而来的便是猜疑与阴谋。老舍在 1941 创作了话剧《面子问题》，塑造了一个“毕生事业在争取面子”的主人公形象（老舍，1986）。梁漱溟在 1949 年出版的《中国文化要义》第一章的结论中对脸面做了这样的归纳，好面子“一面指繁文缛节、重礼教和形式；一面亦指宁牺牲实利而要面子，为争一口气而倾家荡产等”（梁漱溟，2005）。这些学者已经开始寻求国民心理背后的儒学根源。

以社会批判为主的国民性研究，容易为中国人贴上某些静态的标签，寻找本尼迪克特提出的“文化特性”（Culture Character），却难以系统深入地探讨“文化特性”背后复杂的文化传统、社会结构或心理因素，因此，这类研究越来越受到学者们的质疑。当然，尽管国民性研究已经式微，但中国人对于面子现象的反思和批评至今仍然存在，从近些年出版的面子相关的文学作品便可窥一二，如《中国人的里子与面子》（五岳散人，2013）、《别让“面子”害了你》（王剑，2014）、《别让死要面子害了你》（李国辉，2015）、《别让“面子”毁了你》（李世强、柴一兵，2016）。然而，这些作品都并非严格的学理性著作，且内容大同小异，也反映了对于面子的社会批判并未取得多少新的进展。

二、华人学者对脸面的早期研究

在相当长一段时间里，学者对脸面的研究主要停留在人文性描述上，并未对脸面进行严格的学理性分析。直到 20 世纪 40 年代，学者们才对脸面问题进行了社会科学意义上的探讨。公认的最早对脸面问题展开学术探讨的是在美国攻读人类学博士学位的胡先晋。查阅最近几年有关脸面的文献，我们仍能看到不少研究会提到她的《中国人的脸面观》。在这篇论文中，胡先晋以人类学的研究方式搜罗流行于中国北方方言中的“脸”“面子”相关的常用词汇及语用案例，辨析了中文里两个词的含义（Hu，1944），“脸”是指个体由于遵守社会道德标准而从所处群体获得尊重，是社会核心伦理准则在深层内化的结果。但是，“面子”与终极道德价值并没有根本联系，在追求社会声誉和社会优越感的时候可以长面子，也可能丢面子。一个人可以通过展示自己的能力、财富、慷慨，以及相当广泛的社会关系来赢得面子（Hu，1944）。

人类学家杨懋春出版的《一个中国村庄：山东台头》，以田野调查为基础，从内部社会结构的角度，对中国传统农业区中一个典型村庄进行了全面而详尽的研究。这本书讨论了脸面观构成的复杂性，将其产生归因于六个方面：（1）地位平等的情况；（2）社会评价或社会制裁；（3）地位不平等的情况；（4）他人在场；（5）社会关系；（6）对自己社会声望的认识等（杨懋春，2012）。

社会学家金耀基在《从传统到现代》（1966）中从传统文化的角度探讨了脸面问题。在他看来，礼教钳制了中国人的行为，使得中国人不能表现自己最真实的一面。形式主义的原身就是礼教制度，根本上在于维护自己的面子。倘若失去面子，便会丧失原有的身份与地位。金耀基和迈尔斯指出，胡先晋对于“脸”和“面子”的区分虽然适用于中国北方说“普通话”的区域，但在中国南方说粤语或客家话的区域，他们只用“面”字来包括“脸”和“面子”的意义，“面子”较之“脸”应是更古老的词汇（King & Myers，1977）。面子虽然来源于个人成就，但其影响却超越了成就者本身。

在题为《脸面观念及其儒家根源》的论文中，成中英明确地把儒家作为理解中国人脸面问题的思想基础。成中英认为，“脸”的基本内容就是儒家所讲的五伦，“面子”则比“脸”多样化（Cheng，1986）。他将“脸”和“面子”的关系与儒家思想中“实”与“名”的关系相对应，并进行了逻辑上的阐述。成中英对面子的看法强调价值、关系及儒家的影响。台湾学者殷海光在《中国文化的展望》（1988）中认为，所有文化都有地位与声望要求。中国文化是其中发展并且表现得最强烈的。他认为，在中国文化里，地位和声望的外层表象是面子。他对中国人爱面子的现象进行了描述，认为面子就是中国人维护自尊心之最积极的具体表现。

何友晖（1976）强调了面子的文化特殊性，他认为，面子是一个纯粹的中国本土概念，面子不等于行为标准，不等于人格，不等于声望，也不等于地位、尊严或荣誉，尽管西方心理学的许多概念可以与“面子”进行类比，语义上存在重合，但却没有任何一个概念可以与“面子”完全画等号。何友晖（1980）指出，中国的脸面观与“上下关系”及“亲近他人”紧密相连，而且其运作要求强制性的相互原则。西方人的面子植根于个体主义社会中，其行为虽然也与他人产生互动关系，却不必完全依附于他人，或以他人为参照框架，具有较大的自主性。周美伶与何友晖（1993）通过文献探讨和深入访谈，指出了面子与自我、社会、文化的关系，面子的产生以社会、文化为基础；面子是对社会交往中的种种线索赋予“情境释义”而获得。

胡先晋将脸面问题带入了社会科学的研究范畴。她对于脸面的学术研究做出了开创性贡献，无论是对语言分析的运用，还是把“脸”和“面子”两个概念进行区分的做法，都在很大程度上影响了后继研究者。这些研究者运用社会科学的研究方法，既有概念内涵的讨论，也有脸面问题背后的文化根源的探讨，兼备“现实性理解”和“阐释性理解”。然而，这些研究仍不够完善，并未涉及脸面的运作机制，也没有形成完整的理论体系。

三、“礼貌范式”下的脸面研究

美国社会学家戈夫曼一直关注人们在人际交往与互动中如何实现对自己和他人的认知。他在拟剧理论中将人际交往与互动比喻成“戏剧”，每个人

"表演"的目的是想给其他人留下"我是谁"的印象，呈现一个理想化的自我形象，而这个理想化的自我形象就是面子（Goffman，1955；Goffman，1967）。戈夫曼对于"面子"的定义是：在特定的社会交往中，一个人为自己争取正向社会价值，同时他人也认为其应该获得这些正向社会价值。戈夫曼对面子的看法虽然受到胡先晋的影响，不过他提出的面子的定义不是静态、稳定性的概念，而是一种"互动性的定义"。在日常的人际交往和互动中，所有人都在为这种"正向社会价值"而努力，并且在与他人的互动中观察自己的形象是否得到维护，然后据此不断调整沟通的内容和行为。作为个体的自我形象，面子是在与他人的互动和交流中逐渐形成的。人们感到没面子是因为我们想要维护的自我形象受到了损害。正因为面子的获得需要他人的参与和认可，我们才会为了维护理想形象而采取很多行动，戈夫曼称这些行动为"面子功夫"。"面子功夫"涉及对自身面子的维护和对他人面子的保护两个方面，分别对应"自尊"和"为他人着想"原则，具体表现为一种表达性礼节。后来，这种表达性礼节被佩内洛普·布朗（Penelope Brown）和斯蒂芬·列文森（Steven Levinson）发扬光大，发展出完整的礼貌理论。

布朗和列文森是剑桥大学的两位社会语言学家，其在《礼貌理论：语言使用中的一些共性》中明确宣称，礼貌理论受到了戈夫曼的面子理论的影响（Brown & Levinson，1987）。布朗和列文森侧重关注人们在日常生活中如何运用语言来保全自身面子，因此礼貌理论也被称为"面子保全理论"（Face-Saving Theory），而礼貌则是人们为保全面子所采用的策略。他们（Brown & Levinson，1978，1987）将面子视为"每个社会成员都想要营造的公共自我形象"，认为礼貌就是"典型人"（有面子需求的理性人）为了满足面子需求而采取的各种理性措施。布朗和列文森指出，"面子是情绪化投入，能够失去、保持、增加，在人们互动当中得到体现"，"对于参与互动的各方而言，最好的策略是维护好对方的面子"。布朗和列文森两位学者研究分析了多种语言文化，包括美国本土和英国本土使用的英语、墨西哥契亚帕斯省的泽套语、印度泰米尔纳德邦的泰米尔语。他们提出，无论在何种语言文化中，人们如果要保持理性，就会经常计较面子的得失，千方百计地在各种社会场景中维护面子。在礼貌理论中，面子存在积极和消极两种类型。积极面子强调每个人都想在他人面前树立积极的形象，得到他人的赏识和肯定；消极面子则强调每个人都要维护自己的独立性，摆脱他人的束缚自由自在地行动。在人际交往中既要做到尊重对方的积极面子，又要照顾对方的消极面子，只有这样才能将交际中的风险降到最低，使得交际能够顺利进行。为了维护自己和他人的面子，人们往往会采用一些策略，布朗和列文森称之为"礼貌行为"，其作用类似于戈夫曼所说的“面子功夫”，不过礼貌行为主要关注人际交往中的语言行为，即如何说才能不伤及对方的面子。

布朗和列文森对人们如何使用礼貌策略进行了探讨。在日常言语交际中，虽然交际各方都会极力维护彼此的面子不受损害，但是仍然存在一些潜在的威胁面子的言语行为。既然讲究礼貌就是要缓和或者消除这些言语行为给交际者面子带来的威胁，交际者便会通过估算威胁行为的大小，从而想方设法消除或减少各种面子的威胁因素，避免丢掉自己的面子。人们常使用的策略包括：（1）直言不讳，说话人不采取补救措施，直接公开实施威胁对方面子的行为；（2）积极礼貌，说话人满足了听话人的积极面子需求，使听话人感到被接受和认同；（3）消极礼貌，说话人部分满足听话人的消极面子需求，给听话人留下选择的余地，或者表明不影响听话人的行动自由等；（4）旁敲侧击，在严重威胁对方面子的情况下，说话人会采取间接的话语手段，给听话人留有余地，使其意识到说话人威胁面子的行为不是故意而为之；（5）回避，放弃实施威胁面子的行为，如果意识到自己可能会伤及别人的面子，便要停止该行为。这五种策略越往后，礼貌程度越强。至于人们选择使用何种礼貌策略，则要视三个因素来定：说话人和听话人之间的“社会距离”；说话人和听话人之间的“相对权势”；言语行为本身所强加的“绝对级别”，即向对方强求的程度。对于各种策略应采用怎样的语言表达方式，礼貌理论都给予了详细阐述。

丁允珠（Stella Ting-Toomey）等学者在充分借鉴戈夫曼以及布朗和列文森理论的基础上，逐渐发展了“面子协商理论”（Face-Negotiation Theory）。该理论主要关注不同文化因素对于面子的作用影响，探讨不同文化背景下的人们如何完成面子互动（Ting-Toomey，1988；Ting-Toomey & Kurogi，1998；Ting-Toomey，1994；Ting-Toomey & Oetzel，2001；Ting-Toomey & Oetzel，2002；Ting-Toomey，2004）。该理论认为，面子是指“一个人在特定关系网络情境中所宣称的一种积极性社会自我形象，其与尊敬、荣誉、地位、声誉、忠诚、信任与义务等诸多价值紧密相关，同时也希望得到他人的认同”（Ting-Toomey & Kurogi，1998）。它假设面子是所有文化中的个体都在乎的事，面子是自我概念的延伸，是一种易受损的基于身份的资源。该理论认为，面子不仅指向“个体自我”，也指向“社会自我”，而文化恰恰是形塑二者的意义及其连接点的关键。不同文化价值观交往的人群可能因为不同的面子功夫而导致激烈的冲突。该理论假定，美国、德国这类个人主义文化语境里的面子功夫，与日本、韩国等集体主义文化语境里的面子功夫迥然不同。集体主义文化中是一种高语境文化，人们认同某个有责任照顾他们的大型机构，并献出群体忠诚，以“我们”的概念定义身份；个人主义文化属于低语境文化，人们承担照顾自己及直系血亲的责任，以“我”的概念定义身份（Ting-Toomey & Oetzel，2002）。

面子协商理论在文化类型、自我构念类型、面子维系类型、冲突管理类型之间建立了关系模型。当然，它并不简单地认为个体是某种文化类型的简单克隆。不同的文化系统即个人主义与集体主义的文化将对应不同的自我构念：独立性自我与依存性自我（Oetzel & Ting-Toomey，2003）。拥有高度独立性自我认知的人往往将自己看成与他人不同的独特个体，将自己的个体能力作为行动的动机，在面子协商过程中注重维护自己的面子，倾向于积极表达自己的利益主张诉求，因而其协商行为呈现一种相对强势的主导型风格，典型的冲突管理方式有主导/竞争、情感表达、被动进攻等（Ting-Toomey，2001；Ting-Toomey，2004）。而拥有高度依存性自我认知的人往往注重与他人保持一致，协商过程中看重维护双方的面子或者维护他人的面子，注意维持一种合作惯性，因而其协商行为呈现为一种规避性风格，典型的冲突管理方式为屈从/整合、第三方帮助、回避/妥协等。尽管集体主义文化和个人主义文化对个人的自我构念产生了重要影响，但对个人身份的认知对于冲突处理方式的选择有更加显著的决定作用，比泛文化概念更好地预测了冲突行为。

此外，其他学者对于礼貌范式的研究也做出了贡献。利姆和鲍威尔（Lim & Bowers，1991）拓展了积极面子与消极面子的含义，并提出了三种类型的面子：自主的面子、同伴的面子和能力的面子。维克托（Victor，1992）的护面子理论在很大程度上受到霍尔（Hall，1966；Hall，1976）的文化语境理论的启发。护面子理论认为，在高护面子的文化中，人们对情境依赖程度高，倡导礼仪、委婉、合群，能够允许沟通中出现模糊性语言，不愿意过度自我暴露；而在低护面子的文化中，人们对情境依赖程度低，倡导诚实、直率、独立，不喜欢沟通中的模糊性语言，愿意较多地暴露自己的信息。特蕾西等（Tracy & Baratz，1997）就言语沟通中的失礼行为进行了研究。他们分析了美国西部一个大城市 911 报警中心的接线案例。在通话过程中，接电话的人表现得很生气，言语间丝毫不给打电话的人面子。他们基于扎实的经验研究发现，面子与情绪根植于人类的交流中，而面子攻击与不良情绪密切相关。特雷西等人提出了一种脱敏技术来应对面子攻击。

在以上学者的研究中，面子是一种跨文化的社会建构，通常与语言使用的直接程度相关。戈夫曼从人际互动的表达性礼节的角度来探讨面子问题，布朗和列文森从语言认知视角为面子研究的礼貌理论奠定了坚实基础，丁允珠则从文化认知视角来探讨面子。很多理论和实证研究对礼貌范式进行了扩展和完善。礼貌范式的影响相当广泛，该范式至今仍在面子研究中占有重要地位，成为学者们看待面子问题的重要视角。

不可否认，礼貌范式推进了面子的研究，试图用精练的术语来描述面子相关的行为，以促进不同文化之间的理解和沟通；它为解释不同文化中的礼貌差异、交流直接性和冲突处理方法等提供了有价值的理论框架。然而，礼貌范式是否真的能贴切地解释中国文化的面子现象，既受到了理论研究的质疑，也未能很好地得到经验研究的支持。不少本土研究者（Jia，2001b；翟学伟，2016）认为，礼貌范式的基本假设可能存在问题。招募中西方被试进行对照研究后发现，基于礼貌范式提出的假设往往不能被很好地证实（Bresnahan，Cai & Rivers，1994；Cai & Donahue，1997；Chen，1993；Tjosvold & Sun，2000）。当然，尽管质疑的声音此起彼伏，基于礼貌范式所开展的面子的实证和理论研究仍然在数量上相当可观。从搜集的近 20 年的研究来看，大量研究将礼貌范式作为面子研究的理论基础，这表明该范式至今仍有不少追随者。笔者无意于全盘否定礼貌范式，但是想通过回顾一些礼貌范式的相关理论与实证研究，揭示其局限性，以便今后的研究者在探索中国人的面子问题时对该范式予以辩证性采纳。

先看对礼貌范式的理论反思。礼貌范式的一个基本缺陷是没能充分考虑文化差异。斯托夫（1962）最早指出戈夫曼的面子既非严格的中国概念，也非严格的西方概念，他认为必须在中国本土语境中探讨“面子”。布朗和列文森的礼貌理论也不能很好地解释特定文化现象，以至于从 20 世纪 80 年代末以来就受到越来越多的质疑（Chen，He & Hu，2013）。Gu（1990）指出了中西方的“礼貌”有不同的内涵。Mao（1994）认为中国人关于面子的话语与实践并不能用积极面子和消极面子来描述，礼貌范式的根本缺陷在于过度“以自我面子为中心，缺乏足够的灵活性来理解他人的行为”。还有研究认为，礼貌范式过分强调“理性行动者”，即行动者会不断地计算个人利益，这种理论假设显然在注重关系和人情的中国文化中并不成立（Ji，2000；Jia，2001b；Yu，2003）。礼貌范式中强调面子是跨文化概念的基本假设也受到驳斥，因为这忽略了对面子在特定文化中进行充分考察。Jia（2001b）就对礼貌范式将面子研究的“普遍性置于特殊性之上”给予了批评。丁允珠（1987）的面子协商理论考虑到了文化的特殊性，比如看到了中国文化强调关系的一面，但她假设所构建的理论模型企图在世界上所有文化中都有解释力，反而使得该模型不能对特定文化进行很好的解释。Jia（2001b）认为，“像戈夫曼、布朗和列文森一样，丁允珠并没有将面子和面子功夫的社会功能与实际后果视为特定文化中的作用力”。

礼貌范式的另一个基本缺陷：面子是由研究者定义的，而不是由研究对象定义的。在该范式的经验研究中，面子的表征与范畴都是事先由研究者规定好，不会让研究对象主动陈述他们认为何为面子，或者针对他们所认为的与面子相关的行为给出意见。通常来说，礼貌范式衡量面子的指标有交谈时的直接程度、批评情况、冲突方式，以及与批评相关的尴尬程度等（Fletcher et al.，2014）。指标之外的因素并不纳入研究者的视域，尽管这些因素可能与面子紧密相关。由于研究者在礼貌范式中定义了什么是面子，该理论中面子更多的是一种跨文化的社会结构，它衡量的是礼貌或冲突的方式与程度，而不会考察特定文化语境对面子的表述。

再看对礼貌范式的经验研究。尽管已有很多基于礼貌范式的经验研究，但研究结论对于基本假设的验证大多是乏力的，甚至不少结论与其背道而驰。从经验研究来看，布朗和列文森（1987）的礼貌理论未必能很好地解释中国人的脸面观。例如，Bresnahan Cai & Rivers（1994）调查了 82 名台湾大学生和 108 名美国大学生，发现中国学生和美国学生一样说话很直接，甚至有的中国学生可能比美国学生更直接。Brunner & Koh（1988）调查了 105 名中国商人和 78 名美国商人，发现中国商人在谈判中并不会显得更委婉，他们甚至比美国商人更乐于批评别人。Chen（1993）调查了 292 名中国大学生和 339 名新西兰大学生，同样发现礼貌理论并不能解释这两种文化之间的差异。Mao（1994）对中国人的社交场景进行了考察，礼貌理论并没有得到证实。Yeung（1997）则对 181 封中文商务信函和 360 封英文商务信函进行了对比分析，发现中文信函并不比英文信函包含更多的礼貌措辞。

丁允珠和她的同事们也进行了各种关于面子协商理论的调查研究。总体来说，这些经验研究未能充分解释美国人和中国人在面子上的差异。Oetzel 等（2001）对 208 个中国人和 185 个美国人调查发现，解释各种冲突管理风格差异的最重要因素是自我建构，而不是文化因素。此外，在比较美国样本和中国样本时，中国人比美国人更关心自己的面子，更直接、勇敢、有防御性，与基于礼貌范式提出的研究假设明显不符。Cai 等的经验研究对面子协商理论也提出了质疑。Cai 与 Donahue（1997）调查了 30 名台湾大学生和 30 名美国大学生，没有一项基于面子协商理论的研究假设得到支持。Cai 与 Fink（2002）调查了 188 个来自美国 31 个州的研究生发现，在集体主义文化环境中成长的个体并不见得呈现出更多的委婉与和谐，在个体文化环境中的个体也并不见得呈现出更多的直率与冲突，这与面子保全理论的基本假设截然相反。

有的研究虽然没有完全基于礼貌范式做出假设，但也有与礼貌范式的基本假设相反的发现。Hwang、Francesco 和 Kessler（2003）对 253 名美国大学生和 266 名香港大学生进行了调查比较，中国学生不见得更害怕尴尬，哪怕尴尬可能会丢面子。Tjosvold 和 Sun（2000）在广州对 80 名大学生进行了一项实验发现，学生们在讨论中也会出现不少冲突，哪怕他们会顾及彼此的面子。陈维政、Paltiel 和黄登仕（2000）调查了 308 名来自中国的学生和 110 名来自北美的学生发现，北美学生比中国学生更加看重面子。Beamer（2003a，2003b）比较了 19 世纪中国人和外国人之间的书信，发现中国人和外国人在语言礼貌上没有明显差异。

用西方的礼貌范式来理解面子现象有很大的不足。从理论上来看，礼貌理论主要基于西方的个体主义文化，而对强调关系和人情的中国文化语境重视不足。面子协商理论尝试理解不同文化之间的差异，但在描述特定文化时又充满了局限性。此外，基于礼貌范式进行面子的理论与经验研究时，往往由研究者来定义面子，而不管研究对象是如何看待面子的，因而可能忽略了很多面子相关的有效信息。在研究中，礼貌范式未能在中国语境中找到一个清晰的理解面子的理论框架，基于礼貌范式的面子研究基本上没有表明这一范式能充分解释中西方之间的差异。在礼貌范式看来，中国人对于面子，在态度和行为上没有任何差异，且假定了每个中国人对于面子都持正面的态度，这显然是比较片面的。事实上，中国人对于面子持有非常复杂的心态，在面子相关的行动上也是千差万别的。对西方理论的不满，无疑助推了华人学者在文化主位的视角上重新审视本土文化场域中的面子现象，在本土研究的范畴内做出新的探索。

四、“华人本土心理学”中的脸面研究

自 20 世纪 80 年代开始，由于不满足直接套用西方理论模型解释中国人的心理与行为，杨国枢、叶启政、瞿海源、黄光国等学者以实际行动开展了一系列本土化研究，并形成一定的理论脉络。关注脸面问题时间最长的华人学者当数黄光国（1985，1987，1993，1998，2004）。他受过系统的西方心理学的学术训练，但却致力于针对华人本土心理学问题构建本土化理论。黄光国是倡导本土化研究的重要学者，也是本土化视野下脸面研究的重要助推者，直接受到其影响的有中国台湾地区学者朱瑞玲（1989a，1989b，1993）和陈之昭（1982，1989）等。中国大陆学者当中，以佐斌（1992，1993，1997）和翟学伟（1995，2011a，2013，2016）为代表的学者受其影响发表了不少脸面相关的论文和著作。

在黄光国（1987）看来，面子的本质，就是社会对个人道德、能力、成

就的认可。他认为，中国的传统伦理道德，比如仁、义、礼、孝等，其实都是在解决怎么分配资源的问题，拉关系、做面子的目的，就是尽量争取社会资源。基于这样的假设，黄光国（1987，1998）构建了“人情与面子”理论模型，在理论体系上将“面子”“人情”“关系”与“报”等本土概念整合在一起。黄光国将中国社会中个人所拥有的关系分为情感性关系、工具性关系和混合性关系三类。在中国社会，资源支配者往往会根据不同的社会交换法则来处理不同的关系。情感性关系是一种稳定而持久的社会关系，个人和他人建立这种关系，主要是为了满足关爱、温情、安全感和归属感等情感方面的需要。像家庭、密友和朋辈群体等初级群体中的人际关系，主要是靠需要法则来维持和发展。个人和他人建立工具性关系，是为了实现所希望的功利性目标。中国社会中，支配这类关系的社会交换法则是公平法则。凡是被个人归为工具性关系的单位，个人都会一视同仁地按照普遍化的非个人化的原则与之交往。而混合性关系介于前两者中间，交往双方虽具有一定程度的熟识，但又不像初级群体那样深厚，可以随意表现出真诚行为。混合性关系表现在错综复杂、彼此重叠的关系网中，交往单位通常会共同熟悉一个或一个以上的“第三方”。混合性关系的本质是特殊性和个人性，人情法则在其中发挥主导作用。

黄光国（1998）之后构建了另一个模型，讨论如何以及何时使用各种面子行动策略。中国人的人际关系通常有三种形式：垂直内群体关系、水平内群体关系和水平外群体关系。在垂直内群体关系中，个体属于同一群体，相对于其他个体具有明确的社会等级。在水平内群体关系中，个体属于同一群体，但却有相同的社会地位。在水平外群体关系中，个体不属于某一群体，因此被认为是彼此平等的。在这些类型的关系中，每个人都有不同的面子实践。垂直内群体关系中，主要的面子实践是顾面子（维护面子）。这是为了保持群体内的社会地位。当出现分歧时，地位较低的人会表面上同意地位高的人，沟通往往是间接的。在水平内群体关系中，给面子是主要的面子实践。如果存在分歧，个人就会公开地为问题争论。因此，交流往往非常直接。在水平外群体关系中，重点是争取面子。冲突往往具有对抗性，而调解是首选的解决方案。黄光国（1998）的模型描述了根据所涉及的关系类型使用不同的面子实践策略。该模型比较独特，因为它描述了在不同类型的关系中用于不同面子实践的行动策略。黄光国的模型也可以表明礼貌范式的无效。礼貌范式假设中国人由于注重面子，表达都比较委婉。根据黄光国（1998）的模型，情境是决定面子实践是否直接或间接交流的重要因素。换句话说，礼貌范式之所以无效，是因为没有解决情境问题。

陈之昭（1988）在黄光国的理论基础上推进了面子的定量研究，开发了《面子需要量表》和《面子行为量表》。陈之昭强调面子的个体差异，按照面子行为划分了四个象限。在一个维度中，个体的行动可能是真的，也可能是假的。在另一个维度上，个体要么寻求更多的面子，要么守住自己的面子。第一象限是“做面子”，人们为赢得尊重而想尽办法争取面子。陈之昭（1988）列举了为获得面子采取的策略：他们炫耀自己的优势，吹嘘和夸大，或选择较弱的对手作为比较对象，从而突出自己；他们贬低别人，以便能抬高自己；他们声称自己的成功是偶然与巧合。对于这一类型的人，陈之昭认为，“他们对于目标的价值重于手段的价值，为了获取面子而不惜运用各种可能的方法去争取。对于他们而言，个人的形象是可能操弄或驾驭之物，道德仁义则是次要地或根本不必考虑之事”。陈之昭简单地描述了其他象限的个体。第二象限的个体受到荣誉的驱动。第三象限的个体受到耻感的驱动。第四象限的个体受到护面子的驱动。这种类型的人会避免展开或改变、结束他们不太了解的话题，尽力规避任何伤害面子的风险。陈之昭阐述了道德、面子和法律的关系。他认为，真君子应该过着有道德的生活，行为受到非正式的自我控制。相比之下，为获取面子而不讲道德的，则是伪君子。这种人接受群体的非正式控制，以便取悦他人，他们不会真正顾及他人，没有道德自律。模型的最底端是接受法律带来的正式控制。最后，陈之昭建立了面子的信息处理机制模型，从刺激、认知系统与反应系统阐释了面子的动作过程。

朱瑞玲（1988）强调了面子具有社会控制与社会规范作用，是社会阶层化的产物，而个人对面子的知觉就是其对社会期望和社会价值的知觉。她构建了面子知觉与整饰过程模型，以呈现人们受到面子事件刺激的复杂心理过程。人们会通过情境特征、个人特征、行为特征来判断面子事件。如果激发了面子威胁知觉，则人们在认知和情感上会有所反应；在认知上，个体会立即考虑如何处理面子事件——是否保面子、得面子，如果丢了面子是否挽回面子；在情感上，个体可能会感到焦虑、愤怒、羞辱，或产生其他情绪。尽管脸面实践在研究中得到了广泛的讨论，但只有朱瑞玲（1989b）等较少的研究者系统地讨论了脸面的具体行动策略。朱瑞玲（1989b）访谈了577名中国台湾地区居民，询问他们会采取何种行为来避免丢脸。她给了他们17个选择，以避免丢面子。通过因子分析，得到了四类避免丢脸的行为：（1）遵守规范；（2）积极进取；（3）争取支持或逃避；（4）不采取行动。遵守规范的策略包括遵守礼仪、形式和规则。它还包括谨慎行事，确保高信任度。积极进取的策略是对事件有一个很好的理解，对它保持开放的态度，清楚地解释自己的立场，努力克服它。争取支持或逃避的策略是获得同行的支持或完全避免这种情况，甚至选择离开。不采取行动包括在事情发生前不采取任何行动或提及面临损失的可能性。

朱瑞玲（1989a）还讨论了事前如何避免丢面子、事后如何挽回面子以及增加面子三个方面的行动策略。避免丢面子的行为包括声明性行为、恪守礼仪、增强能力和自我防卫。人们在失去面子时，能够通过三种行为来找回它：补偿性行为、报复性行为和自我防卫。其中，补偿性行为的例子有礼节性的道歉，报复性行为的例子有攻击他人或指责对手，自我防卫行为的例子包括隐藏和否认事件等。为了增加面子，可以采取三种行为策略：自我显耀、逢迎他人、贬损他人。自我显耀的例子有向别人做个人魅力的展示。逢迎他人的例子有说别人的好话。贬损他人的例子便是口头攻击他人。朱瑞玲（1989b）进一步研究发现，人们为了挽回面子可以采取 27 种行为策略。对这些行为策略进行因子分析后，她得到了七种挽回面子的主成分。一是否认和回避，具体的行动策略包括否认事件、改变话题以及立即离开等。二是消极性处理，具体的策略包括使用提示和不做任何事情等。三是报复性行为，使用的策略包括请求对方道歉，并表现出自己的宽宏大量。四是自我防卫，所使用的策略包括掩盖事实或装傻等。五是补偿性行为，所使用的策略包括声明将来不会再犯和向别人道歉。六是检讨改进，采取的行动策略包括进行冷静的自我反省和增强自己的能力。七是直接处理，具体使用的行动策略包括消除误解、直接对抗甚至互相批评等（Zhu，1989b）。

佐斌（1997）通过文献研究与语言分析也提出了脸和面子的定义。他认为，脸面在个体与集体上具有同构性，当人们把群体视作一个类似于人的社会个体时，群体的“脸”和“面子”便会和个体一样。佐斌（1997）构建了一个与朱瑞玲非常相似的认知过程模型。在他的模型中，面子的认知过程包括“刺激系统—认知系统—反应系统”。在刺激系统中，人们首先考虑了面子事件的属性：与人、事还是物有关；还会考虑情境：地点、时间、对事件有何影响；最后考虑面子事件的类别，是道德问题还是社会规范问题。一旦背景、情境、面子事件的类别被感知到，个体将经历评估事件的心理过程。在这个过程中，个体必须考虑适用于该事件的判断标准。一旦评估完成，个体就必须对它做出反应，这是一种心理上的评估，即认知该事件涉及面子的增加或减少，从而产生情绪上的反应，激发个体决定如何采取行动。佐斌提出的模型具有心理学的微观特点。总体而言，朱瑞玲（1989b）和佐斌（1997）的理论模型主要围绕个体进行构建，对人际互动与文化因素考虑较少。

翟学伟（1995，2011a，2013，2016）在脸面的本土心理学研究的道路上走得最远。他对运用西方的理论和方法研究中国的问题提出了很多质疑。翟学伟始终沿中国社会文化自身具有的脉络，深入中国人纷繁复杂的文化与日常生活中，为中国人的脸面观念，以及由脸面而延伸出的人情、关系、日常权威等问题寻求答案。他基于对日常生活的细致观察和语言分析定义了何为脸、何为面子。翟学伟（2011a）认为，脸是一个体（或群体）在迎合某一社会圈内的共同要求，在一定社会情境中表现出的符合他人期待的形象；面子是具有某种形象的个体（或群体），判断他人的评价与自我期待是否一致的心理过程及结果，其基本目的是获得或维持自己在他人心中的地位序列，简称心理地位，其外在效果在于社会赞许的程度。翟学伟认识到了脸和面子同质性与异质性同存的现象。脸和面子本应该是同质性的，即“有脸就面子”，或者“没脸就没面子”，但翟学伟（2011a）认为，中国人重视关系会造成原先保持统一的脸面发生了异质化，这使得中国人不再倾向于通过自我形象的展示来获得他人的心理地位，从而导致中国人更加重视面子，而不是更加重视脸，脸和面子出现异质性。翟学伟（2011a）将“脸”与“面子”两个维度交叉建构了脸面四分图。第一向度为“有脸有面子”，其特点是成功，即中国人所说的功成名就者，乃至圣人；第二向度为“有脸没面子”，其特点是规矩、知耻，即安分守己；第三向度为“没脸没面子”，其特点是无所顾忌，往往指小人、无赖、流氓等；第四向度为“没脸有面子”，其特点是虚荣、“花架子”，即中国人常说的表里不一，也就是伪君子。这四个向度之间的张力，凸显了脸与面子之间既有同质性，又有异质性。

翟学伟（2011a）从崇祖共财、等级递进、儒家伦理、君子理想四个方面探讨了脸面生成的文化与社会条件。翟学伟（2003）建立了脸面连续统，构建关系、面子、脸、人格之间的社会建构与微观运作模型。他认为，讲面子的行为过程通过加强和稳定，就有可能建立起关系网，关系网的建立反过来又影响和增加该网中个体的面子，达到关系网中个体联结的目的。翟学伟（2001）对基于面子的日常权威进行了探讨，认为权力始终是脸面构成的重要来源之一，作为有“脸”的权力掌握者，必然需要他人的肯定与赞赏以获得和维持“面子”。翟学伟（2013）发现，为维护有“脸”者的面子，中国社会形成了一个与之相配合的表达性结构，即“偏正结构”。所谓偏正结构，便是互动中的地位认定，基于偏位的向心倾向和修饰作用，中心地位得到强调。在偏正结构中，偏位不仅需要服从归顺于主位，还需对主位进行抬举、美化和吹捧等。

黄光国、陈之昭、朱瑞玲、佐斌、翟学伟等学者均尝试了以脸面问题为切入点，即以华人本土的概念创建华人本土的理论，从而解释中国人的心理与行为。相较于国民性批评，本土研究者对面子更偏向于价值中立的学术态度。他们将面子问题植根于中国人的文化场域中，更加强调面子在中国文化中的特殊性。在本土研究中，脸面不单单是言语沟通问题，而是会涉及其他广泛的行动实践的问题。本土研究者无论在脸面的理论构建，还是相关的实证研究方面都做了很多贡献。当然，本土研究也存在一些问题。虽然几位研究者在学术生涯中都多有交集，有相似的学术立场，但并没有形成礼貌范式那样一脉相承的研究逻辑，各自的理论构建基于不同方法与路径，且部分理论模型并非完全进行了“本土化”。黄光国的“人情与面子”模型是对西方社会理论中的社会交换论、符号互动论、正义理论等既有理论的拆解整合。朱瑞玲构建的“面子知觉与整饰过程”和佐斌构建的“脸面的认知过程”理论模型中的基本概念直接取自西方心理学。

五、脸面研究在当前各学科的发展

进入 21 世纪以来，脸面的实证研究在社会科学领域继续推进。脸面概念受到社会学、心理学、教育学、语言学、组织行为学、市场营销学、行为经济学、传播学、人类学、民族学等多个学科领域的持续关注。心理学和教育学领域涉及脸面测量工具的开发、各亚群体面子特征，以及面子与其他微观心理变量的关系。张妙清、梁觉和张建新（2001，2004）开发的《华人人格量表》将面子作为重要维度。他们通过对中国大陆及中国香港地区、中国台湾地区居民开展调查，发现和谐性、人情、面子等华人人格特质与“大五人格特质”没有显著关联。这一经验研究结论表明，相对于西方人而言，面子的确是中国人人格的一个特殊特质。对中国台湾地区的退休老人和大学生进行对比研究发现，老人所感受到的面子事件更多涉及亲密关系中的地位和威望，大学生所感受到的面子事件更多涉及课业成就表现等社会因素中的地位；两个年龄段的被试者都重视道德性脸面（苏珊筠、黄光国，2003）。王轶楠（2006）以中国人的“大我”观念为切入点，编制了《“大我”争面子导向量表》。张军华（2008）设计了中学生面子观念问卷。张军华（2008）制作了中学生面子观念问卷。巩文冰（2013）编写了大学生面子作为问卷，将面子作为分为争面子、做面子、护面子、修面子四个维度。傅绪荣（2014）通过理论总结、访谈问卷等方法编制了面子交换问卷。李春玲（2008）通过抽样调查发现，自我和谐程度越低的人，则面子心理越为强烈。能力表现失败如果是由自己没准备所致，则其造成的没面子感受（羞耻、惭愧、沮丧、忧闷等）显著大于由别人故意为难所造成的情境（韩贵香，2012）。

在语用学、跨语言文化研究领域，学者们重点关注了脸面的语言结构，及其在语言互动、文化交流中的作用。李（Li，2017）认为，应以权力、人格和面具三个概念来阐释中国人的面子概念。周凌（2015）论证了汉语文化中的面子概念与英语文化中的面子概念存在显著差异，她指出了汉语语境中面子所有者有鲜明的文化特性。周凌和张绍杰提取中国新闻报道解说词中与脸面相关的话语，组成语料库进行分析，考察了面子和脸的相互关系和运作规律（Zhou & Zhang，2017）。Kim（2009）发现，不同文化取向的人们之间进行交流时，在表达方式方面存在差异；相互依赖程度越高，对涉及双方的面子威胁的敏感度越强。王胜利（2010）以影视剧作为语料库，分析了面子威胁行为的应对策略。通过对短访美国的中国代表团成员进行细致观察和访谈，学者们探讨了面子的得失问题（Wang & Spencer－Oatey，2015）。王晓婧（2015）基于印象管理理论，探讨了在人际互动中面子相关的语用策略及认知特征。Chang（2018）通过日常话语的分析，探讨了面子互动中情感的作用。马庆林（2018）分析了面子文化与法律语言的互补博弈关系，探讨了面子文化如何嵌入法律运作过程。

不少从事市场营销研究的学者也关注到了面子问题。商品经济的发展为消费文化提供了土壤，而面子成为中国人消费文化的重要组成部分。面子意识正向影响消费者的品牌意识，负向影响其价格知觉。中国人的消费者面子意识越强，面子感知越会正向影响购物行为意向（宋晓兵，2012）。例如，购物时，服务质量越高，越有助于增强消费者的“面子”获得感，越能刺激其购买欲（Chen et al.，2019）。企业在服务失败时若要通过补救措施重建客户信心，面子因素是影响服务补救成功与否的关键因素（李斐斐，2015）。道德型面子观较强的消费者具有积极的亲社会消费动机，从而对绿色产品产生更强的偏好；而社会性面子观较强的消费者则对缺乏亲社会性的奢侈品产生了更强的偏好（施卓敏、郑婉怡、邝灶英，2017）。

在组织行为学领域，华人的脸面问题也是屡屡被关注到。叶红心和张朋柱（2003）考察社会面子与合作博弈的关系时发现，尽管基于经济理性，人们可能置面子于不顾，但权衡失去面子遭受的潜在损失，又会促成组织成员间的合作。外国投资者必须意识到面子、关系的重要性，以便与中国的合作者建立良好的合作关系（Buckley，Clegg & Tan，2006）。社会网络关系和面子观念影响创业者的创业态度和创业倾向，有面子是创业态度产生的正向动因，而丢面子是创业态度的负向动因（史达，2011）。能力面子压力对员工创造力有正向影响，而自主面子压力对员工创造力有负向影响（常涛、刘智强、王艳子，2014）。面子威胁敏感度越高，员工所感受到的工作压力程度越大（段宜祥、林育纬，2015）。在团队运作当中，为赢得面子，避免丢面子，人们愿意积极构建外部社会网络，从而提升团队创造力（王艳子、罗瑾琏、李倩，

2015)。无论是出于保护面子，抑或是争面子的意图，员工都会更倾向于做出遵守信息安全制度的行为（陈昊，李文立，陈立荣，2016)。

脸面研究在近 20 年呈现出多学科、多范式的特点。因文献较多，这里难免挂一漏万，笔者仅梳理了几个重点学科领域里的部分脸面相关的研究成果。尽管脸面研究呈现多元化现象，但从研究视角和研究方式的选择来看，各学科仍然有一些自身的特点。在语用学、跨语言文化研究领域，因为关注言语沟通，所以对于礼貌范式接受度较高，研究中大量运用了文献法，重视采用语料库进行文本分析或对原有文献实施二次分析。人类学、民族学多将面子视为文化问题，相关领域纯粹关注面子问题的较少，但对田野调查资料进行分析时，往往把面子作为文化阐释的重要因素。社会学直接把面子视为社会互动问题，往往运用观察法和访谈法等开展研究。心理学、教育学倾向于把面子作为个体心理特质，编写量表或进行问卷调查。组织行为学、市场营销学、行为经济学领域的相关文献，对于面子的探讨均以定量为主。就目前而言，定量研究具有多于定性研究的趋势，这可能是学科规模、知识生产周期、研究走向微观化和精细化等诸多原因造成的。

第二章　研究设计

从百年前开始，中外学者持续关注脸面问题，从人文性的探讨逐步走向社会科学研究。随着中西方文化交融的不断推进，中国文化经历了“冲击与回应”（费正清，2019），某些社会习俗逐渐消失，连日常的语法和逻辑都发生了一些改变（列文森，2009）。然而脸面现象并没有消失，仍然是中国人行动实践中重要的心理动因与社会表征。脸面研究已经出现了许多富有创见的理论与实证成果。综观以往研究主题和内容，大致包括脸面的语义研究、文化探讨、运作过程及相关的理论模型研究、面子的测量与评估，以及面子在各学科的应用研究。本书将基于前人的研究，继续就脸面的相关问题进行挖掘和探讨。

第一节　问题提出

尽管中外学者都从不同角度研究了脸面问题，可是仍未给出一个统一明确的定义。因为脸面带有隐喻性，既看不见又摸不着，多数人对脸面的认知停留在一种主观直觉层面。对脸面概念的研究是以往学者做得较多的工作，不少学者都根据自己对于面子（或脸面）的理解给出了定义。以往学者的这些研究，为我们认定面子（或脸面）的内涵提供了重要参考（Hu 1944；Goffman，1955；King & Myers，1977；Brown &Levinson，1978；吴主惠，1982；黄光国，1987；朱瑞玲，1988；周美伶、何友晖，1993；佐斌，1997；Ting－Toomey & Kurogi，1998；翟学伟，1995，2011，2016）。然而，脸面概念的模糊性问题并未得到完全解决，一些概念在各种研究和应用中仍然是相互矛盾的（Haugh，2009；Kinnison，2017）。简单的定义或许未必能很好地理解中国人和中国社会的脸面问题，一是容易忽略脸面本身的丰富内涵，二是容易突出普遍的“国民性”而否定差异性。在 2018 年举办的“长江三角洲社会学论坛”上，赵鼎新提出，“面子并非是单一维度的，可以给予多个维度的定义，有些维度随着改革开放的推进被削弱，但有些维度则得以延续或加强”（周晓虹等，2018）。赵鼎新既强调了面子的多维性，又强调了面子的差异性，这两个问题应该在研究中被重视。本书也将尝试在脸面的内涵结构上下功夫。要理解脸面的内涵，首先要解决的问题还是脸与面子究竟是否应该加以区分。学界对于这个问题存在分歧，有些学者并未将这两个概念进行严格区分（何有晖，1976；黄光国，1988；陈之昭，1989；张妙清等，2001），另一些学者则阐述了脸和面子存在的差异（Hu，1944；佐斌，1997；翟学伟，1995，2011；高永平；2006；Zhou & Zhang，2017）。再者，这两个概念是否存在各自的内涵结构。在以往的实证研究中，已经有学者尝试确定面子的内涵结构（王轶楠，2006；李春玲，2008；程志聪，2013；施卓敏、郑婉怡、邝灶英，2017）。有趣的是，这些研究不约而同地都把脸和面子归为相同概念。构念并非一成不变，随着文化融合和社会变迁，可以对原有的构念作某种程度的修订，甚至将其放弃。这是因为构念化的目的是寻找构念在现代人心中的表征及运作，如果研究者所界定的构念与现实生活表象找不到任何关联，就需要重新建构。随着实证研究的发展，脸面的构念应该被不断修订和验证，令其内涵变得更清晰，更易于理解和操作。综上所述，脸面的语义研究方面要解决的问题如下：

（1）脸和面子是相同的概念吗？

（2）如果二者存在异质性，各自有怎样的内涵结构？

许多学者都在思考是什么原因使得中国人对于脸面如此重视。为回答这个问题，学者们纷纷将探索的目光投向了文化传统（卫礼贤，1928；梁漱溟，1949；吴主惠，1982）。这是因为概念的意义由文化关系和情境所决定（Tracy，1990）。“由于人们所处的文化情境不同，无论是言语还是非言语的人际互动，脱离了其所处的社会、族群和文化，便没有意义”　（Argentin，1989）。学者们常常借助儒家及其相关的概念来阐释脸面问题，比如“儒”“礼”“仁”“德”“五伦”“耻”“报”等相关概念（Cheng，1986；黄光国，1988；Chang & Holt，1996；Jia，2001b；佐斌，1997；何有晖、彭泗清、赵志裕，2007；翟学伟，2011，2013）。尽管不能把中国文化等同于儒家思想，但其对中国人根深蒂固的影响是毋庸置疑的（Elvin，1985）。自儒家在西汉成为主流意识形态后，便对中国人和中国社会产生了深远影响。道家和法家等其他的文化意识形态也产生了影响，但从来没有成功地取代儒家的地位，甚至自身与儒家融合互补起来（冯友兰，2013；许纪霖，2021）。对于儒家的探讨不能仅仅停留在思想层面，儒家并非只是一种探讨社会建构的学说，而是真正地参与指导了传统社会的建构。儒家试图通过一系列法则和理念调和复杂的社会关系。由于儒家学说同中国的传统社会结构紧紧相扣，从官方到民间都以儒家的社会建构学说来认识、理解、解释和治理社会，也成为影响中国人社会心理和行为的主导力量。如果通过语言分析论证了脸面的异质性和内涵结构，我们还需要从儒学思想与传统社会结构出发，继续追问以下两个问题：

（3）假若脸和面子存在异质性，其文化与社会根源究竟在哪里？

（4）脸和面子各维度的文化内核又是什么？

传统文化对中国人的世界观、现实态度、心理特征与行为方式都产生了巨大影响（燕国材，1992）。因而，对于脸面特质的社会心理评估变得很有必要。在人际互动中，人们对脸面的多寡大小往往能给予较为准确的判断。从以往的研究来看，脸面可以根据人们在公共领域中社会性自我的投射来加以界定（陈之昭，1989；朱瑞玲，1989a；Cheung，Cheung & Zhang，2004）。在中国人的观念里，面子并不是情境性的际遇，而是可以根据更持久的、公众可以感受的属性加以界定（Ho，1994）。换言之，脸面附着于个体之上，具有一致性和稳定性，可以跨越时间和情境。除非一个人的行为表现或者社会地位发生了翻天覆地的重大变化，否则无论何去何从，脸面都会形影相随。正因为如此，学者可以开发出面子相关的量化评价工具（陈之昭，1989；Bao，Zhou & Su，2003；张妙清、梁觉、张建新，2004；王轶楠，2006；史达，2011；宋晓兵，2012；李斐斐，2015；王艳子、罗瑾琏、李倩，2015；Filieri & Lin，2017；施卓敏、郑婉怡、邝灶英，2017）。从文献来看，面子测量工具的开发在20世纪80年代就已经出现。就现有的测量工具而言，还有进一步改进的空间。首先，部分从事面子问卷编制的学者对于西方研究与本土研究的差异缺乏清晰的认识，试图基于西方研究或者将中西方理论杂糅在一起，以开发测量中国人心理与行为的问卷。这使得一些测量工具变得不伦不类，无法很好地契合社会文化情境。其次，不少测量工具的编制过程不够严谨，并没有严格执行心理测量学的要求，因而有效性受到质疑。再次，一些测量工具评估的内容并非面子的个体属性，而是个体对待面子的态度。此外，所有测量工具中，对于脸与面子都没有明确区分。在笔者看来，张妙清、梁觉、张建新等中国香港地区与内地学者（1997，2001）合作研发的《华人人格量表》中包含“面子”维度的分量表，是目前水平较高、达到量表层面的面子评估工具，但也仅仅将脸面视为单位性概念。最后，以往的面子问卷或量表全部基于经典测验理论，该理论在基本假设上就存在天然的局限，在测量工具开发中的弊端也逐渐被研究者所熟知。随着心理测量学的快速发展，一些新的测量理论、方法兴起，对于经典测验理论能够起到弥补与替代作用，脸面测量工具的开发者应该善于利用这些新理论、新方法。综上所述，本书的第三个方面的问题如下：

（5）对于脸面特质应该如何更好地实施评估？

传统文化和社会结构影响了中国人文化心理的塑造。当然，这并不意味着每个中国人只是被动地按照文化和社会规范去行动。当我们强调文化或社会结构的重要性时，并不能把脸面问题还原为文化问题，从而否定脸面的群体特征与群际差异。以往不少研究认为，面子存在年龄、地域、职业、亚文化及其他方面的差异（陈之昭，1989；翟学伟，1995；朱瑞玲，1989b；佐斌，1997）。比如，陈之昭（1989）强调了面子的年龄差异，“我们以年岁来说，不同年岁有不同的副文化，因而有不同的面子行为”。尽管学者们已经认识到群际差异的存在，但在问卷调查研究中体现得比较少。建立多维度的脸面量表后，可以更加清晰地探讨脸面在各种亚群体间的差异性。当然，这种群体差异可能有两种情况。一是质的差异。要确保测量工具在不同亚群体中具有一致性，量的差异对比才具有意义。比如，有人提出“现在的青年人已经不要讲面子了”，这是否意味着这些年龄段的人在脸面特质上有不同的心理与行为表征。如果存在质的差异，再用脸面量表去评估青年人，或用青年人的评估结果对比中老年人便不再合适。二是量的差异。如果各群体在脸面特质上并不存在质的差异，就可以进行群际差异的对比，从而分析出各个群体间脸面的多寡大小。在确保测验跨群一致性的基础上，便可以对脸面量表进行有效的分数合成，建立初步常模，再进行群际差异对比。在中国人的行动实践中，脸面与人际关系具有紧密的联系。人际关系概念与脸面概念一样，都是理解中国人与中国社会的重要钥匙。黄光国（1988）、翟学伟（2011b，2016）等学者在质性研究的基础上阐述了两者之间的关联，我们可以通过定量方法推进相关研究。社会网络虽然不等同于人际关系，但能够呈现人际关系或人际互动的结构属性，有利于强化这方面实证研究的可操作性。社会网络可分为整体网络和个体网络，本书主要探讨脸面与个体网络的关系。综上所述，还需要继续回答的问题有：

（6）在不同的群体间进行脸面比较有意义吗？

（7）如果能进行对比，中国人的脸面有何群际差异？

（8）脸面与个体网络特征有何关联？

第二节　分析框架

在脸面概念的研究中，有学者意识到当代中西方学者在探讨面子问题时未必处于相同层面，因而提出了“特定文化中的面子”和“跨文化普遍意义的面子”的说法（Eelen，2001；André，2013）。也就是说，中国文化语境下的面子与西方的面子概念不尽相同。从这个意义上说，我们主要聚焦特定文化中的面子研究。本书将在文化社会心理学的视野下考察脸面相关的一系列问题。从古典社会学开始，韦伯、迪尔凯姆和齐美尔等社会学理论的创立者就开始关注文化，并把它作为社会学理论研究的核心。社会心理学对文化因素的关注推进了自身学科理论构架的完善（赵志裕、康萤仪，2011）。不同文化语境中社会心理与社会文化具有特异性和多样性。在全球化的进程中，文化互动带给社会心理学研究者深刻的体验与冲击。各国社会心理学家一边学习西方个体主义社会心理学传统，一边将本国与欧美主流文化进行比较和阐释，由此形成不同的研究范式（吴莹、韦庄旺、邹智敏，2017）。这些学者通过坚持不懈的努力，使社会心理和社会行为的文化嵌入性（Cultural Embeddedness）观念逐步深入人心。文化社会心理学旨在研究“个体如何对共享意义和文化中的概念化他人进行表征”（Ho & Chiu，1998）。文化社会心理学是一个蓬勃发展的研究领域，哈里·特安迪斯（Harry Triandis）、理查德·尼斯贝特（Richard Nisbett）、黑兹尔·马库斯（Hazel Markus）和北山忍（Shinobu Kitayama）等学者在这一研究领域做出了突出贡献。华人学者中，杨国枢、杨中芳、何友晖、黄光国、赵志裕、杨宜音、叶光辉、郑伯埙、翟学伟、康萤仪等在这一研究领域也有不少卓著的研究成果（吴莹、韦庄旺、邹智敏，2017）。

学者们开拓了文化社会心理学的多种研究路径。本书主要参照的是杨中芳的“文化/社会/历史脉络观”和康萤仪等提出的“文化动态建构论”。（1）文化/社会/历史脉络观。杨中芳（2009）认为，要以人们在生活中所呈现的行为现象为着眼点，在其自身的文化/社会/历史脉络中去理解及解释这些行为现象的心理意义。所谓文化/社会/历史脉络，可以理解为文化中共同拥有的一套对事物、对天地、对家国关系的理想理念体系（杨中芳，1993）。文化/社会/历史环境与生活在其中的成员的心理和行为有紧密关系。在同一环境脉络中长大的人们的心理和行为，有一定程度的相似性，这种相似性并不是专指中国人的共同性，而是指共通性。生活在特定的文化/社会/历史环境之中，所显现的个体差异并非由环境“造成”，但需要通过认知环境赋予其意义。（2）文化动态建构论。该理论（Hong et al.，2000；Hong et al.，2001；Hong & Mallorie，2004）指出，个体生活于其所在地的某种文化脉络中而不是某种文化实体中。对于文化特性进行有效识别是人们与生俱来的基本能力。借助地方性的文化资源，我们不断修补和提升认知力，逐渐穿越地方性的文化场景，加工特异文化的体系，建构动态的“多元文化心智”。按照文化动态建构论，文化是群体成员共享的知识体系，包括共享的信息、价值观和基本观念；各种文化群体内部共享各自独特的知识谱系；激活文化群体内部个体独特的知识系统，能够使个体产生有别于其他文化群体的行为反应模式；文化知识的激活，依赖于特定的文化符号及相应的行为模式；个体不同的特质作为边界条件，调节着文化作用于个体行为的过程（赵志裕、康萤仪，2011）。

本书在参考“文化/社会/历史脉络观”和“文化动态建构论”的研究路径的基础上，确立了分析框架（见图2-1）。要理解脸面，需要回到语言和文化脉络中。语言能够解释文化现象，并且是理解文化结构的切入点（Brenneis，2002）。本书以脸面的语言分析作为起点，分析脸面的日常话语实践，探讨脸和面子的概念范畴以及内涵结构。语言和文化具有相互依存的关系，共同构筑了一套意义系统。结合思想、历史、传统社会结构等，考察脸面背后的文化脉络。个体被置于特定的语言和文化脉络中，在文化认知的基础上发展出关于脸面的具有相似的习惯性认知和感知风格，即形成了脸面相关的共享的心理特质。心理测量法能够联结文化、行为与心理，使细化的个体与群体特征研究成为可能，因而，本书将基于脸面的内涵结构分析来编制脸面量表。鉴于中国社会本身具有多元复合的文化，个体的思想、言语和行为方式都受到多文化、多群体成员身份的微妙影响，因而考察了文化群体内心理特质的差异，包括跨群有效性和群际差异的验证。脸面相关的心理特质体现在关系网络与人际互动中，才能凸显脸面的社会功能，本书还将关注脸面与个体网络的关系。

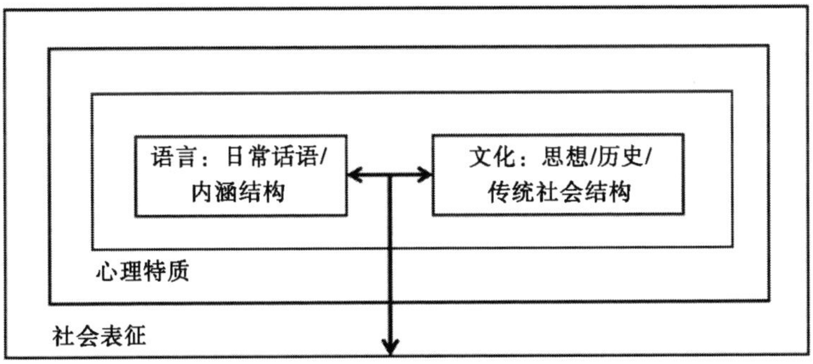

图2-1　分析框架

第三节 研究方法

在明确了研究问题和分析框架后，需要继续考虑脸面的具体研究方法。在知识生产的认识论与方法论上，先后出现了逻辑实证主义、波普尔的证伪理论、库恩的范式理论、拉卡托斯的科学研究纲领论等理论。这些理论形形色色，在细节上有很大区别，但都强调科学研究是理性的、规范的、有路径可循的。然而，法伊尔阿本德（2007）在研究科学史后发现，没有任何一个重要的科学成果完全适用科学方法论。因而，他认为要允许研究者自由地选择任何一种研究方法，不管那些观点和方法看起来是理性的还是非理性的。

就以往涉及脸面问题的研究而言，总体上呈现出方法多元和方法宽容的特点。在研究方法的选择上，既有文献研究、实地研究这样偏定性的研究方法，也有调查研究、实验研究这样偏定量的研究方法。（1）文献研究，包括内容分析（Hu，1944；King & Myers，1977；Ting-Toomey，1988；Jia，1998，2001；王胜利，2010；周凌，2015）、二次分析（翟学伟，2011；Li，2017；马庆林，2018）。（2）实地研究，包括非参与观察（Hsu，1996；Wang & Spencer-Oatey，2015）、个案研究（Tracy & Tracy，1997）、田野研究（吴飞，2009；阎云翔，2017）。（3）调查研究，包括问卷自评法（Bao，Zhou & Su，2003；张妙清、梁觉、张建新，2004；王轶楠，2006；史达，2011；宋晓兵，2012；李斐斐，2015；王艳子、罗瑾琏、李倩，2015；Filieri & Lin，2017；施卓敏、郑婉怡、邝灶英，2017）、结构访谈法（佐斌，1997；Cordon，2005；Somogyi et al.，2011；韩贵香，2012）。（4）实验研究，包括自然实验和实验室实验（毛磊，2018）。研究方法的选择往往与具体问题、学者背景有关，主要采用定性研究的有翟学伟、贾文山等；也有不少学者同时运用了定性和定量研究方法，比如陈之昭、周美伶、佐斌等。本书对于脸面的探讨，将坚持“以问题为中心”的导向，根据脸面问题选择相应的方法、技术和资料（见图2-2）。下面笔者结合研究问题，对研究方法与技术进行一定的解释和说明。

（1）脸面的语言分析主要采用文献法和词汇学途径。①文献法，主要是梳理过去与脸面相关的研究文献，分析脸面的话语与实践。②词汇学途径，是卡特尔等学者开创的用于进行心理与行为特质研究的方法（张积家，2019）。词汇学途径的主要思路是系统收集以往的特质关键词，通过被试对关键词的评定及统计分析技术，对关键词进行分类化简，得到数目有限的维度。具体操作中，先依据文献列出脸和面子相关的关键词，通过对应分析将脸和

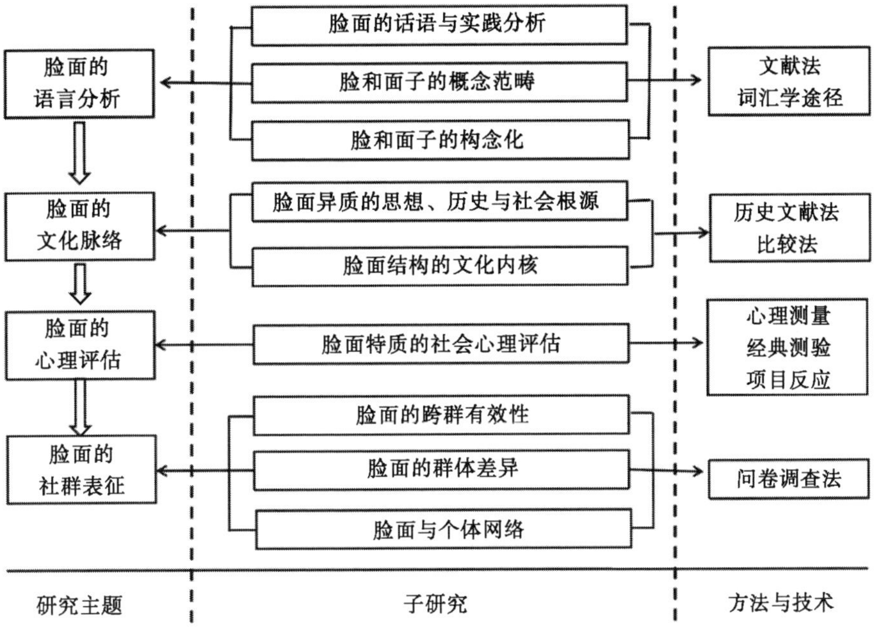

图 2-2　问题与方法

面子进行语义场呈现，探索脸和面子的概念范畴；再采用概念构图法，勾勒出脸和面子的意群，然后分别给予构念化。研究资料、对象、步骤等将在后面的研究中详述。

（2）脸面的文化脉络研究主要采用历史文献法和比较法。①历史文献法是文献法的一种。通常而言，历史文献特指那些形成时间距目前较远并且文献的作者以及记述的事件当事人都已去世的资料（风笑天，2013）。本书中的历史文献包括儒家经典、史书、传记、家规家训、典章制度等。通过历史文献研究，将追溯脸面异质性的思想、历史与社会根源，并考察脸面各要素的文化内核。②比较法。在阐述脸面结构的文化内核时还会结合跨文化比较的方法。通过中西方文化比较，能够凸显脸面背后的文化脉络。

（3）脸面的心理评估研究主要采用心理测量法。心理测量是根据一定的法则和原理，使用一定的操作程序将人们的认知、行为、情感等心理活动予以量化的方法。本书将编制评估脸面特质的心理测量工具。编制过程中将对专家法、访谈法、开放式问卷法、结构式问卷法等进行有机整合。为提高脸面量表编制和分析的科学性和有效性，所采用的心理测量学理论包括经典测验理论（亦称“真分数理论”）和项目反应理论。基于项目反应理论对脸面量表进行编制和修订，运用经典测验理论对量表进行验证。研究资料、对象、步骤等将在后文详述。

（4）脸面的社会表征研究主要采用问卷调查法。本书将尝试利用调查数据，验证脸面量表在不同社会群体之间“质的差异”。如果存在跨群体的项目功能偏差，还将分析偏差产生的原因，从而明确量表的适用社群范围。之后，对于问卷调查所获得的数据进行分析，对比不同亚群体之间脸面的主要特征，检验群体差异，分析差异存在的原因。最后，通过问卷调查的方式，验证脸面与个体网格的相关性，拓展脸面社会表征的实证研究。

以上四个方面的研究，既相对独立又逐步递进，分别探索却又相互呼应；具体研究方法和技术的选择和运用上，充分借鉴前人研究，在确保科学性和创新性的基础上，兼顾研究资源的有限性，以确保研究任务顺利完成。

第三章　脸面的语言分析

不少学者探讨脸面问题都是从语言分析开始。语言既是信息和知识的载体，又是文化的载体，深深地嵌入复杂的人际网络与社会情境中。无论是社会生活的变迁，还是民族文化的发展，都可以在语言中得到直接和迅速的反应。可以说，语言积淀着一个民族的文化特征、社会形态与心理构造（韩礼德，2015；丁毅伟，2018）。把语言分析作为研究中国人社会活动的方法具有显著优势，有利于突出人与文化的重要性，理解个体如何通过语言来感知和建构"社会事实"；便于实现理论的抽象与概括，语言作为某些社会群体共享的文化符号，本身就具备抽象性与概括性；有利于收集更贴近生活实践的研究材料（翟学伟，2001）。基于此，本书将收集脸面相关的日常语汇，对脸面进行实践分析，形成对于脸的概念的初步认识后，再对脸面概念的内涵结构进行分析界定。

第一节　脸面的话语与实践分析

脸面是位于头部正前方的一个身体部位，但在中国文化中，脸面的内涵远超其生理意义，承载着丰富的社会文化意蕴（明恩溥，2017；Qi，2011）。与脸面相关的各种表达方式在汉语中被频繁使用，常用于解释复杂的社会行为和个人行为。杨国枢（1994）指出，尽管多种文化中均存在与面子相关的概念，但鲜有国家如中国般对面子进行如此广泛而深入的文化阐释。因此，有必要对脸面的日常话语进行系统归纳，并初步理解其在实践中的体现，以便为深入理解脸面奠定基础。

一、脸面的日常话语

许多学者从语言分析的角度开展了关于脸面的研究，旨在通过对与脸面相关的惯用语的探讨，展示其丰富的文化内涵与社会功能（陈虎强，1999；Chun，2002；Hsu，1996；黄光国，2004；金耀基，1989；Li，1996；Li，

2001；Ning，2001；Tao，1994；Yan，1995；Yu，2001；Jia，2001b；翟学伟，1995；郑欣淼，1996；佐斌，1997；郑立华，2012；周凌，2015）。这些研究不仅探讨了与脸面相关的词汇和短语，还揭示了它们在不同社会交往场景中的使用和功能。以往文献中提到的与脸面相关的词汇和短语数量已达数百种，这表明脸面概念在汉语中具有极其复杂和多样的表现形式。为了更全面地理解脸面在日常话语中的呈现，本书将根据语义和使用场景对相关词汇和短语进行归纳。

（一）脸面的价值性

“宁叫身骨苦，不叫脸皮热”（郑立华，2012）这一说法深刻揭示了在中国文化中脸面具有重要的价值。在这一文化背景下，“人要脸，树要皮”的俗语强调了脸面对个体生存的核心作用，类似于树皮对树木的重要性。其他相关表达如“人人有面，树树有皮”“人身有面，树身有皮”“人怕没脸，树怕没皮”“人活脸，树活皮”（Yan，1995；佐斌，1997）。失去脸面的人往往处于极为不利的境地，缺乏应有的社会地位与尊严，正如“人没脸，赛如驴”（Yan，1995）。“打人莫打脸，骂人莫揭短”（Yan，1995）这一说法强调了在冲突中保护他人面子的必要性，因为失去脸面被人们视为一件可怕的事情（Yan，1995；佐斌，1997）。在中国文化中，“丢面子”或“失面子”被视为一种耻辱，相关的表达还有“丢分”“丢丑”（翟学伟，1995），“颜面扫地”或“塌面子”（佐斌，1997）则表示更加严重的失面子情形。

（二）脸面的规范性

拥有或顾及脸面的人在社会交往中更容易与他人进行有效互动。如果个体不重视自己的脸面，或在与他人交往中伤害他人的面子，就难以在群体中立足。例如，“脸上挂不住”“面子上挂不住”（佐斌，1997）和“脸往哪儿搁”（翟学伟，1995；佐斌，1997）等表达，均反映了失去面子所带来的尴尬和羞耻感。“无脸见人”和“无颜见江东父老”（黄光国，1998；佐斌，1997）表明失去脸面是一件非常严重的事情，个体的负面感受往往超过事件本身的严重程度（郑立华，2012）。在这种情况下，轻则“吃不开”，重则“掉脑袋”（易中天，2017），这些说法反映了人们在失去脸面时的羞辱感和局促不安。在此背景下，“拉下脸来”表示不再顾及情面，而“拉不下脸来”则指碍于情面不能拒绝或不便开口（翟学伟，1995）。当某人被称为“脸皮厚”时，通常是在嘲弄其对脸面毫不在乎（Hu，1944）。类似的嘲弄性表达还有“脸皮比城墙还厚”或“脸皮比皮鞋厚”（Yan，1995）。此外，“不要脸”“不要面子”“没皮没脸”“臭不要脸”“真不要脸”都是对他人的严厉批评（郑欣淼，1996；郑立华，2012）。俗话说，“人不要脸，鬼都害怕”

（郑立华，2012），这也表明社会秩序与人际互动是建立在人人惧怕失去脸面的基础上。如果遇到脸皮厚或不要脸的人，社会普遍会感到困扰。相比之下，“脸皮薄”往往具有正面含义（Hu，1944；Yan，1995），意指此人意识到了脸面的重要性，并懂得遵循社会规范。脸面的规范性如同一只无形的手，制约着社会群体中每位成员的行为。

（三）脸面的共享性

面子不仅是个体的属性，还可以被分享和转赠。这种共享性使得面子的价值在社会交往中显得尤为复杂。例如，“大家都有面子”（Hu，1944）和“大家都没有面子”（佐斌，1997）这两种表达明确指出，个体的面子与其他社会成员之间存在着密切的关联，面子并非单一的个体资本，而是一种社交资本，能够在群体中流动和转移。更进一步地说，“不看僧面看佛面”（Yan，1995；佐斌，1997）这一说法强调了面子的“再生产”特性。在面对一个自身面子不足的个体时，如果其背后有显赫的人物支持，社会成员往往会因为顾及该显赫人物的面子而选择给予宽容或帮助。这种现象表明，面子的影响力不仅限于个体本身，还可以通过其社会网络进行扩展与传播，形成一种“第三方”面子的扩散效应。类似的表达还有“打狗要看主人面”（Yan，1995；佐斌，1997），进一步说明了在社会交往中，个体的行为和态度往往受到他人面子的牵制和约束。此外，人们常用“看在某某人的面子上”来表达愿意提供帮助的条件，这种表达暗示着存在一个双方共同认可的“第三方”关系（Jia，2001b；翟学伟，1995；佐斌，1997）。这种关系不仅增强了面子的共享性，也在一定程度上促进了人际的互助与合作。类似地，“靠某人的面子”则表明个体在某些情况下能够获得优待或接受恩惠，因为其背后有面子大的人（Jia，2001b；佐斌，1997）。而“看我的面子”则是基于两人之间的关系主动索取恩惠（Hu，1944），这种互动反映了面子在社会交换中的重要作用。失去面子不仅对个体有影响，往往还会引发更广泛的社会反响。例如，“丢脸丢到家”这一表达暗示着一个人失去面子可能导致整个家庭的名誉受损（Jia，2001b）。类似的说法还有“公司的面子”“单位的面子”“国家的面子”，以及“丢他们学校的脸”“丢他们国家的脸”（胡先晋，1944）。这些表达不仅反映了面子作为个人属性的外延，更体现了面子在集体层面上的重要性，强调了面子在维护社会秩序和群体认同中的核心作用。

（四）脸面的度量性

脸面在数量上可以“量化”（佐斌，1997），这一特性使得面子不仅仅是个体的象征，更是社会交往中的重要资本。在中国人的互动关系中，人们对面子的多寡极为敏感，这种敏感直接影响着个体在社交场合中的表现与接受程度。个体的面子大小与其在社交中的地位密切相关。例如，某些人可能被认为“面子大”（Yan，1995；佐斌，1997）或“很有面子”（佐斌，1997），这表明他们在社交活动中享有较高的声望和影响力，能够获得更多的正面反馈。这不仅体现在他人对他们的尊重和认可上，也反映在他们自我价值感的提升上。相对而言，某些个体可能被视为“面子小”（Yan，1995）或“没面子”（Hu，1944；Yan，1995；翟学伟，1995；佐斌，1997），这意味着他们在社交中所处的社会地位较低。面子小的个体往往会感受到群体的排斥与忽视，进而影响其自信心和社交积极性。面子的大小通常由个体在社会圈中的位置决定，并通过相互比较而产生。例如，在家庭中，年长者的面子通常较大，因为他们承担着更多的责任和权威，而年轻者的面子则相对较小。在社区中，受人尊敬的公职人员或事业有成的人往往面子较大，而那些经济条件较差或社会地位较低的人，则可能面子较小，这种现象反映了社会地位和经济条件对面子的直接影响。在同学聚会上，事业有成的人面子通常更大，因为他们的社会地位和经济实力使他们在同学中更具影响力。这一切表明，面子的量化不仅涉及个体的社会地位，还反映了人际关系的复杂性和社会结构的多样性。

（五）脸面的变化性

在中国文化中，脸面作为社会交往的重要组成部分，其数量和价值是动态变化的，既可以增加也可以减少。这种变化不仅影响个体的社会地位，也反映出个体在社会互动中的能力和策略。为了维护自己的面子，防止面子的损失，中国人常常使用“保（护）面子”（Jia，2001b；佐斌，1997）和“维护面子”等表达。这些说法强调了面子在社会交往中的重要性，表明个体在互动中需要采取积极的措施以保持其社会形象。在实际交往中，掌握主动权时，给他人“留面子”是非常重要的（Hu，1944；翟学伟，1995；佐斌，1997）。这一行为不仅展现了对他人的尊重，也有助于维持和谐的社会关系。当个体面临失去脸面的情况时，往往会尽力“挽回面子”（Jia，2001；翟学伟，1995；佐斌，1997），因为挽回失去的面子不仅关乎个人尊严，更关乎社会认同与归属感。此外，个体在适当的场合中还可以通过“增加面子”（Hu，1944；Jia，2001b）来提升自己的社会地位。给予他人面子的行为通常被称为“给面子”，其同义词包括“给脸”（Jia，2001b；翟学伟，1995；佐斌，1997）、“赏面子”（Jia，2001b；佐斌，1997）和“赏光”（Jia，2001b；佐斌，1997）。这些表达不仅仅是语言的叠加，更体现了人与人之间的情感联系与社会互动的复杂性。例如，“往脸上贴金”则是指个体通过某种方式努力为自己增加面子（Jia，2001；翟学伟，1995；佐斌，1997），这种行为往往被视为一种积极的自我展示。“脸”常常与“光”结合使用，“脸上有光”通常代表正面的社会评价和良好的个人形象，而“脸上无光”则意味着失去面子，甚至可能引发负面评价（Jia，2001；翟学伟，1995；佐斌，1997）。

（六）脸面的竞争性

人们常常通过多种表达方式展现对脸面的渴望。例如，俗语“谁有脂粉不往脸上擦”形象地描绘了人们在争夺面子时的积极态度。这一表达不仅反映了个体对自我形象的关注，也揭示了个体在社交场合中维护和提升面子的迫切需求。争取面子不仅关乎个人荣誉，更是获得社会认可的重要途径（Hu，1944）。在竞争激烈的社会环境中，争面子成为个体必须面对的课题，体现了面子在社会互动中的重要性（Jia，2001b）。面子的竞争性与生存密切相关，争脸与争面子几乎可以视为同义词，相关的表达如“争光”“争气”（翟学伟，1995）等，进一步强调了面子在个体生活中的核心地位。在这一文化背景下，光明与荣耀象征着脸面，而失去光彩则意味着个人面临困境，其自信心和社会地位将随之下降。相关表达如“争名气”“争荣誉”“要面子”“要脸”“爱面子”（Yan，1995；翟学伟，1995；佐斌，1997；Jia，2001）不仅反映了人们对面子的执着追求，也揭示了面子是人们社会互动中的一种动力源泉。人们力求自己能够熟练地把握相关行动策略，于是便有了“面子功夫”“面子技术”“面子战术”（佐斌，1997）。

（七）脸面的虚假性

黄光国（1998，2004）深刻剖析了面子的虚假性，指出面子常常成为一种可被精心雕琢的表象。在这种雕琢过程中，自己或他人的真情实感与切身利益却常被置于次要地位（Jia，2001b；翟学伟，1995；佐斌，1997；陶绪，1994）。在此背景下，面子行为及其背后的动机可能并不纯粹。汉语中关于面子虚假性的表达不胜枚举，如“虚面子”“假面子”“充面子”“托面子”（Hu，1944；Jia，2001b；佐斌，1997），这些词汇不仅精准捕捉了面子表象下的空洞与不实，更透露出对这一现象的深刻批判。“敷衍面子”（Jia，2001b；Hu，1944；佐斌，1997）一词揭示了社交场合中的一种普遍现象，即为了维持表面的和谐与礼貌，人们往往给予对方面子，但这种“给予”往往缺乏真心实意，仅仅是走过场而已。这种行为模式不仅削弱了人际关系的真诚性，还可能成为引发信任危机。特别是“当面是人，背后是鬼”（佐斌，1997）这一俗语，生动刻画了某些人表面友善、背后算计的伪劣行径。此外，“排面”“派头”“排场”“场面”“台阶”“脸皮”“牛气”“客气”“客套”“套话”“官样文章”“花架子”“假大空”“放卫星”“走过场”“形式主义”等词汇（翟学伟，1995；佐斌，1997；金龙，2012），更是描绘了面子文化中虚假与表象交织的复杂图景。

（八）脸面的两难性

尽管面子极为重要，但人们时常遭遇“面子困境”。何时、何地以及如何恰当地维护这份面子，成为一门微妙的艺术（Hu，1944；佐斌，1997）。有人为了一时之面子，不惜倾尽所有，最终却适得其反，落得个颜面尽失的下场，这正是“死要面子活受罪”“打肿脸充胖子”的生动写照（Jia，2001b；Yan，1995；翟学伟，1995；佐斌，1997）。面对面子问题，个体需具备高度的警觉与分寸感，既要避免不必要的尴尬与损失（佐斌，1997），也要谨防因过分追求面子而招致他人的奚落与嘲笑（易劳逸，2019）。“脸皮薄”之人因对他人的评价敏感，往往更易融入集体，和谐相处。若“脸皮厚”，不在意他人评价，则可能错失成长与自我提升的机会。正所谓“脸皮薄，吃不着；脸皮厚，吃个够”（金龙，2012）。然而，若脸皮过厚，则很可能在社会舆论中处于不利地位。当然，要在脸皮厚薄之间达到微妙平衡是极其困难的事。

在中国人的话语实践中，“脸”“面子”与许多用语都紧密相连，比如“地位”“荣誉”“尊严”“声望”“声誉”。有些词和脸面有细微的区别，比如“面皮”“脸皮”“头脸”“体面”“颜面”“情面”“面目”“头面”等，在使用中可以部分替代（Yan，1995；佐斌，1997；Jia，2001）。还有些与物属名词联用的带有时空特点的词汇，如“门面”“场面”等，均表示在公开场合所表现出的形象（Jia，2001b）。尽管这些词与脸面有细微区别，但使用起来有等效的作用，有时甚至可以互换。

二、脸面的行动实践

脸面不仅体现在日常话语中，更体现在行动实践上。学者们分析了大量脸面相关的用语，将其纳入脸面实践的各个维度。这些脸面的实践维度，使得我们能够对中国人心理与行为的复杂性和独特性更好地掌握。尽管各位学者从各自的理论角度出发对此进行了研究，但是我们还可以看到极大的共通性。我们大致可以把脸面的行动实践分为五类：顾面子、给面子、护面子、不给面子/伤面子、争面子（黄光国，2004；陶绪，1994；佐斌，1997；Jia，2001；翟学伟，1995，2011；Zhou & Zhang，2017）。

（一）顾面子

顾面子强调在社会互动中对他人面子的尊重与维护。在人际关系中，个体必须关注他人的面子需求，因为面子往往在特定的关系情境中得以真实呈现。顾面子不仅影响人际关系的构建与维系，还深刻影响个体在社会互动中的行为模式。黄光国（2004）、翟学伟（1995）、陶绪（1994）等归纳出了顾面子的多种表述，如“要面子”“讲面子”“爱面子”等，这些表述反映了人们在社交交往中对面子的重视程度。黄光国（2004）指出，顾面子涉及社交关系的重要性评估。当人们认为某段关系足够重要时，便会倾向于顾及对方的面子，以维护和谐的关系。例如，在职场中，领导者通常会在公开场合中赞扬表现出色的员工，即使在私下里对其工作有改进意见，也会选择不在众人面前直接批评。这种做法不仅提升了员工的自信心，还能增强团队的凝聚力，营造良好的工作氛围。此外，黄光国将“做人”与顾面子紧密联系，强调能妥善处理人际关系的人必然会在公共场合顾及他人的面子。黄光国认为，若他人展现出光彩的一面，个体会积极捧场；即使对他人有所不满，也会选择私下沟通，尽量避免损害对方的面子。例如，在家庭聚会上，家长通常会在亲戚朋友面前大力表扬自己的孩子，这种举动不仅是对孩子的支持，也是在亲戚朋友面前维护家庭的面子。若在公共场合未能掌握顾面子的艺术，往往被视为不善于“做人”。这种行为不仅损害他人的自尊心，还可能导致他人产生紧张与不安情绪。比如，在同学聚会上，若当众揭露另一位同学的过往失误，尽管可能出于玩笑，但往往会让被揭露者感到极度尴尬，进而影响两人之间的友谊。黄光国（2004）强调，对于关系较为亲密的人，彼此间的顾面子行为是被传统道德所接受的。这种相互顾及面子的行为能够促进人际关系的和谐与稳定。因此，顾面子不仅是社会交往的基本原则，更是维护人际关系的重要策略。通过关注和满足他人的面子需求，个体能够在复杂的人际互动中更好地适应与生存。

（二）给面子

给面子涉及个体在交往中主动给予他人面子的行为。这种行为不仅体现了对他人的尊重与认可，更是维系人际关系和谐的重要策略。黄光国通过请托者向支持者提出诉求的情境，生动地阐描述了给面子的内涵。他认为，“所谓‘给面子’，是占有较高地位的资源支配者（A），在其他人面前，将他所掌控的某社会资源给予请托者（P）”。这一过程不仅是资源的转移，更是社会地位的认可与提升。在实际交往中，给面子的方式多种多样，包括在公众场合称赞请托者的才能或成就，以此来提高其在他人心目中的地位；对请托者表示关爱与支持；尊重并采纳请托者的建议和意见；满足请托者的具体请求等。这些行为不仅增强了请托者的自信心，也在很大程度上提升了双方关系的亲密度。翟学伟（1995）从个体希望被给予面子的角度进行了深入分析，他认为，个体在自我评价中可能会认为自己在他人心目中的地位不够重要，因此希望对方能够适当“抬高”自己的面子。这种心理反映了人们在社会交往中对自我价值的追求与渴望，表明了面子在维持个体自尊中的重要作用。此外，佐斌（1997）对给面子进行了更为细致的描述，他列举了多达 16 种与给面子相关的表达方式，如“借面子”“买面子”“卖面子”“靠面子”等。多样的表达方式不仅丰富了面子文化的内涵，也揭示了人们在不同情境下给予面子的灵活性和策略性。贾文山则强调，“‘给面子’就是为他人提供与社会群体其他成员互动的机会与信心，通过这种方式，赋予他人权力，从而提升他们的社会地位”（Jia，2001b）。给面子不仅是对他人的一种善意表达，更是促进社会互动与群体整合的有效手段。

（三）护面子

护面子强调个体在面对挑战或冲突时如何努力保护好自己的面子，从而维护自身的社会形象。这一行为不仅关乎个人的自尊心，更是人际关系和谐的重要保障。护面子与给面子有所不同，前者侧重于确保面子不被损伤或保持现状，而后者则是主动提升面子的行为。黄光国（1998）指出，护面子是“保护人际关系和谐，维护社会平衡”的一种策略。这一观点揭示了护面子行为不仅是个体自我意识的体现，更是社会交往中道德与礼仪的反映。在面对他人质疑或冲突时，个体通过护面子的方式维持与他人的良好关系，避免因面子问题引发的矛盾与冲突。翟学伟（1995）对护面子的定义则从自我评价的角度切入，他认为保全面子的核心在于“因自我评价在他人心目中的地位有所下降，以设法维持他人心目中原有位置”。这一表述强调了个体在社交环境中的脆弱性，揭示了人们在维护自我形象时所面临的心理压力。个体在社交互动中常常不希望自己的面子受到损害，因此在各种情境下，都会采取措施以保护自己的社会地位。此外，护面子的行为还反映了中国传统文化中对和谐与团体利益的重视。个体在维护自身面子的同时，也在为整个社群的稳定与和谐做出贡献。护面子不仅是个人行为，更是社会责任的一部分。

（四）不给面子/伤面子

不给面子/伤面子，指个体的不当言行或不合适的行为表现导致他人面子受损的现象。翟学伟（1995）指出，不给面子实际上是对自我在他人心中地位的忽视，表现为对他人情感与社会认同的漠视。贾文山（2001）强调，不给面子意味着剥夺他人在社会交往中获取生存资源的条件。在社交场合，当某人的面子被认为不重要时，往往会出现不给面子的行为。这类行为不仅使对方面子受损，甚至可能无形中加剧人际关系的紧张。黄光国（1998）指出，在公众场合拒绝他人的请求、揭露他人过失、贬低他人地位或进行公开斥责，均属于不给面子的表现。这类行为不仅让对方感到羞愧，甚至可能导致双方关系的恶化。例如，在职场中，某位员工在会议上公开质疑上司的决策，这种行为不仅使上司感到失面子，还可能在团队中造成不和谐的气氛。相对而言，若该员工选择私下与上司沟通意见，则能够维护上司的面子，促进双方的信任与合作。比不给面子更为严重的是伤面子的行为，即故意使他人失去面子。伤面子通常源于复杂的情感和动机。个体可能因对他人的不满、愤怒或失望而选择公开批评，以发泄内心的不满，也有可能出于维护自身权威的目的，故意贬低他人。例如，领导者在团队中通过伤员工面子的方式来强调自身的地位，试图增强对员工的掌控感。然而，这种策略往往是短视的，可能导致团队成员的抵触和不满，损害整体的工作氛围。有些人也可能通过伤害他人面子的方式来吸引人注意或获得他人的认可，这种行为反映了个体在社交场合中的不成熟。尽管在某些文化或社交圈中，这种行为可能被误解为幽默或玩笑，但其潜在的伤害却不容忽视。比如，在朋友聚会中，某人当众揭露朋友的秘密，虽然是出于玩笑，但却可能使被揭露者感到极度羞愧。伤面子的行为带来的后果往往较严重。首先，人际关系的恶化是最明显的结果。公开贬低他人会导致信任的丧失，使双方关系变得紧张甚至破裂。其次，情感创伤也是不可忽视的后果。被伤害面子的人常常会经历羞愧、愤怒或沮丧等负面情绪，这些情感不仅影响其当下的心理状态，还可能对其自尊心造成长期的影响。最后，长期进行伤面子的行为可能使施害者在社交圈中遭遇孤立，周围人可能对其产生排斥，失去社交支持。在这种情况下，伤面子的行为不仅损害了他人的面子，也对施害者自身的社交形象造成了负面影响。

（五）争面子

争面子指的是个体在社会互动中为了维护自己的尊严、形象或社会地位而进行的竞争行为。这一行为在中国文化中尤为显著，因为面子不仅关乎个体的自我价值感，还与社会认同和他人评价密切相关。在日常生活中，争面子的现象普遍存在于家庭、朋友、同事甚至陌生人之间，成为人际交往的重要组成部分。黄光国（1998）、Jia（2001b）、翟学伟（1995）、佐斌（1997）、陶绪（1994）等均将维护面子视为面子实践的重要维度，强调了在特定社会环境中，个体通过维护他人的面子来增强自身的社会资本。争面子与换回面子有关联，当个体因某种原因失去面子时，他们往往会希望面子恢复到之前的状态。例如，在一次职场会议中，某员工因错误决策而受到批评，若他能够通过展示自己在其他领域的成就来“换回面子”，则可以重新获得同事的尊重与认可。佐斌（1997）强调，面子作为一种社交资本，其“量”的变化直接影响个体在社交场合中的表现与地位。个体在不同的社交场合中，通过争面子来调整其面子的“量”，从而影响其在社交网络中的位置和影响力。例如，在某次企业年会上，管理层的成员可能会通过展示公司的业绩数据和个人贡献，来争取更高的社会地位和影响力。翟学伟（1995）将争面子与“争脸”视为同义词，并认为“争脸”是个体通过规范性行为来实现或达到社会圈内认可的特定形象。这意味着，争面子的行为不仅是个体实现自我认同的手段，也是对社会规范和期待的回应。在这一过程中，个体的行为往往受到文化背景和社会环境的深刻影响。然而，争面子的行为有时也可能导致不必要的竞争与冲突。在某些情况下，个体可能会为了提升自己的面子而贬低他人，甚至在社交场合中采取过激的表现方式。比如，在某社交聚会上，某位参与者为了显得自己更为成功而夸大自己的成就，同时贬低他人的成就，这种行为不仅会引发他人的反感，还可能使社交氛围变得紧张。

在上述讨论中，我们对与脸面相关的话语和实践进行了系统整理，揭示了面子文化在社会交往中的重要性。话语不仅是信息传递的工具，更是影响社会现实与关系构建的动态过程。正如张灵芝（2015）所指出的，话语具有情境性和过程性等特征，这意味着话语的意义是在特定的社会背景和互动过程中不断生成与再生成的。Andre（2013）指出，在“面子”这一概念被翻译成英文后，其独特的“中国性”内涵往往随之消失。这一观点强调了文化翻译中的复杂性和挑战性。在英语中，关于面子的表达相对有限，这反映了在英语文化中，面子的相关概念及其适用的社交场合也相对狭窄（Kipnis，1995）。这种情况表明，面子作为一种文化现象，其深层内涵与社会功能在不同文化中可能存在显著差异。语言与文化的结构深深嵌入人际关系与社会情境之中，个体的认知在日常的社会互动中不断受到语言和文化的塑造。反过来，这些认知又会影响个体的行为实践以及他们对他人行为的理解，从而在微观层面上强化社会交往中的既有模式与结果。理解个体如何通过语言来感知和构建“社会事实”，对于深入探讨中国人的心理与行为至关重要。

第二节　脸和面子的概念范畴

由于脸与面子具有文化隐喻的性质，尽管人们在言语活动中经常使用这两个词，也在行动实践中意识到了它们的重要性，却很难给出精确的定义。本节主要通过词汇学途径来研究脸面的语义。对词汇进行内容分析从而建立心理与行为结构的研究路径，可以回溯到 Allport 和 Odhert（1936）以及 Cattel 等（1970）的研究上。他们都是从词典里找寻可以描述某种心理与行为特质的关键词，然后通过特定的方法和技术对这些关键词进行分类化简，从而得到数目有限的维度。

西方研究都把脸和面子视作一个概念，而华人本土研究对于这两个概念是一体还是二分仍然各执一词。先回顾以往学者如何区分脸和面子的概念范畴。胡先晋（1944）最早将脸和面子区分开来进行界定。自此之后，许多华人学者延续了她的做法，将脸和面子作为两个概念分别进行定义。在质性研究方面，翟学伟（1955，2011）主要通过知识考古，收集与脸面相关的短语、俗语等实施语言分析，就两个概念进行界定。之后，高永平（2006）通过日常语言分析对脸和面子进行了定义。Zhou 和 Zhang（2017）则通过对广播电台新闻语料库的分析，对脸和面子进行了区分。除此以外，也有学者采用量化研究。朱瑞玲（1989 b）、Hsu（1996）、佐斌（1997）、施卓敏等（2010）都采用了类似的定量路径来划定脸与面子的语义范畴。

朱瑞玲（1989）列出了 110 种与脸面相关的事件，在中国台湾地区抽取 577 个样本实施调查，要求被调查者评价这些事件属于“没面子”还是“丢脸”。朱瑞玲（1989）将全部事件分为 9 个类别：严重性、违反道德、能力低、身份低、礼仪不周、有损尊严、名誉受损、行为失误、品德不良。研究结果显示了各类别的脸面属性差异。例如，绝大多数受访者（82%）认为违反道德“只丢脸”；大多数人（75%）认为身份低“只丢面子”。朱瑞玲（1989）的研究范式被后来的学者广泛采用。Hsu（1996）罗列了 32 种与脸面相关的事件，调查了 283 名北京被试，但问卷选项则采用了四分法。根据严重程度的评级，他呈现了“最丢脸”“既最丢面子也丢脸”“最丢面子”“两者都不丢”的事件性质判断。比如，被试认为最丢面子的事件有：婚外情；欺负儿童或老人；贪污受贿；假装自己对某学科很了解，却被当场揭穿；偷东西被抓现行；当众受辱；在朋友面前表现不得体；在重要的考试中名落孙山，又找不出合理的借口；无法兑现承诺；在公众面前举止不当（如与异性调情）。

佐斌（1997）以类似的方式进行了调查，调查涉及常住武汉的 192 名被试，包括工人、党政干部、商务人员、大学教师、大学生等。佐斌（1997）收集了 30 种丢脸、丢面子或两者皆丢的事件。调查对象认定的“丢面子”事件包括：当面被人揭短、不懂装懂被人当面揭穿、爱人在自己的朋友面前行为不当、当众被人羞辱、公交车上逃票被识破等 10 件。大家都倾向于认为“丢脸”的事件有婚外情暴露、盗窃被抓、欺侮老幼、贪污被抓等 10 件。而大家都倾向于认为“不丢脸面”的事件有离婚、不能生育、他人对自己无礼却不反击、教师讲错题被学生当堂质疑、事业惨败或打败仗等事件。佐斌在此基础上探索了脸面的内涵。

在中山大学从事营销研究的施卓敏等（2010）注意到脸和面子对于中国

人消费行为的影响具有异质性。他们参考了 Hsu（1996）和佐斌（1997）等的研究范式，共招募了 98 名工商管理硕士进行问卷调查。首先，调查“脸”与“面子”是否存在差异，肯定两个概念存在差异的被试占有效样本的 86.7%。其次，列出 14 条正性项目，让被试判断该项目属于“有脸”还是“有面子”；同时列出 20 条负性项目，让被试判断该项目属于“丢脸”还是“丢面子”。研究发现，买了豪宅、在高档酒店进餐等事件属于“有面子”的范畴；衣着破旧、家人失业等属于“丢面子”的范畴，说话不算数、当众出丑等属于“丢脸”的范畴。最后，对品牌的国别属性涉及“脸”还是“面子”进行了研究。

上述研究具有相似的研究范式，即列出一份与脸面相关的特质性事件清单，通过问卷法调查数百位中国人，让其判断事件的脸面属性，进而抽象出脸和面子的概念内涵和特征。这些研究验证了脸面异质性与同质性共存的情况。本书将对这些研究范式与研究结论进行参考。当然，以上通过事件属性来确定脸和面子内涵的方法，还有一些问题值得商榷。比如，事件清单的来源大多参考了对在校大学生的访谈，调查对象是城区里生活、工作或学习的人，调查内容和调查对象都设有考虑到农村情况。同时，事件清单法可以说是一种不完全的枚举法。本书主要依据词汇学途径，在具体研究中也将借鉴事件清单法的路径。具体操作包括：首先提取脸面的特征关键词清单，进行脸面意识的启动；其次让被试判定关键词是否与脸相关、与面子相关、与两者都相关，还是与两者都无关；最后将数据进行对应分析，以划分脸与面子的语义范畴。

一、研究方法

（一）研究材料

单人收集脸面的关键词很容易产生疏漏与偏误，因而，本书采取了多人同时收集资源的方法。除研究者外，还邀请了四位应用心理学专业的本科生担任研究助理，共五人组成研究小组完成收集工作。具体而言，是从过去一百年来的华人学者、文学家、观察家关于脸面的论著、作品中寻找与脸面有紧密联系的关键词。当然，大部分论著、作品已经在文献综述中提及，还有一部分是在这些文献基础上的追溯。筛选这些文献的标准在于，必须认可脸面的“文化特殊性”，以文化主位的视角考察脸面问题。五位小组成员分头收集材料，然后进行汇总。关键词的提取大致有四条路径：（1）概念定义中的关键词；（2）测量工具的维度名称及其维度定义中的关键词；（3）文献中对脸面的重点描述与阐释；（4）正面引述的他人观点。

汇总完毕，对词条逐一讨论，通过保留、删除、合并，筛选出有效的关键词。(1) 保留原则：对于关键词的保留尽量放宽阈限；凡是概念定义与测量工具维度定义中的关键词全部保留；但凡小组中有一位成员坚持认为某词条值得保留，即纳入研究材料。(2) 删除原则：删除公认的无关词汇；但凡含有"脸""面子""面"等字样的词条均予以剔除（如"体面""表面无违""面具"）。(3) 合并原则：对于部分语义差别较小的关键词进行合并（如"羞耻""羞耻心""羞耻感"统一为"羞耻感"）；对存在上下位关系的词汇进行合并（如"社会权力"和"权力"合并为"权力"）；对于出现在概念定义中的关键词不予合并（如"社会地位"和"心理地位"）。经过收集、讨论与整理，得到与脸面有紧密关系的关键词共46个（见表3-1）。

表3-1　脸面相关的关键词

序号	词汇	来源
1	表演	陈之昭，1982；朱瑞玲，1989；佐斌，1997
2	成功	王轶楠，2006；周凌、张绍杰，2017
3	成就	胡先晋，1944；陈之昭，1982；金耀基，1989；黄光国，1988，2010；朱瑞玲，1989；佐斌，1997；王轶楠，2006
4	道德	胡先晋，1944；陈之昭，1982；黄光国，1988；金耀基，1989；朱瑞玲，1989；周美伶、何有晖，1994；Hsu，1996；佐斌，1997；张军华，2008；宝贡敏、赵卓嘉，2009；程志聪，2013；施卓敏、郑婉怡、邝灶英，2017；周凌、张绍杰，2017
5	地位	胡先晋，1944；杨懋春，1945；陈之昭，1982；殷海光，1988；黄光国，2010；杨懋春，2001；Leung & Chan，2003；施卓敏、郑婉怡、邝灶英，2017
6	公共自我形象	朱瑞玲，1989；周凌、张绍杰，2017
7	恭敬	何有晖，1974；金耀基，1989
8	关系	Leung & Chan，2003；张军华，2008；宝贡敏、赵卓嘉，2009；黄光国，2010；程志聪，2013；施卓敏、郑婉怡、邝灶英，2017
9	行为规范	金耀基，1989；朱瑞玲，1989
10	和谐	朱瑞玲，1989；贾文山，2000；周凌、张绍杰，2017
11	精神纲领	鲁迅，1934；陈之昭，1982

续表

序号	词汇	来源
12	夸大	胡先晋，1944；陈之昭，1982
13	夸耀	胡先晋，1944；黄宣范，1987；王轶楠，2006
14	礼貌	梁漱溟，1990；金耀基，1989
15	礼仪	朱瑞玲，1989；贾文山（Jia），2000；黄光国，2010
16	伦理	周美伶，何有晖，1993；燕良轼等，2007；黄光国，2010；赵锋，2016
17	能力	胡先晋，1944；陈之昭，1982；朱瑞玲，1983；黄宣范，1987；黄光国，1988；Hsu，1996；佐斌，1997；高永平，2006；张军华，2008；宝贡敏、赵卓嘉，2009；程志聪，2013；施卓敏、郑婉怡、邝灶英，2017；周凌、张绍杰，2017
18	品行	黄宣范，1987；朱瑞玲，1989；张军华，2008
19	权力	胡先晋，1944；翟学伟，2016；周凌、张绍杰，2017
20	权威	陈之昭，1982；成中英，1986；朱瑞玲，1989；赵锋，2016
21	自我心像	何有晖，1974；金耀基，1989；陈之昭，1982；燕良轼等，2007
22	荣辱	何有晖，1994；翟学伟，2011
23	荣誉	陈之昭，1982；何有晖，1994；杨懋春，2001；周凌、张绍杰，2017
24	社会地位	成中英，1986；金耀基，1989；Hsu，1996；佐斌，1997；陈虎强，1999；周凌、张绍杰，2017
25	社会准则	林语堂，1934；朱瑞玲，1988；金耀基，1989
26	身份	陈之昭，1982；金耀基，1989；朱瑞玲，1989；高永平，2006；张军华，2008；周凌、张绍杰，2017
27	声望	胡先晋，1944；金耀基，1989；陈虎强，1999；杨懋春，2001；周凌、张绍杰，2017
28	声誉	胡先晋，1944；杨懋春，1945；殷海光，1988；朱瑞玲，1989
29	顺从	何有晖，1974；吴主惠，1982；贾文山（Jia），2000；金耀基，1989

续表

序号	词汇	来源
30	文过饰非	庄泽宣，1949；张妙清等，1997
31	心理地位	翟学伟，1995，2011，2016
32	心理满足	杨懋春，2001；翟学伟，2011
33	信用	陈之昭，1982；金耀基，1989
34	形式主义	陈之昭，1982；金耀基，1989；梁漱溟，1990；翟学伟，2011
35	形象	陈之昭，1982；周美伶、何有晖，1993；张妙清等，1997；张军华，2008；廖文婷，2010；翟学伟，2011
36	羞耻感	成中英，1986；陈之昭，1988；金耀基，1989；佐斌，1997；翟学伟，2011，2016；赵锋，2016
37	虚假	周美伶、何有晖，1993；朱瑞玲，1989
38	虚荣	林语堂，1934；周美伶、何有晖，1994
39	虚伪	王造时，1932；庄泽宣，1949；费孝通，1985；金耀基，1989
40	印象	金耀基，1989；翟学伟，2011
41	影响力	陈之昭，1982；金耀基，1989；周美伶、何有晖，1993；李春玲，2008
42	正向社会价值	陈之昭，1982；成中英，1986；朱瑞玲，1989
43	正直	Leung & Chan，2003；周凌、张绍杰，2017
44	自尊	陈之昭，1982；殷海光，1988；周美伶、何有晖，1993；张妙清等，1997；陈虎强，1999；燕良轼等，2007；周凌、张绍杰，2017
45	尊严	陈之昭，1982；周美伶、何有晖，1993；朱瑞玲，1989；张妙清等，1997；Leung & Chan，2003；燕良轼等，2007；李春玲，2008；周凌、张绍杰，2017
46	尊重	胡先晋，1944；何有晖，1974；陈之昭，1982；成中英，1986；陈虎强，1999；Leung & Chan，2003

（二）被试情况

采取方便抽样方式选取郑州市三所高校的在读大学生作为调查对象，回收有效问卷422份。调查对象平均年龄21.1岁（标准差为2.03岁），其中男性230人，占54.5%；女性192人，占45.5%。所有调查对象均为中国人，在传统意义上汉族聚集区出生并成长，没有在国外生活与学习的经历。

（三）调查内容

整个调查由两部分组成。（1）问卷启动部分。让被试进行人物自由联想。要求被试根据自己的经验，举出“有脸”“没脸”“有面子”“没面子”四种类型的人，可以是现实中的人，也可以是文艺作品中虚构的人，各种类型3~5人。（2）问卷主体部分。要求被试确定关键词的脸面属性。问卷共46题，题干为关键词。选项共四个：①与“脸”有关；②与“面子”有关；③与“脸”和“面子”都有关系；④与“脸”和“面子”都没有关系。为避免出现顺序效应，一半问卷的选项为正向排序，另外一半问卷的选项为反向排序。运用自由联想法，让被试选出各个关键词所对应的属性。问卷的最后是年龄、性别、民族、家庭住址、专业、年级等基本的人口学问题。除问卷外，还预备了一张名词解释表，对于关键词进行解释（主要来自《现代汉语词典》），当被试对关键词的含义有疑问时才提供。主试尽量规避不适当言语和非言语行为造成的暗示。调查采用现场作答方式完成，填写时间控制在20分钟以内。

（四）数据分析

在本书中，关键词与脸面属性的关系是一种频数关系，较适用于通过对应分析的方法进行数据处理。对应分析法（Correspondence Analysis）由20世纪三四十年代的一批统计学家所创立（Richardson & Kuder，1933；Hirshfield，1935；Horst，1935；Fisher，1940；Guttman，1941），又称R-Q型因子分析、关联分析等。对应分析法能够较好地处理分类变量间的联系。可以通过分析由频数关系构成的交叉列联表来揭示变量间的关系。对应分析能采用图形化呈现方式，将交叉表转换为相应的对应分析图，其结果呈现简单直观，对结果的解释相对容易。以往概念结构分析常用的是因子分析。对应分析和因子分析间存在非常紧密的联系（张文彤、董伟，2013）。从某种意义上说，对应分析可以理解为分类数据的因子分析。对应分析和因子分析的适用条件有所差异。因子分析重在考察数据的关联程度，计算过程中提取的是各因变量间的相关性，相应的解释空间也是在变量关联的基础上加以改造；如果使用对应分析，则重在考察类别间的差异，相应的解释空间集中反映的是各类别在关联程度上的差异。本书将调查得到的资料，运用社会科学统计软件SPSS 22.0进行分析。

二、研究结果

通常而言，对应分析处理的是列联表数据，只有当卡方检验有统计学意义时，对应分析才有可能在变量各类别间找到较为明显的类别联系。但是，由于卡方检验是一个总体检验，而在检验中对于个别关键词与类别属性之间的联系的反应缺乏敏感性，因此不能严格地以 0.05 作为判断标准，具体界值为多少才合适并无统一标准。从经验上讲，如果 p 值大于 0.2，则可能无分析的必要；如果 p 值为 0.05~0.2，则可以考虑进行对应分析，但是对其解释要慎重。当然，从本书的对应分析结果来看，卡方检验值为 1828.705（$p<0.001$），较好地达到了判断阈限。这表明关键词和脸面属性之间存在显著相关（见表 3-2）。

表 3-2 对应分析的模型检验

维度	奇异值	惯量	卡方	显著性	惯量的比例		置信度奇异值	
					百分比	累积百分比	标准差	相关系数 2
1	0.232	0.054			0.587	0.587	0.007	0.099
2	0.169	0.029			0.311	0.899	0.008	
3	0.096	0.009			0.101	1.000		
总计		0.094	1828.705	0.000[a]	1.000	1.000		

注：[a] 自由度 132。

再看方差解释比例，即每个维度携带的信息量，实际上，就是按照每个维度的惯量占惯量总和的比例计算出来，这与因子的特征根的作用类似。第一维度占总信息量的 58.71%，第二维度占比为 31.14%，第三维度占比为 10.15%，三个维度加起来共携带了 100%的原始信息量。由于前两个维度已经携带绝大部分信息，而且二维图形比三维图形更容易观察和理解，因此，本书将使用二维空间进行分析结果的解释。

对应分析结果如图 3-1 所示。关键词与脸面属性的对应分析坐标值见表 3-3。（1）判断脸面属性的区分情况。先分别考察两个类别变量各子类别间是否被清晰地分开。假如脸面属性、脸面关键词在图 3-1 上的某个方向相对接近，则判断关键词的类别属性没有意义。从图 3-1 来看，46 个脸面关键词在各个空间方位上都有分布，4 个脸面属性词分别居于右上、右下、左中、中部位置，这说明具有较高的区分度。（2）判断关键词的脸面属性。从图 3-1 来看，围绕“都无关”的词汇形成了较为独立的区域；围绕“关乎面子”“与脸相关”的词汇分别形成较大的区域；围绕“都有关系”的词汇形成较小的区域，三个区域在距离上有所区分，但是又看似一个连续的整体。

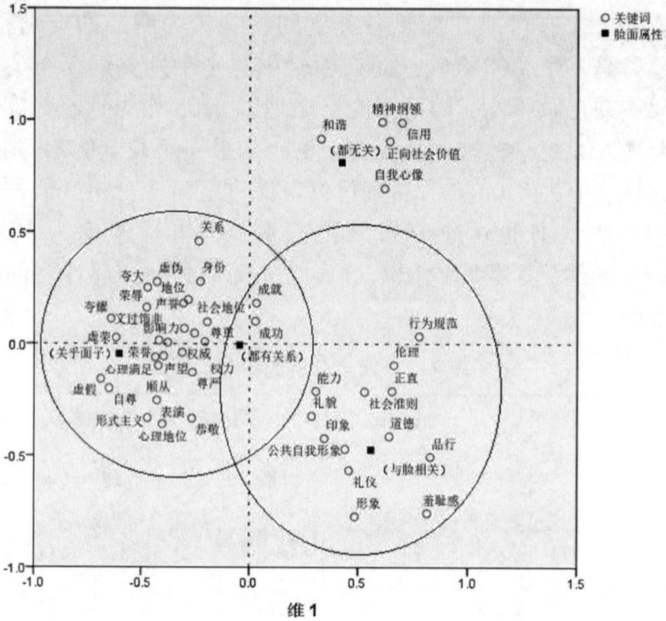

图 3-1　对应分析图

表 3-3　关键词与脸面属性的对应分析坐标值

序号	类别	维数		序号	类别	维数	
		1	2			1	2
1	表演	-. 427	-. 253	26	声誉	-. 306	180
2	成功	027	100	27	顺从	-. 421	-. 097
3	成就	032	181	28	文过饰非	-. 377	005
4	道德	641	-. 414	29	心理地位	-. 401	-. 360
5	地位	-. 283	196	30	心理满足	-. 435	-. 060
6	公共自我形象	440	-. 471	31	信用	697	988
7	恭敬	-. 267	-. 334	32	行为规范	777	033

续表

序号	类别	维数		序号	类别	维数	
		1	2			1	2
8	关系	–. 236	457	33	形式主义	–. 471	–. 332
9	和谐	327	915	34	形象	484	–. 773
10	精神纲领	607	991	35	羞耻感	815	–. 758
11	夸大	–. 471	250	36	虚假	–. 690	–. 158
12	夸耀	–. 642	112	37	虚荣	–. 618	027
13	礼貌	286	–. 324	38	虚伪	–. 427	276
14	礼仪	458	–. 566	39	印象	345	–. 423
15	伦理	662	–. 096	40	影响力	–. 302	067
16	能力	306	–. 212	41	正向社会价值	642	905
17	品行	829	–. 506	42	正直	654	–. 213
18	权力	–. 207	009	43	自我心像	618	695
19	权威	–. 311	–. 039	44	自尊	–. 651	–. 200
20	荣辱	–. 474	161	45	尊严	–. 265	–. 128
21	荣誉	–. 417	015	46	尊重	–. 255	047
22	社会地位	–. 197	097	b1	（与脸相关）	558	–. 474
23	社会准则	528	–. 215	b2	（关乎面子）	–. 604	–. 045
24	身份	–. 228	277	b3	（都有关系）	–. 046	–. 006
25	声望	–. 396	–. 055	b4	（都无关）	423	811

从分析结果来看，主要与脸相关的关键词有品行、社会准则、道德、行为规范、公共自我形象、形象、礼貌、羞耻感、礼仪、印象、伦理、正直、能力。主要与面子相关的关键词有表演、声望、声誉、顺从、地位、文过饰非、恭敬、心理地位、关系、心理满足、夸大、形式主义、夸耀、虚假、自尊、权力、虚荣、权威、虚伪、荣辱、影响力、荣誉、尊严、社会地位、尊重、身份。与脸和面子都相关的关键词有成功、成就。与两者都无关的关键

词有和谐、精神纲领、信用、正向社会价值、自我心像。

三、讨论分析

研究表明，脸和面子的"语义场"存在异质性和同质性，且异质性较强。主要与脸相关的关键词有 13 个；主要与面子相关的关键词有 26 个；与两者都相关的关键词有 2 个；与两者都无关的关键词有 5 个。其中，与脸和面子都相关的词是成功、成就。可见，在日常话语中，成功与成就既是能力的体现，也能给人带来声誉、荣誉、尊严等，兼具了脸和面子的性质。以往的研究也表明，脸和面子的概念有存在重合的地方（André，2013）。与两者都无关的词是和谐、精神纲领、信用、正向社会价值、自我心像。一方面，这些词语虽然可以用于描述脸面，但可能并不存在语义场上的重合；另一方面，学术语言与公共语言之间存在差异，一些词语并不符合与脸面相关的语用习惯。从数量上来看，与面子在语义场上存在重合的关键词明显比脸的关键词更多。在研究中，许多学者将这两个概念统称为"面子"，关于"面子"的文献要多于"脸"。在实践中，面子比脸在生活中使用更频繁，使用场景也更多。借用结构语言学的术语，相较于脸，面子"能指"的范围更广泛，"所指"的内容更丰富。当然，这不仅体现在言语沟通层面，更体现在整个社会心理与行动实践层面。中国人对"面子"的重视程度要超过对"脸"的重视。结合过去的研究（胡先晋，1944；朱瑞玲，1989；Hsu，1996；佐斌，1997；高永平，2006；施卓敏等，2010；翟学伟，1995，2011a，2016；Zhou & Zhang，2017）探讨脸和面子的主要属性，可以得知，当面子与脸发生冲突时，面子通常是胜利者。中国人在社会交往中很注重面子，不仅是因为文化准则，或许更重要的是这符合人们的切身利益。不少人认为，被他人积极地看待会给他们带来威望、赞赏、好感、信任、自我满足以及诸多正面效应，这便是人们的获得感与幸福感。而失去了面子，则会让人感觉羞辱、羞愧、尴尬和自嘲，陷入悲悯之境地。

"脸"具有价值取向。从关键词来看，"脸"指向社会成就与道德礼仪。在中国社会，并非所有人都渴望"面子"，但是绝大多数人都努力避免"丢脸"，以使自己在社会上有立足之地。当然，获得"脸"的难度似乎并不高，只要按照社会圈内的公认价值，循规蹈矩地完成理所当然的事即可。除非做了所在社会圈所不容的事，否则只要他是社会中的一员，他便有"脸"。"脸"具有文化规范作用。做了"丢脸"的事，不但会受到社会制裁，还会受到良心谴责。通过研究哪些情况下会"丢脸"，能使我们了解社会圈对个人的基本要求。如果一个人不能达到这个基本要求，自己暴露其无德、无能、无礼，其他人便会觉得他的“丢脸”是咎由自取。“丢脸”的影响时效长，在短时间内都难以恢复。对于个人而言，“丢脸”最直接的后果，就是使其在社会生活中受到影响。一般情况下，“脸”丢了可以慢慢找回，但当个人过失和文化的角色规范或禁忌发生直接抵触时，比如做了伤天害理、有悖伦常的事，“丢脸”便难有翻身的余地。“脸”的评价取决于社会圈的公认价值，是社会的一种约定俗成，而不依赖于具体个人的自由选择和评价。无论是仁义、正直、坚韧还是礼貌，当用这些词来描述或评价一个人时，都指向个体的心理与行为品质。本书将“脸”视为个体（或群体）在迎合某一社会圈内的公认价值与行为法则时，通过一系列有利于自己或相关者的路径和策略，在一定社会情境中做出的符合他人期待的呈现。

“面子”具有现实取向。运用“面子”相关的关键词评价某人时，更多关注个体的现实状况，强调一种实然状态。“面子”的得失是相对于个人赢得多少“面子”而定的。例如，某人本来拥有某一分量的“面子”，但现在给予此人的“面子”却较此分量多或少了，这就构成“面子”的得或失。由于“面子”的失去没有那么让人畏惧，所以冒风险得“面子”成为很多人的首选。“面子”的多少具有情境性。个人的“面子”没有确定的数量，会因社交场合的不同而增减。一个人可以有多种“面子”，荣辱、权力、地位、关系等属于“面子”的一部分，拥有哪种“面子”存在很大差异，容易随着情境发生变化。相较于“脸”，“面子”得失的影响时效较短。“面子”丢失后，在短期内可再获得。“面子”具有较大的操纵空间。夸大、夸耀、尊严、身份等都在指向增加、赢取、维护“面子”。讲“面子”时重在外部因素，受他人评价较大。在谈个人的“面子”得失时，不得不指明是谁给他“面子”或不给他“面子”。丢“面子”还是不丢“面子”，不是由自己决定。一个人受不受尊重、有没有尊严，往往受到他人的态度与行为的影响。只有引起他人注意，才有面子的大小多寡；如果没有他人评价，则不讲有没有面子。有面子的人往往能对他人有直接或间接的影响力，“面子”可利用，可交换，有“面子”的人能让关系紧密的人也有“面子”。本书将“面子”视为个体（或群体）在做出一系列符合他人期待的行为后，判断他人的评价与自我期待是否一致的心理过程，其基本目的是提升自己在他人心目中的序列地位，外在表现为社会赞许的程度。

第三节　脸和面子的构念化

语言本身并非单一系统，而是一种由多种成分构成的奇妙设计（平克，

2015）。过去的研究常常给脸面一个笼统的概念界定。前文已经在前人研究的基础上，通过对应分析，对脸和面子实施“语义场”的区分，接下来需要分别对其构念化。构念化是研究者针对一个被研究群体（如“中国人”）心中普遍存有及运用的心理及行为概念（这里指“脸”和“面子”），将之转换为可以付诸实证检验的研究结构的过程。在构念化的过程中，研究者所建立的“结构”有别于一般的“概念”或“观念”，因为它们是研究者为了研究而“建构”出来的，用以精简地捕捉该研究群体的想法，并易于实证操作的抽象概念（杨中芳，2014；戴海琦，2018）。构念化的结果通常包括对一组构念（维度）的描述及定义，以及对这组构念之间关联的构想，它们反映了研究者的理论构想，也提供了实证检验的方向及依据。以前对于本土概念的构念化研究，比如孝道（杨国枢，2005）、道家人格（涂阳军，2007）等，仍然有意或无意地运用西方个体心理的构念内核，如“知情意行”。本书尝试打破这种固化模式，借鉴前人研究的成果，建立脸与面子的本土性概念结构。

前文已经明确了脸与面子的相关含义，这为接下来建立脸和面子的内涵结构奠定了坚实基础。国内许多概念结构的研究都运用了词汇学途径。比如，王登峰（2005）通过词汇分析的方法得到了中国人的“大七人格”结构；涂阳军（2012）基于道家常以水为譬喻来阐发其“道”的哲学范畴，通过对于词典中描述“水”的词汇的收集，确立了道家人格的理论结构；杨中芳和林升栋（2012）通过收集相关的成语建构了中国人“阴阳感知”的结构。以往的构念化研究，存在定性与定量共存的现象。定性研究具有自上而下的属性，能够更多地将研究者的敏锐洞察带进来，但研究者也可能跳不出西方思维的桎梏。以至于我们看到，许多本土概念的建构仍然延续了西方个体主义心理学的“知情意行”模式。定量研究则具有自下而上的属性，主要依靠数据驱动而并非研究者的主观认知，分析结果显得更加客观可靠，但也可能忽略本土概念背后丰富的文化内涵、特定的社会因素与复杂的民族心理。本书将吸收前人研究的经验与教训，将定量与定性方法有机结合，既重视自下而上的数据分析，也重视对概念背后的文化传统、社会结构与心理因素的探讨，以更好地建立脸面的结构模型。

对于概念结构的定量分析，常用的方法是基于李克特式自评问卷的因子分析，但该方法并不适用于本书。本书主要应用概念构图法（Concept Mapping Method）对于脸面的结构进行分析，主要步骤是创造和归纳分析单元，做出多维尺度分析，聚类分析并为类别命名。在国内社会科学领域，使用该方法针对特定概念或主题实施结构分析已取得不少成果。比如，晋商组织管理结构（杨继平、郑建君，2006）、当代大学生自比型价值观数据的潜在结构（窦刚、黄希庭，2006）、大学生职业兴趣结构（赵守盈等，2014）、组织自尊的内容结构（王颂、解蕴慧、马力，2014）。本书利用概念构图法刻画关键词的空间关系，理解两个概念的“意群”，从而确定脸和面子的语义结构。

一、研究方法

（一）调查对象

采取方便抽样方式选取郑州市在读大学生作为调查对象，共收集有效样本651个。“脸”语义调查问卷的被试共有336人，被试平均年龄22.2岁（标准差为1.44岁），其中男性177人，占52.7%；女性159人，占47.3%。“面子”语义调查问卷的被试共有315人，平均年龄20.6岁（标准差为1.75岁），其中男性151人，占47.9%；女性164人，占52.1%。样本中所有“脸”与“面子”的个案均没有重合。

（二）研究程序

根据多维尺度分析的要求，研究者编制了两两配对问卷，要求被试对面子关键词的语义关联性（或称无关性）进行判断。例如，让被试比较“虚伪”与“文过饰非”不相似的程度。“脸”语义调查问卷有15个分析单位，按照$n(n-1)/2$的算法，问卷由105个问题组成；“面子”语义调查问卷有28个分析单位，按照$n(n-1)/2$的算法，问卷将由378个问题组成。让被试在李克特十一点量表上判断各个配对词汇的关联性程度，即按照“完全相同”到“完全不相同”的标准，赋予相应数值“0”到“10”，语义关联程度随着数字变大而减弱。被试在填写问卷时，只需根据日常实践经验作答，调查者不给予任何明确的指标或标准，赋值完全由被试自行完成。为避免顺序效应，本书将问题采取两种顺序排列，一种按词汇的拼音字母顺序正向配对排列，另一种按词汇的拼音字母顺序反向配对排列。此外，预备了名词解释表（主要来自《现代汉语词典》），当被试对关键词的含义有疑问时才提供。调查采用现场作答方式，最后收集整理数据，利用SPSS 22.0软件对数据进行处理。

二、研究结果

（一）明确分析单元和归类分析单位

明确分析单元的方法来源于本章第二节的研究。如前文所述，通过文献梳理得到脸面相关的关键词共46个。通过对应分析，得到“与脸相关”

的词汇 13 个（占 28.3%），“与面子相关”的词汇 26 个（占 56.5%），“都相关”的词汇 2 个（占 4.3%），“都无关”的词汇 5 个（占 10.9%），去除后面两种情况的词汇，可以得到与脸相关的词汇 15 个，与面子相关的词汇 28 个。接下来，按照研究程序，让被试归纳分析单位（见表 3-4）。

表 3-4 “脸”与“面子”的特征描述关键词出现频次

类别	序号	关键词	出现频次	类别	序号	关键词	出现频次
脸	1	成功	2	面子	8	夸耀	3
	2	成就	8		9	权力	3
	3	道德	13		10	权威	4
	4	公共自我形象	2		11	荣辱	2
	5	礼貌	2		12	荣誉	4
	6	礼仪	3		13	社会地位	6
	7	伦理	4		14	身份	6
	8	能力	13		15	声望	5
	9	品行	3		16	声誉	4
	10	社会准则	3		17	顺从	4
	11	行为规范	2		18	文过饰非	2
	12	形象	7		19	心理地位	3
	13	羞耻感	7		20	心理满足	2
	14	印象	2		21	形式主义	4
	15	正直	2		22	虚假	2
面子	1	表演	3		23	虚荣	2
	2	成功	2		24	虚伪	4
	3	成就	8		25	影响力	4
	4	地位	8		26	尊严	8
	5	恭敬	2		27	尊重	6
	6	关系	6		28	自尊	7
	7	夸大	2				

（二）多维尺度分析

本书根据数据情况，使用多维尺度分析（PROXSCAL）进行处理。在进行分析前，先确定应采取的维数。首先，观察“脸”的结构分析应采用的维数，图 3-2 表明两个维度已可以解释大部分信息；拟合指标中，Stress 值为 0.093，DAF 值为 0.907，Tucker 指数为 0.952，均表明拟合度较好。其次，观察“面子”的结构分析应采用的维数，图 3-2 同样表明，两个维度已可以解释大部分信息；Stress 值为 0.095，小于 0.100 的阈值，DAF 指数为 0.905，Tucker 指数为 0.951，均表明拟合度较好。鉴于前两个构念已经携带绝大部分信息，拟合指数较好，且考虑到二维图形比三维以上图形更容易观察和理解，因此，本书对“脸”和“面子”的结构分析将使用二维图。

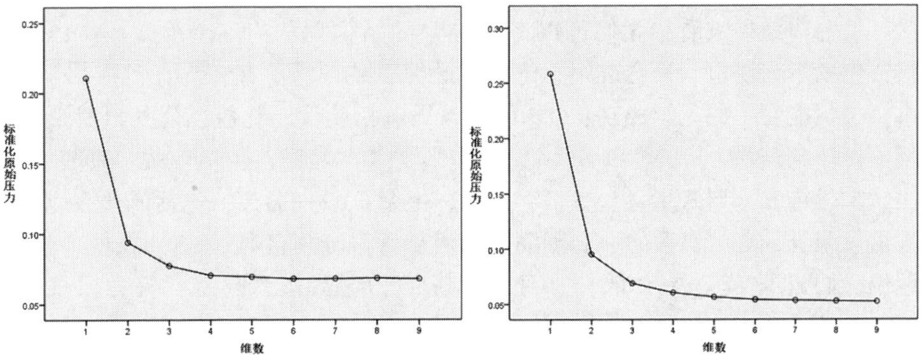

脸　　　　面子

图 3-2　碎石图

多维尺度分析提供了“脸”和“面子”相关的关键词所在的二维图。观察图上各散点间的相关关系可以发现，按照散点的区位方位、聚集情况、离原点的距离，“脸”可以分为三个意群，“面子”可以分为四个意群。

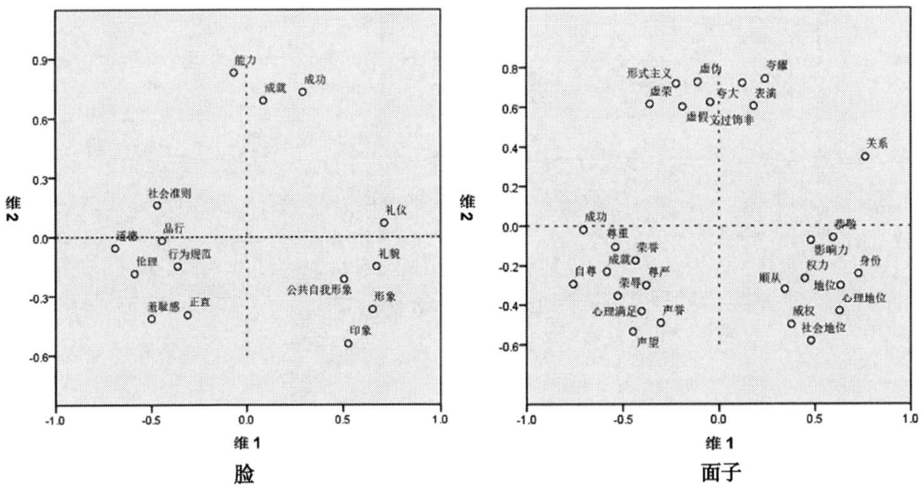

脸　　　　面子

图 3-3　二维图

（三）聚类分析与类别命名

当然，对于关键词空间分布关系的观察，除了借助构念空间图，还可以利用聚类分析来辅助观察。本书将“脸”和“面子”各自关键词的二维坐标值录入 SPSS 软件，采用了组间连接法（欧氏距离平方），对关键词进行了层次聚类分析，形成了关键词相关联系的树状图（见图 3-4）。树状图能够更详细地展示各关键词的相近程度。图 3-4 两个树状图表明，“脸”的关键词的确被分为三个意群，“面子”的关键词则被分为四个意群（分类值大于 10），与上述分析结果相互印证。

从分析结果来看，我们可以将“脸”的结构划分为三个维度：（1）德操，包括行为规范、社会准则、伦理、道德、品行、正直、羞耻感；（2）本事，包括能力、成就、成功；（3）形象，包括礼仪、礼貌、公共自我形象、形象、印象。“面子”可以分为四个维度：（1）虚饰，包括夸耀、表演、夸大、文过饰非、形式主义、虚伪、虚假、虚荣；（2）名声，包括成功、成就、尊重、荣誉、尊严、荣辱、心理满足、声望、声誉、自尊；（3）权威，包括地位、心理地位、社会地位、身份、影响力、恭敬、顺从、权力、权威；（4）关系。

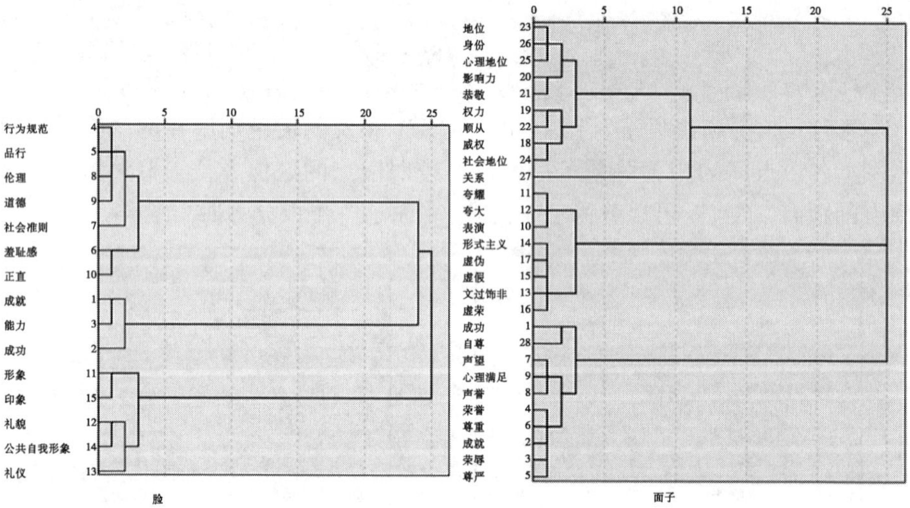

图 3-4 树状图

三、讨论分析

无论是对于脸还是面子而言，其要素结构的探索都不容易。过去一些中国学者对于文化与人格概念的结构考察，如孝道（杨国枢，2005）、道家人格（涂阳军，2007）等，要么基于特定的理论模型，要么是对语言材料的质性分析，很少做出严格的量化分析。定量分析并不容易。西方心理学对于文化与人格概念结构的研究，通常先让被研究者填自陈问卷，即评价是否符合关键词的描述，然后再采用因子分析法。然而，这种方法在探讨脸面的要素结构上可能会遇到很大困难。在中国人的语言与思维习惯里，许多词汇都具有褒贬性质，哪怕它们在其他语言中的对应词汇是中性。脸面的关键词尤其如此，大部分都具有明显的社会称许性，容易让人产生防御心理。概念构图法并不要求自我评价，就只要求被调查者对关键词进行两两之间的语义相近程度的对比，因而可以避免社会称许性的问题。从分析结果来看，我们可以将“脸”的结构划分为三个维度：德操脸、本事脸、形象脸。“面子”可以分为四个维度：虚饰面、名声面、权威面、关系面。

（一）德操脸

个人维护面子的基本手段是遵守社会规范和有效地扮演自己的社会角色，即要满足社会和他人对自己的期待。“品行”与“正直”是对于个人的道德判断的范畴。甲骨文中的德字“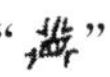”原意便是人在大路上行走，目标坚定，绝不犹疑，表示行为正直。金文增加了心“”，表示心灵的自我修养。“伦理”与“道德”在词源含义上可视为同义词，“道德学”可以说成“伦理学”，“道德现象”可以说成“伦理现象”，“道德行为”与“道德判断”也可以说成“伦理行为”与“伦理判断”，多数学者都未对这两个概念加以区分（罗国杰，1986；魏英敏、金可溪，1984）。尽管黑格尔强调了“伦理”（Ethics）具有社会属性，而“道德”（Morale）具有个体属性，但在中国人的语境中，“道德”即“伦理”，是“伦理道德”（宋明爽，2002）。“伦理”即人与人关系的法则，人伦关系分辈分、等级，不同人际关系间有不同的规矩（佐斌，1997）。守规矩则有脸面，不讲规矩则不成体统。“道德”是被社会中大多数人所接受和遵循的“行为规范”和“社会准则”，这三个词在语义场上本身存在很大重合。“羞耻感”是人们基于一定的是非观、善恶观、荣辱观而产生的求荣免辱之心，是一种人们为维护自身尊严的道德上的反省和自律（尚荣、徐敏、赵锐，2016）。以往多数研究都认为，“脸”与“道德”有必然联系，胡先晋（1944）和金耀基（1989）甚至把两者画上了等号。尽管中国人很难给予脸面明确的定义，但如果说中国人“难以在概念层面区分道德和非道德属性”则是错误的（Ho，1994）。为避免与西方的道德概念相混淆，我们把脸的道德构念称为“德操”，将德操脸的构念定义为：为了迎合某一社会圈内公认的伦理道德，通过对社会规范与行为准则的遵守，从而在所处的社会情境中做出的符合他人期待的行为。

（二）本事脸

个人争取面子的最基本、最正当的方式，是取得社会认可的成就，这种成就包括实现家庭的期望、个人表现高超能力、社会价值创造地展现等。“成功”与“成就”在语义上比较接近。“成就”是在事业上取得成绩，可以用一些客观的、社会性的标准来衡量；“成功”是达成某种原定目标，获得某种预期效果，需要从一些主观的、个体性的标准出发；“能力”则是人们完成某种活动所必须具备的个性心理特征。三个词汇有极其微妙的联系。“能力”是个体取得成就、获得成功的条件，但并非充分必要条件。有脸（要脸）的人，未必是有成就的人或成功的人，但必定是有能力的人或者有可能做成事情的人。当说一个人“无能”“没本事”“没有用”“啥都干不成”，这个人自然是“没脸见人”的。综上所述，本书将本事脸的构念定义为：为迎合某一社会圈内公认的能力评价标准，通过展示为个人或群体创造社会价值、争取社会资源的特质，从而在所处的社会情境中做出的符合他人期待的行为。

（三）形象脸

“公共自我形象”“形象”“印象”可以指向“形象”。人们身在社会，如果不顾及自己的形象，即使其他方面再出色也不会有人愿意靠近。要脸即是以社会认可的特征来界定自我形象。“礼仪”是对礼节、礼貌、仪态和仪式的统称，“礼仪”可以视为“礼貌”的上位概念，指向传统社会的“礼”。在社会中，人们必须避免尴尬和失仪，给人留下良好的印象。“礼”体现在日常生活的各个方面，比如做事情得体、不要直言伤人、不说风凉话、尽量做到委婉客气、给人台阶下、不伤和气等。戈夫曼等学者从“礼貌”的角度，倾向于把脸面问题视作言语沟通策略的不同，看到了脸面在言语沟通中有效的方面。在传统社会中，“礼”除了言语沟通外，往往具有维护整个社会秩序的意义，笔者在后文将进行详述。综上所述，本书将形象脸的构念定义为：为迎合某一社会圈内公认的社交容忍度，能在特定的场合按照自己的社会角色进行自我形象的管理，从而在所处的社会情境中做出的符合他人期待的行为。

（四）虚饰面

人们会为了面子，隐藏自己最真实的一面，于是有了“表演”“形式主义”“夸耀”“夸大”“文过饰非”等词，这些关键词都表明面子的多寡得失具有操作空间。人们想在公众面前呈现出积极的形象本在情理之中，但在现实生活中，人们希望成为的自己和现实中的自己之间总是存在落差（金耀基，1988）。换言之，个体“主张的属性”与“感知到的他人赋予的属性”之间总是有区别的（Spencer-Oatey，2007）。因而，人们很多时候不能、不敢或不愿意以真脸示人，在不同的场合戴上面具逢场作戏、装腔作势。有些人会通过自我吹嘘、自我装扮等方式来抬高自己的面子；有些人为了不丢面子，会不顾自身的条件，盲目与人攀比，出现“打肿脸充胖子”“死要面子活受罪”之类的情况。有时人们为了顾及自己或他人的面子，不得不谦让容忍，放弃原则，对于自己或他人的问题百般掩饰。还有一些人为了能够争面子，不择手段，以至于被别人称为“只要面子不要脸”。逢场作戏再往前一步便是弄虚作假，与社会规范和事实发生冲突。“虚伪”“虚假”“虚荣”，都指向了面子中不真实的成分。面子中虚饰的成分，既是“要面子”的路径，也是“有面子”的体现，我们将其定义为：个体做出这一系列符合他人期待但未必客观真实的行为后，期待他人承认自己所呈现的形象，并使自己在他人心目中的序列地位得到提升，外在表现为社会赞许的程度。

（五）名声面

“声望”是众所瞻望的名声。一个人要获得声望，可以通过提升自己的个人魅力、成就、荣誉（Wegener，1992）。“声誉”包括名誉与声望。“声望”“声誉”都包括了别人对自己的尊重和认可（Barkow，1989）。“尊严”包括自尊、尊重（黄飞，2010）。“荣誉”指因成就而得到广为流传的名誉和尊荣。“荣辱”是社会对于个体的褒扬与贬斥，以及个人产生的自我肯定或否定的心理体验。“心理满足”则是积极的心理体验。这些关键词都指向了名声。名声涉及个体在社会中为他人所知晓的程度。广义上，人与人之间的沟通交流、是否相知都关乎名声；狭义上，名声特指名号的响亮及好坏与否（苟东锋，2021），有了好名声便能拥有主流社会认可的名分，好名声意味着较多的社会关注、较好的社会资源。名声应该与个体的功、德、礼相匹配对应，才能具有正当性和稳定性。然而，在实际生活中，也有名不副实的情况，无功、无德、无礼之人倚仗关系，靠着虚饰抱得大名，从而成为“徒有其名”之人。特定义“名声”维度：个体做出一系列符合他人期待的行为后，能够产生自尊感与满足感，使自己在他人心目中的序列地位得到提升，外在表现为社会赞许的程度。

（六）权威面

面子大的人往往能影响他人，对他人产生规范与约束力。“权威”表现的是一种主从的社会关系，这种社会关系是通过具有影响力或具有使人信服的力量与威望的人和事来实现（薛广洲，2013）。“心理地位”是指个体在他人心中的排列位置，是权威的内部心理表征。一个人在群体（圈子里）倘若有很高的心理地位，便具有一种“权威”，让别人在态度上对自己“恭敬”，在行为上“顺从”自己。“身份”是指人的出身和社会地位，同时具有先天性与后天性。人们进行沟通与行动时，不仅按照自己的意志和性格，也在尽力表现某个社会身份、职业身份应该有的样子，以便获得想要的社会称许。“社会地位”是指社会等级制度或分层制度中的排列位置，是权力、声望和财富的象征（韦伯，2010）。有较高的“身份”、较好的“社会地位”，便能给人带来权威。综上所述，本书界定权威面维度：个体做出一系列符合他人期待的行为后，他人愿意支持和服从自己，使自己在他人心目中的序列地位得到提升，外在表现为社会赞许的程度。

（七）关系面

“关系”与“面子”是两个有所区别却又相互关联的重要概念。关系是面子存在的土壤。从某种意义上说，关系有多强，人脉有多广，面子就有多大。关系能够导致面子的再生产，一个没有面子的人，倘若能与有面子的人建立某种联系，也能够变得有面子。关系是一些人在复杂的社会情境中得以生存并走向成功的要领。关系有长程有短程，有可选择的和不可选择的。中国人最重视的是长程和不可选择的关系，比如血缘、地缘关系。如果没有可靠的关系，一些人也会想办法去拉关系。“拉关系”意在借用别人的名气、本事、权威等，来帮助提升自己在这些方面的优势。即使没有显著提升自己，认识面子大的人最起码能够起到壮声势、撑排场的作用。当然，“关系”是一个非常复杂的概念，与许多概念都有关联，本书仅将其作为面子的来源，而非常强调关系本身。综上所述，本书将关系面定义为：个体做出一系列符合他人期待的行为后，期望自己拥有利用社会关系、调动社会资源的能力，使自己在他人心目中的序列地位得到提升，外在表现为社会赞许的程度。

第四章　脸面的文化脉络

我们接下来探索脸面背后的文化脉络。社会学家希尔斯（2014）在《论传统》里面有这样的定义："传统是一个社会的文化遗产，是延续三代以上，继续影响当代人生活的，并被赋予当代价值和意义的文化。"希尔斯的定义强调了传统同时具有延续性、当下性和现实性。传统并非停留在过去，而是持续影响人们的生活。传统文化与现实生活紧密相关。如何阐释传统文化，取决于我们如何定义自己所处的情境，而我们所处的情境也决定了我们会成为什么样的人。费孝通（2002）根据自己对中国乡土社会的研究将文化定义为："上边所谓那套传下来的办法，就是社会共同的经验的积累，也就是我们常说的文化。文化是依赖象征体系和个人的记忆而维护着的社会共同经验。"本章将着重从儒家文化出发，追溯脸面及其各结构的文化根源。儒家思想在中国社会的影响无所不在，从个人道德、家庭伦理、人际关系，到国家的典章制度以及国际交往，都在不同程度上受到儒家原则的支配（余英时，2012）。两千多年来，中国社会深受儒家思想的影响，儒家理论成为一般人生活的指导原则，这种模式世代相传，塑造了中国人深具儒家文化特色的民族性格。卫礼贤（Whihelm，1928）最早将儒家作为中国人脸面现象的文化根源。贾文山认为，儒家思想是面子的驱动力（Jia，2001b）。在社会变迁背景下，儒家思想事实上转换为更为广泛的中国文化模式（Chang & Holt，1996）。本章将从儒学思想、历史与传统社会结构出发，追溯脸面异质性的思想、历史与社会根源，并考察脸面结构的文化内核。

第一节　脸面异质性的思想、历史与社会根源

实证研究已验证了"脸"和"面子"的异质性。所谓异质性，是指两个概念在内涵、外延、功能、使用背景或文化意义等方面存在的差异。这种差异使得这两个概念在不同的情境中可能被理解、应用或解释为不同的事物或现象。脸面在中国传统社会中扮演着至关重要的角色。通过探讨脸面异质性

的生成机制，能够更深入地理解脸面问题的基本内涵及其演变过程，为当代社会中关于身份认同和社会心理的讨论提供理论支持。脸面的异质性反映了脸面问题受思想、历史与社会的多重影响。

儒家思想作为中国传统文化的核心，对个人与社会的关系、道德规范以及社会秩序有着深远的影响。脸面问题在中国社会中占据重要地位，其异质性正是源自儒家思想的深层结构。儒家思想的“建制化”或“法典化”构成了传统政治与社会秩序稳定的基础（余英时，2012）。通过规范社会行为、强化人际关系及维护等级秩序，儒家思想为社会提供了一个相对稳定的框架，使个体在复杂的社会网络中找到自身的定位与角色。这种稳定性不仅体现在政治结构的维持上，还体现在社会伦理的深层次认同之中。

将儒学的名实论视为脸面问题的根源，是以往学者在文化研究中的重要观点。胡适在其《先秦名学史》中从名实关系的角度探讨了古代中国逻辑方法的发展，指出名实的统一与分离如何影响古代哲学与思维方式的演变。这一研究为后续学者在文化与逻辑交汇的探索上奠定了基础。名实问题的研究不仅涉及逻辑学的范畴，更是对社会关系、文化认同及权力结构的深刻阐释。成中英在研究脸面的儒家思想根源时指出，“德”和“礼”是支撑中国社会中“脸”“面子”的两根思想支柱，而名实论则是“脸面”语言和逻辑的发展与应用的基础（Cheng，1986）。他强调，“脸”的基本内容是儒家所讲的“五伦”，代表个人最基本的尊严及应有的品质，不能有所破损。这一论述将个人的道德责任与社会期望紧密结合，进一步阐明了个体在社会交往中所扮演的角色。“面子”则更为多样化。每个人只有一张“脸”，但在不同的场合与身份中却能展现出多个“面”。这一现象不仅反映了个体在社会互动中的复杂性，也揭示了社会规范与个人表达之间的张力。沈毅（2003）探讨了“面子功夫”中名实分离的现象，分析了在复杂的社会交往中，个体如何利用“面子”作为一种策略，以适应或“操控”社会环境。“面子功夫”的运作不仅影响了人际关系的建立与维护，也在一定程度上反映了社会对个体行为的期待与约束。费孝通（2015）从社会结构的稳定与变迁、权力运作的形态出发，阐释了名与实分离的问题，认为面子是“表面的无违”，即表面上承认传统形式，而内容却可以改变。在这一视角下，名与实之间的距离随着社会变迁的速率而增加，强调了个体在适应社会变迁过程中的心理冲突与伦理困境。

儒家思想对中国社会的作用机制从未简单地停留在思想层面，自其诞生之初便带有强烈的实践倾向。这一实践倾向不仅体现在儒家思想对个体道德修养的重视上，更在于其对社会治理、家庭伦理及人际关系的深远影响。从名实论的发展脉络来看，孔子首创的“正名”学说，经过孟子的修正与补充、荀子的继承与改造，形成了一整套较为系统的“制名”理论（胡适，2006；冯友兰，2012；翟锦程，2005；牟宗山，2005）。

在传统社会中，实际活动与象征性活动的结合程度显著高于现代社会（伊格尔顿，2017）。周朝建立了周礼，尽管其形式繁复，但有效维护了宗法社会的等级秩序。在这一背景下，“儒”作为祭祀职业，负责教导礼仪，确保礼制的权威。然而，随着周朝末期宗族血缘关系的逐渐淡化，周礼的效力随之减弱，许多诸侯不再遵循周礼，致使西周三百年的典章制度与礼乐逐渐失效。孔子对此深感不满，称之为“礼崩乐坏”。孔子以“觚不觚，觚哉!”（《论语·雍也》）生动隐喻名实分离的社会现实。他指出，礼器与名分不仅象征着政治与社会地位，也是稳定政治秩序与伦理道德的重要体现，绝不可随意改变。他强调，名存实亡的现象“是可忍也，孰不可忍也”（《论语·八佾》）。孔子的理想在于恢复周礼的秩序，他曾向齐景公阐述治国之道，强调“君君，臣臣，父父，子子”（《论语·颜渊》），即君主应行君主之道，臣子应行臣子之道，体现了对周礼的遵循。孔子还提出了“正名”主张，期望通过纠正名实混乱的政治与伦理状况，实现“正政”的目标。“政者，正也”（《礼记·颜渊》），强调社会稳定与政治有序的前提在于“正政”，而“正政”的核心则是“正名”。在儒家学者的视野中，秩序的建立与维护以伦理为基础，家族内部的每一位成员都应遵循血缘决定的伦理，而在政治领域，个体必须依据所处地位所规定的权利与义务行事。

孔子的“正名”旨在通过“名”的调节与规范作用来整顿混乱的社会秩序，如“循名以责实”。尽管随着时间流逝，世事变迁，但“名”的意义依然稳定且恒久。从他的“正名”论来看，“实”比“名”更为重要，前者是第一性的，后者则是第二性的。在面对事物变化或固有名称出现矛盾时，所需的工作并非重新拟定名称，而是依据固有之名，即原有等级秩序的“名”，来指导社会行动的“实”。孔子的“正名”思想将“名”视为相对独立的思考对象，并明确其基本内容，包括名的意义、要求及“正名”的方法和标准，为儒家学者与其他学派围绕该问题的深入探讨奠定了基础。此后，儒家各个时期的代表人物基本承袭了孔子“正名以正政”的主张，围绕所处时代的政治制度及相应的伦理观念，深入阐述“正名”的理论。

孟子生活在战国中期，旧秩序即将瓦解，诸侯国之间的斗争愈演愈烈，各国纷纷进行相应的经济与政治改革。在继承孔子“正名”学说的基础上，孟子结合当时社会发展的现实需求进行了修正。他提出了“父子有亲，君臣有义，夫妻有别，长幼有序，朋友有信”（《孟子·滕文公上》）的“五伦”，并认为“天下之本在国，国之本在家，家之本在身”（《孟子·离娄上》），将修身的问题放在重要位置。在君臣名分的等级观念上，孟子改变了孔子设定的固定不变的君臣名分观念，提出“人皆可为尧舜”（《孟子·告子下》），只要做到“欲为君，尽君道；欲为臣，尽臣道，二者皆法尧舜而已矣”（《孟子·离娄上》），实施仁政，即不违背君臣名分的等级。可以说，孟子的学说以仁义为准则，以“正人心”（《孟子·离娄上》）为核心，追求天下统一与“定于一”（《孟子·梁惠王上》）的仁政，成为儒家思想“正名以正政”理论发展的重要环节。

荀子所处的时代，帝国专制即将取代分封制，社会矛盾尖锐，各种思想学说激烈交锋。在此背景下，各学派对“名实”关系的阐述呈现出多样化的形态，除了儒家的学说，还有老庄的“无名”论，墨家的“以名举实”，宋钘和尹文的“形名相应”，惠施的“历物”之说，以及公孙龙的“指物”“唯谓”之说。这些学说在不同的认识基础上，从不同层面对“名”与“实”的概念及其关系进行了深入讨论。荀子在此背景下提出“制名”学说，继承了孔子关于名分亲疏、别等级、明贵贱的思想，将“明贵贱”“辨同异”（《荀子·正名》）视为“制名”的目的。荀子的“正名”论虽然强调“名”的重要性，但并不单纯维护旧体制，而是顺应社会形势，适应新的现实需要。他在批判诸子学说的基础上，吸收了相关思想，重新认识了“名”与“实”的关系，强调“实”的第一性与“名”的第二性，认为“名”是人们共同约定的，用以表达“实”的工具，便于相互交流。

荀子进一步提出“名”应“足以指实”，“名闻而实喻”（《荀子·正名》），强调名与实之间应保持一致。他倡导“制名”的意义明确，即“有循于旧名，有作于新名”（《荀子·正名》），强调在新实出现时应给予新名，而对于旧名则应继续沿用。这两者都是“制名”的重要方面，缺一不可。荀子还提出了“制名”的五条原则和方法，构成了完整的“制名之枢要”。同时，他对名实关系中存在的“名实相怨”的混乱情况进行了理论分析，将其概括为“用名以乱名”“用实以乱名”“用名以乱实”的“三惑”。在荀子看来，所有“离正道而擅作”的“邪说辟言”都可以归结为这三种“名实相怨”的错误，只要“王者”掌握了“制名之枢要”的原则和方法，就能够纠正和消除“析辞擅作名以乱正名”的现实。在这一背景下，儒家思想的“正名”理论在荀子这里得到了进一步完善。

尽管孔子、孟子与荀子的学说在理论上逐渐完善，但在他们所处的春秋战国时期，社会已经发生显著变迁，名实之间的距离随着社会变迁的过程而加剧。西汉时期，董仲舒提出“罢黜百家，独尊儒术”的主张，使得包括“正名”理论在内的儒家思想逐渐成为主导中国政治、伦理、意识形态与文化发展的重要学说。在绵延两千年的专制集权政治中，儒学不仅是“圣人绝学”，更是建立了维系传统社会秩序和道德人心的伦理道德体系。从朝廷礼乐、国家典章制度，到学校与一般社会礼俗，再到家庭与个人行为规范，无不或多或少地体现儒学的价值观念（余英时，2014）。

儒学深度参与了社会制度和社会结构的构建，儒家文化下的社会秩序观巩固了家族制度，并形塑了文化心理结构。黄仁宇（2015）将传统社会结构比喻为“潜水艇三明治”，并指出上层是没有明显差异的庞大官僚体系，底层是没有明显差异的农民。翟学伟（2016）受到黄仁宇研究的启发，就儒家意义上中国古代的社会构造和人们的行动路径建立了一个“葫芦”模型。“葫芦”分上下两层，寓意中国封建社会分为两大集体，上层是皇权，以及对皇权负责的官僚系统；下层是百姓（包括士、农、工、商），中间是细小的上升通道。封建社会的运作不仅靠法令条例来维系，更多地贯穿着一套儒家的伦理原则。然而，儒学虽然在传统社会最终成为显学，但名实关系混乱、是非曲直无度的情况并未得到改善。无论是在先秦时期，还是在儒学被确立为官方学说的封建时代，儒家都在秩序观念层面与现实层面存在相当大的落差。这其中既有儒家思想自身的矛盾，也有儒家思想与社会实践之间的契合问题。

在儒家思想的框架下，“名实统一”被视为维护封建社会稳定的核心理念，这一理念尤其依赖于“复礼”的实践。礼作为一种社会规范，其主要目的在于维持政治等级与权威，然而其深层本质则在于维护现有的社会秩序，而非对权力来源进行深入解释。这种内在的矛盾在历史上表现得尤为明显，尤其是在王朝更替的背景下，权力的合法性往往依赖于世袭、禅让或革命等不确定的途径。牟宗三（1999）指出，缺乏制度化的刚性约束使得权力更替充满阴谋与暴力，这一现象在中国历史上屡见不鲜。

儒家对皇权合法性问题的处理显露出深刻的内在矛盾。在关于“汤武受命”的辩论中，尊卑秩序与皇权来源之间的冲突促使形式主义成为重要的解决策略。形式主义在皇权实践中的具体表现形式包括立宗庙、改年号和宫殿形制等。这些措施不仅是权威的象征，更是对社会认同的强化。开国皇帝的神化运动进一步体现了形式主义的极端化，通过构建政治神话来迎合民众对合法性的期待，增强了皇权的统治地位。这种神化过程不仅将天命转化为皇帝的专属权利，还使得皇权的合法性建立在一种超然的道德观之上，进一步巩固了社会对统治者的认同。在国家治理层面，法家思想强调法律的绝对性，倡导通过严厉的法律手段维护社会秩序；而儒家的“家国同构”理念则试图将家庭伦理融入国家治理。这种整合在一定程度上促进了社会的稳定，但同时也导致了礼与法之间的紧张关系，尤其在处理具体案例（如徐元庆复仇案）

时，法律与伦理的冲突愈加突出，反映出社会治理的复杂性与矛盾性。此外，儒家伦理在社会整合中面临诸多挑战。尽管选拔制度和“礼下庶人”旨在道德教化下层社会，但在实际实施过程中却暴露出明显的缺陷。科举制度的推行一方面打破了贵族的垄断，另一方面则引发了对儒家伦理的深刻反思。礼的复杂性与现实的脱节导致人们在遵循礼制时表现出伪善，形成内心真实情感与外在行为之间的不一致。这种不一致不仅削弱了礼的权威性，也使得社会信任度下降，进一步侵蚀了社会的道德基础。

名实分离的现象不仅反映了中国封建社会中权力与伦理的复杂互动，更揭示了在社会治理与道德整合过程中所面临的深层次矛盾。这一现象在历史的延续中并未消失，仍对社会治理和文化建构产生了深远的影响。具体而言，随着社会结构的不断演变，传统儒家伦理在面对现代化进程时，暴露出其在适应性与灵活性方面的局限性。

在当代社会中，个体与集体之间的关系日益复杂，传统伦理在全球化和市场化等外部冲击下显得尤为脆弱。以往依赖伦理道德的社会控制机制在现代社会中逐渐被法律法规所取代，但这并不意味着伦理道德的消亡。在文化建构的层面，名实分离使得传统文化的传承和创新陷入困境。面对现代化的挑战，传统文化在适应性与包容性方面亟须反思与调整。如何在保持文化根基的同时，实现文化的现代转型，成为当代文化研究的重要课题。整体而言，名实分离不仅是历史与传统所遗留的问题，同时也是当代社会亟须面对的重要议题。

第二节　脸面结构的文化内核

杨国枢（2008）提出，社会科学研究不应脱离丰富的历史文化背景，要善于植根于本社群的日常心理与行为构建概念、理论与解释框架。个体对一个具体情境的经验，必须放在完整的文化/社会/历史脉络中，才能理解其深层意义，从而得知为什么人们会对这一具体环境作如此的认识及理解；人们为什么会认为处理此情境应该考虑某一些因素，而不是另一些，以及人为什么会选择用这种行为及方式来协调各方动力。

一、德操脸

儒家将道德放在了非常重要的位置，《左传·襄公二十四年》有云：“太上有立德，其次有立功，其次有立言，虽久不废，此之谓不朽。”这便是儒家奉为最高人生理想的“三不朽”，而“立德”是“三不朽”之中第一个被提到的。孔子甚至认为，“立德”可以统合“立言”的内容，“有德者必有言，有言者不必有德”（《论语·宪问》）。孟子认为，人性中的道德有四种根源：“恻隐之心，羞恶之心，辞让之心，是非之心”（《孟子·公孙丑》）。

儒家文化中的道德总是具有内在的强约束性，与此相关的就是非常强调“知耻”。孔子要求行己有耻（《论语·子路》），凡自己认为可耻的事情就不要去做；“道之以德，齐之以礼，有耻且格”（《论语·为政》），道德与礼法能让人们知羞耻，有归服之心。孟子把耻作为人的本体性存在，从而与动物的兽性存在形成鲜明对比，“耻之于人大矣。为机变之巧者，无所用耻焉。不耻不若人，何若人有？”（《孟子·尽心上》）。耻是自我评价中认识自我的重要范畴与重要方式（罗诗钿，2014）。“君子耻不修，不耻见污；耻不信，不耻不见信；耻不能，不耻不见用。”（《荀子·非十二子》）荀子提出了耻的标准内在于己，即品德好不好、守不守诚信、有没有能力，而不是外在的他人评判与社会机遇，并将知耻作为君子人格的必要组成部分。在中国文化中，尽管许多社会情感都与脸面有联系，但基本的社会情感倾向是“耻”。正如佐斌（1997）所说：“‘耻’在中国文化中扮演着重要的角色，中国儒家文化是一种道德文化，道德伦理中，个人修养自律就显得十分重要。如个人行为有不足，则中国人会感到羞耻。”吴飞（2008）在《浮生取义》中描述了某人因丢了面子，感到羞耻而自杀的案例。当然，儒家文化中的耻与本尼迪克特在《菊与刀》中描述的日本人的耻感文化有所区别。翟学伟（2016）构建了中日不同的耻感图式，指明了善是中国耻感的动力源，而诚是日本人耻感的动力源。相较于面子，耻与脸联系更紧密（金耀基，1989；Jia，2001b；佐斌，1997），“无耻”和“不要脸”很多时候可以换用。

我们需要通过对比，厘清道德在中国文化语境中的内涵。来自跨文化的研究表明，道德在中西方语境中存在差异（Chiu et al.，1997；Miller & Bersoff，1992；Shweder et al.，1987；王恩界、乐国安，2006；Boer & Fischer，2013）。微观的实证研究已从各种角度来证实道德的文化差异。首先，在道德的内容范畴上，与西方人相比，中国人更强调忠诚和神圣，这两类道德范畴的着眼点在于保护群体秩序；而西方人更注重关爱和公平，这两类道德范畴的着眼点在于保护个人权益（Graham et al.，2011；Graham et al.，2013）。其次，两种文化对于“不道德”的定义与理解有所不同。西方人往往倾向于将“伤害”因素与“不道德”联系起来，中国人则往往倾向于将“不道德”与“不文明”联系起来（Buchtel et al.，2015）。再次，当出现或认识到自己有不道德行为时，中国人首先希望自己的行为不要被别人发现，若被发现则会表现出不同程度的羞耻感；而西方人无论自己的行为会不会被别人发现，都可能会产生内心的罪恶感（Bedford & Hwang, 2003；翟学伟，2016）。最后，当面对道德两难或道德冲突情境时，人们的优先选择和应对策略存在显著的文化差异。例如，有实证研究发现，在经典道德两难困境“火车难题”中，当人们被问到是否支持为了一个做出正确行为的人而让做出错误行为的五个人死去时，中国被试支持的概率相对更低，并且会考虑自己该不该成为决策者，质疑自己在这种情境中是否有主宰别人生死的权利（Gold, Colmen & Pulford, 2014）。

西方人总是从个体性的角度来思考道德问题。无论是皮亚杰还是柯尔伯格都认为，成熟的道德水平（“自律道德”“后世俗水平”）在于个体要回到自身的道德判断，履行自己选择的道德标准。西方文化强调对于每个人需求与欲望的满足，而资源的稀缺性使得个体间的需求与欲望容易发生冲突，社会契约则是化解这种冲突的有效手段。基于此，西方社会把建立在个体自由与社会契约的公正道德观作为道德最重要的衡量标准（王恩界、乐国安，2006）。公正道德观假定每个人都是平等和公正的，有明确的权利与义务边界。西方的道德观有一个很好的隐喻，就是希腊神话中的正义女神朱斯提提亚，其形象通常是身披白袍蒙着双眼，一手持天秤，一手执宝剑，象征以理护法，不辨亲疏。

中国人总是从关系性的角度来思考道德问题。儒家的“三不朽”并不同于人本主义心理学家马斯洛的“自我实现”。就“立德”而言，中国人不仅强调个体性，更强调关系性。中国人在阐释行为时具有一种泛道德化倾向，讲到“脸”往往认为人们的行为表现要和其社会地位相匹配（易劳逸，2019）。儒家倡导的“四维八德”都是建立在关系的基础上。在五伦关系中，没有独立游离的个体，只有个体相对于其他个体的“名分”。“父”相对于子而存在，没有“妻”的人不能称为“夫”，没有“弟”的人不能称为“兄”。个体的责任义务、所遵守的社会规范要在相互关系中得以确定。喻丰和许丽颖（2018）针对中国人的道德结构，提出了“德道差序圈”的概念。在儒家文化中，“义与不义”或“公平与不公平”的解释是因人而异的，它并不是一种普遍性原则，“亲亲相隐”被视为理所当然。中国人的道德围绕着农业文明熟人社会的固定关系，表面上没有正式的契约和合同，背后可能关联着真正的无限责任，这大抵为道德的约束力提供了保障。儒家道德修养里的“慎独”“吾日三省吾身”，要求人们经常对照检查，检查自己的行为是否符合儒家的道德标准。当然，人们不会觉得自己的行为标准是外部施加的。若要具体分析，恐怕人们只能说出情感或伦理上的理由，比如“这样才心安理得”，或者“祖祖辈辈都如此”。从现实来讲，这种建立在人伦上的世代传承下来的道德观念，对人们的支撑作用是极大的，无声无息地渗透于人们的日常行为之中。

二、本事脸

儒家所认为的人生最高成就“三不朽”中，把“立功”放在仅次于“立德”的重要位置。从“修身、齐家、治国、平天下”的行动路径来看，其最终落脚点就在于建立功业。宋朝大儒的“横渠四句”，即“为天地立心，为生民立命，为往圣继绝学，为万世开太平”，也强调事业的重要性。“立功”意为建立功勋、成就事业，这是从社会价值的角度对人的价值的衡量。光宗耀祖是中国人争取脸面的重要动力（翟学伟，2011）。儒家的孝道观念讲究“扬名声，显母亲”，子女应当尽力追求成就，以满足父母的期待（Yeh & Bedford，2003；Lum et al.，2016）。在传统的农业社会里，留给人们“立功”的机会不多，像王阳明这样能同时实现“三不朽”的人更是凤毛麟角（熊逸，2016）。参加科举是传统社会中少有的“立功”机会，许多家庭都希望家中的年轻人能通过科举之路光耀门楣。

儒家文化尤其重视家庭。在传统社会，中国人的社会互动和物质生产都围绕家庭展开。家庭中的关系是密切的、强烈的、相对持久的、专注的和渗透于一切的（何有晖，2007）。在儒家思想中，家庭天然携带着一系列德性和义务（汤一介，2015；范瑞平，2011）。在当代中国社会，仍然主要由家庭为个体树立基本的社会价值和行为准则。中国的老人们一般会觉得子女的事业成功，要比他们自己取得的成就更重要。于是，对成功与成就的渴望在相互竞争中不断发生代际传承。

“成功”与“成就”既有脸的成分，也有面子的成分。笔者认为，描述“脸”时，“成功”与“成就”未必是一种实然状态，更多的是指向个体的应然状态。中国人会教育自己的孩子，“做人要有上进心”“要积极进取”，这样才不会“无颜见爹娘”。由于阶段跃升的艰难，自古以来有很多人怀才不遇、郁郁不得志。清代文学家蒲松龄考举人一直考到50多岁，连贤惠的妻子刘氏都看不下去了，劝他放弃。但他还是坚持要去考。70多岁时，蒲松龄写过一首诗，“落拓名场五十秋……归对妻孥梦亦羞”，意思是自己被困在科举里50年一事无成，真是连梦里都没脸面见妻子儿女了。写出《聊斋志异》的蒲松龄，自然是有本事的人，但本事未必给他带来面子。当遇到与“本事”相关的失面问题时，更倾向于描述这样一种社会事实与个体状态，即本事为赢得脸面提供了可能性，并且这种可能性能被自己所处的社会圈里的人看到。

三、形象脸

礼学是儒学的重要组成部分。“礼仪三百，威仪三千”（《礼记·中庸》），儒家对“礼”有极其丰富细致的规定。“礼”是外在的社会规则和秩序，而“形象”是个体在社会化过程中对“礼”的内化。很多人毕生所追求的就是他人与群体对自己形象的认同，而“礼”是获得社会认同的必然途径。中国人从亲情人伦出发，通过礼来维护伦理，从而形成更和谐的关系。吴飞（2009）把这个过程概括为“缘情制礼，因礼成义”。美国学者古德诺（2005）观察民国社会后发现，中国人有一整套的礼仪规范，人们做每件事都很讲究礼节，甚至一个微小的动作都可以代表一种礼节。礼学在一定程度上塑造了中国的社会伦理和中国人的社会人格（潘建雷，2010）。杨中芳（2009）发现，中国人在日常生活中，一定比美国人更加把注意力集中于自己在公众场合所展现的形象上。关于什么是形象，按照乔治·米德的符号互动论，自己的主观评价和群体对自己的评价，经过互动交流被整合成一个感性意象，即自己的形象（乔治·米德，2005）。换言之，自我形象关注别人对他的评价，也关注自我评价，是两种评价互动融会的产物。乔治·米德强调了形象形成过程中两个方向的相互建构。按照杨中芳的理论，中国人的“自我”除了“小我”，还包括“大我”，后者已经包含了“与别人形成某种暂时或永久的联合”，因而用一种“群我”二元对立的视角来看待中国人个人形象的形成就未必准确了（王轶楠、杨中芳，2007）。

传统社会掌握话语权的统治者和教化者，通过礼教以及延伸的礼俗，规定尊严的价值判断方式，并且以礼教特有的脸谱方式对个人行为进行表象化，浓缩为“脸”的符号（翟学伟，2013）。所谓礼俗，是礼教制度在乡土环境的习俗化，相当于法学中的习惯法和先例法，也相当于制度经济学中的管理制度，是儒家诉求与百姓生活博弈的均衡态（于阳，2006）。礼学对“人”的看法很独特，“人”是处于礼仪中的（刘泽华，2017），人伦关系受到“礼”的制约，是一种等级关系。“名位不同，礼亦异数”。贵贱、尊卑、亲疏各有不同，这种富有差异性的规范便是儒家所谓的“礼”（瞿同祖，2011）。《论语·乡党篇》专门记录了孔子践行“礼”的一些具体细节。孔子在不同的场合，对待不同的人，往往容貌、神态、言行都不同。在家乡时，孔子给人的印象是温和谦逊，不喜多言。在朝堂上，孔子的态度则显得恭敬而有威仪，不卑不亢，举止得宜。在国君面前，孔子温和恭顺，局促不安，庄重严肃又诚惶诚恐。与同僚相处，面对比自己等级低的下大夫，孔子显得亲切随和；面对跟自己平级的上大夫，则正直恭敬。以私人身份会见外国君主，此时身为宾客，又无国事在身，故而显得轻松愉快，谈话则应机而答，自由抒发。孔子是守礼的模范，他把礼的精神由内而外，完全内化于血肉之中。但这种恭敬、谨慎、谦逊，并不影响他对自己意见的表达。该对什么人说什么话，他就明确而流利地当面讲，只是会因人而异调整自己的语气。如今，距孔子的年代已经过去两千五百多年，人们的社会生活发生了很大变化，有关“礼”的具体形式和细节都发生了较大变化，但“礼”的精神仍影响着人们日常生活的各个方面。

黎鸣（2003）认为，中国人学做人，与学讲礼，与学讲面子全都是一回事。“做人”的关键在于置身于具体情境中的中国人如何在特定的关系中得当、得体地自我呈现。中国人把“礼”和“做人”联系在一起，认为讲不讲礼意味着会不会做人（龙佳解、张叶寒，2003）。不会做人的人，自然是没有脸的人。阎云翔（2017）建立了由三部分组成的“做人”框架：代表欲望和直觉的个体（Individual）、代表反思和伦理的自我（Self）、代表社会的关系人（Person）。在传统社会，代表反思和伦理的自我，不断打压代表欲望和直觉的个体，目的是做更好的关系人。

从孔子的行动实践来看，儒家“礼”的精髓就在于“合宜”。中国人经常感叹“做人真难”或者“做人真累”，就在于要做到合宜其实并不容易。在儒家文化中，一个人在不同的场合，以不同的面貌出现，不是虚伪而是合宜，完全是“礼”的表现。公众场合的流畅表达是门功夫。比如，人们常说“开口是银，沉默是金”，这句话不仅表达了有时沉默比多言要好，也有当言则言、当默则默的意思。翟学伟（2016）提出的“社会容忍度”的概念，可以在社会科学的框架里阐释这种“合宜”。社会容忍度是指社会规则运行的底线和下限（翟学伟，2016）。人们必须根据自己所处的场合调整自己的行为，也就是“到什么山唱什么歌”，即不触碰社会规则运行的底线。中国人的“礼”便是让人学习“做人”，会“做人”便能够树立良好的形象。

四、虚饰面

面子的性质包括不真实的成分。潘光旦（1998）在《中国人的性格》中分析“客气”时，指出中国人在日常生活中往往更看重形式上的规矩，并不关心实质性的事务功能与角色目标。观察中国人的日常生活，“假面”多于“真面”。即便是“真面”，通常也掺杂些许“水分”，变作几分真几分假。而不掺“水分”的人，便被称作“实在人”“老实人”。在中国人的社会互动中，人们往往既想要表现自己，又不愿意表现真实的自己。前面说到“脸”包括德操、本事、形象三个维度。道德有高低，本事有大小，形象有好坏，这些更多处于个体里层，外部可见度小，属本色特征。但是中国人要面子，就得把高的一面、大的一面、好的一面，露在外边，而坏的一面藏在里边。这就好像演戏，舞台上全是表演给人看的东西，至于不能给人看的，都藏在后台。对于中国人而言，如果解决现实问题不能保面子，那么许多人宁愿先搁置问题而不损害面子，或者互相妥协，解决部分问题，保留部分面子。我们经常听到“碍于情面”或“这事就算了”的惯用语，背后隐藏的就是“面子优先”规则。例如，邻里之间、同事之间或熟人之间，当自己的权利被对方无意地侵害时，如楼上滴水、隔壁吵闹、座位挤占一类，一般都“碍于情面”而不了了之。

在中国人的日常语境中，按照公认的社会规范，人们进行有所掩饰的表达、表演并不会被理解为欺骗。人与人之间必须留有退路和底牌，有回旋的余地，正所谓“看穿不拆穿，凡事留一线；看破不说破，日后好相见”。这种中国人面子的虚饰，很容易让人联想到戈夫曼提出的拟剧理论。不可否认，该理论确与中国人的面子观颇有渊源。拟剧理论强调了人们遵守由社会体系建立的规范，就像演员在演由剧作家写的剧本。人们在不同的环境中，在家里、在工作单位，扮演不同的角色，就是因为接受了各个场景里的人设和剧本。戈夫曼把这些剧本里的礼仪、语言、动作等内容，称为符号系统。人们执行它，就是接受了它。戈夫曼的拟剧理论假设了其文化普适性的存在。那么中国人面子的虚饰成分又是否与拟剧理论如出一辙呢？实际上，中国人谈面子时，并不仅仅看重表演，同时也看重观众的反应。杨国枢（2013）指出，中国人为了在不同的情况下都能保持和谐的关系，常不得不说有违自己真实意见或感觉的话。古人说的“扬善公堂，规过陋室”，或当今流行的“人艰不拆”，都告诉人们不能拆穿别人想掩藏的东西。即便表演者发挥失常，表演很拙劣，观众也要主动迎合表演，以便“捧场”“给面子”“给台阶下”“帮着圆场”。旁观者尽管能看出这只不过是为了维持某种体面而上演的一出戏，但仍表现得不露声色，如果稍有显露，就会破坏整个效果而使别人“丢面子”（麦高温，2006）。中国人在跟人打交道时，心里会揣摩别人觉得自己“应该”如何对别人的表演进行反馈，于是就做出别人期待的行动。如果听不懂别人逢场作戏的潜台词，不懂话语背后的双关意义，不懂暗含的指令，就可能使自己也丢面子。

五、名声面

中国人对于名声的重视源于礼乐文化传统。如前文所述，儒家思想对名声观念的开发是其正名思想的重要组成部分（苟东锋，2021）。名声关联到别人对自己的是非、毁誉和世间的利害、得失，是人生中不可避免的问题。在儒家社会，“名”为人们提供社会行为的理据，决定一个人的价值和地位（陈之昭，1986）。孔子说，“君子求诸己，小人求诸人”（《论语·卫灵公》），“不义而富且贵，于我如浮云”（《论语·述而》）。孔子向来强调，不可以太过重视外在的名声。尽管儒家先贤提醒人们不要在乎名声，但真让普通人淡泊名利几乎不可能。《颜氏家训·名实》中提出，“四海悠悠，皆慕名者”，不承认这个事实，一味强求每个人都完全摒除追求名声的愿望，都像圣人那样，是不可能的。“故人而皆好名，则开诈善之门；使人而不好名，则绝为善之路”（《菜根谭·评议》），意思是若人人都追求虚名，就会让欺诈、伪善大行其道；而让人们皆不贪图虚名，就会使人们失去行善施义的热情。世俗社会中，更多的人看不透名利，也放不下荣辱；看不透成功，也放不下毁誉，总是耿耿于怀。

名声与虚饰非但并不矛盾，反倒很多时候存在共生关系。儒家先贤对于欺世盗名的行为十分厌恶，集中反映在对“乡愿”的批判上。孔子说，“乡愿，德之贼也”（《论语·阳货》）。乡愿是以自以为是的“道”混淆了“尧、舜之道”。乡愿之徒是指当时社会上那种不分是非、同于流俗、言行不一、伪善欺世的“老好人”，但实际上，这些人却是似德非德而乱乎德的人，见好人时，他也是好人；见坏人时，则同流合污，所谓“见人说人话，见鬼说鬼话，不人不鬼说神话”，这样讨得所有人喜欢。乡愿并不是中庸，因为中庸的真谛在于“允执厥中”，即言行不偏不倚，符合中正之道。孔子说，“唯仁者能好人，能恶人”（《论语·里仁》）。既敢于去爱好人，又能憎恶坏人；既能让一些人爱戴，又能让另一些人憎恨，这才是真正的仁者。孔子对道德行为的价值进行了判断，并对“何为真德”“何为假善”进行了理论上的区分。孟子也曾论述，“言不顾行，行不顾言……阉然媚于世也者，是乡愿也”（《孟子·尽心下》）。朱熹在谈到“乡愿”时说，“乡愿是个无骨肋的人，东倒西擂，东边去取奉人，西边去周全人，看人眉头眼尾，固遮掩，唯恐伤触了人”（《朱子语类》卷六一）。中国在近代文化启蒙运动中，面对传统文化的阴霾也是从揭露乡愿开始的。梁启超（2018）曾说道：“平生所深恶者，乡愿道学。”陶行知在《伪君子篇》中认为，“人之为伪，不必居乡，凡率土之滨皆可居。人之行诈，不仅假愿，凡君子之德皆可假。然必假君子之德以行诈，始谓之伪。故总名之曰：伪君子，从广义也”（陶行知，2008）。在陶先生看来，伪君子是扩大版的“乡愿”。虽然儒学先贤和近代学者都极端厌恶乡愿之徒，但现实中却完全不缺乏这样的人。这样的人，其实正是最宜于群居生活的人。他们并没有内心坚守的道德准则，能屈能伸，能进能退，总能无障碍地融入任何社会评价体系当中。我们除了给三分面子，却也很难对其摆出别种态度。

对于中国人来说，维护名声的动机是十分复杂的。中国人重视熟人关系中的长期互动，这样就可能避免短期利益成为行动的主要驱动力。在长期互动中，理性的短期工具性动机就显得无用武之地。一个人没有好的名声，别人就会“看不起”他，不被人放在眼里。一个人的名声越大，其拥有的特权就越多，便越想被人“看”，就越有自尊感和满足感，因而在社会交往中也越有自我决断的能力。余安邦和杨国枢（1989）建立了本土化的成就动机概念。他们认为，中国人更倾向于社会取向，个人成就目标和评价标准主要由他人或所属的团体来决定（如父母、师长、家庭、单位）；选择什么行为来达成成就目标，也由他人和团体来决定。

六、权威面

权威在中国传统社会的存续和运作源于等级秩序。“义者，宜也，尊贤为大”（《中庸·第二十章》）。在五伦中，下位者（包括臣、子、妻、弟）有义务服从上位者（君、父、夫、兄）的要求。按照黄光国（1987）的人情与面子理论模型，面子问题本质上是社会资源的分配问题，而资源分配遵循儒家的“尊尊”或“亲亲”原则。“尊尊”是地位的高低，中国人在传统儒家“五伦”关系中，常常依据地位高低来决定彼此之间的互动方式，即根据互动双方的“尊卑差距”来判定彼此的角色伦理原则。如前文所述，在儒家文化下，政治、社会和家族三种形态有机结合在一起，形成了独特的葫芦形社会结构。天道是这种理想型结构的顶端，实际上的最高权威是代天治民的皇帝，然后是官僚系统，下层是士、农、工、商。朱瑞玲（1989）认为，面子就是社会阶层化的产物，而个人对面子知觉就是其对社会期望和社会价值的知觉。中国人的权威观念就是从这种等级秩序中诞生的。爬得越高，表示越受到社群的肯定。正如韦伯（2004）所说，权威是共同体行动的关键因素。在专制帝国，皇帝代表最高的等级，于是就有“胜者为王，败者为寇”的俗语。当皇帝已经确定下来，谁再想夺取皇位便是造反，而造反可以杀头，因此，老百姓只能在官僚系统以下各阶层流动。

除了皇帝和官僚系统外，儒家文化中传统基层社会里还出现了两类权威。要维系古代社会有序运转，一靠多年自然形成的社会礼俗，以家族族长为代表；二靠跟主流儒家意识形态接轨的纲常名教，以士绅为代表。家族在传统社会极为重要，是渗透到社会“毛细血管”的基本单位，决定了每个人最底层的身份认同和文化认同。现代的小家庭以夫妻关系为主轴，传统的大家族以父子关系为主轴（许烺光，2001）。不少家族，世世代代住在一起，形成了一个紧密的血缘共同体，维系着稳定的宗法制度，家族成员的关系非常牢固。家族里最有经验的长老，自然会成为家族里最有威望、最有权势的人。瞿同祖（2011）在《中国法律之儒家化》一文中特别强调："中国的家庭是父权家长制的，父祖是统治的首领……经济权的掌握对家长权的支持力量极为重大。"儒家伦理讲"百善孝为先"。孝顺是对长辈权威的绝对尊重，是中国人的第一美德。儒家家庭伦理中贯穿的一个核心原则，就是对辈分高的人，不管是父亲、兄长都要绝对服从。如上文所述，维护中国乡村秩序网络的，除了家族族长代表的社会礼俗外，还有基层士绅代表的纲常名教。随着科举制度的产生和发展，考取功名而未获得官位的读书人，以及告老还乡的官员，在地方上成为德高望重的士绅阶层（费孝通，2011）。黄仁宇（2015）认为，士绅就像"潜艇三明治"中间的那层"肉"，把庞大官僚体系和底层社会联结起来。对于乡村的公共事务，比如办学、修水利、管理消防、抚养孤寡老幼、灾年开仓济贫等，士绅都发挥了核心的作用。士绅虽然不做官，没有政治权力，但他们在社会上属于特权人物，在地方上很有势力，在基层社会既有权力又有威望。

由于上下之间的权力关系不是对等的，下位者负有较大的顺从责任与义务，从而形塑出中国传统的威权精神（Smith，1994）。可以说，传统社会就是一个塑造权威性格的社会。权威性格的重要特征就是特别重视社会关系中的上下关系，对地位与权力高于自己的各种权威无条件地服从和全心全意地依赖（李美枝、杨国枢，2012）。许烺光将中国人的权威性格归纳为：（1）服从天道、皇帝、长者，和有政治、社会地位的人；（2）尊重过去的知识和经验；（3）顺从已有的社会规范；（4）看重集团的名誉和利益，忽视个人。随着政治变革和经济发展，统治阶级已经发生变化，传统基层社会里出现的两类权威逐渐消失，然而权威似乎正以另外的形式表现出来。比如，有些长辈觉得自己可以随意批评年轻人的私生活。一些领导对单位员工的管理超出了工作范围。

权威既是中国人争面子的动力，也是有面子的体现。面子在人际关系中具有支配性，如人们不愿意做某事，却不得不做时，往往是因为"要看在某某的面子上""某某的面子必须得给"。一个有"面子"的人对他人会产生直接或间接的影响力（何友晖、彭泗清、赵志裕，2007）。"面子大""很有面子""挺有面子"都是权威的体现。在这里，我们需要把权威与权力，尤其政治学领域的强制性权力区分开来。这里的权威，顶多是世俗社会的权力。有权力的人多半有面子，但有面子的人可能并没有权力，至少他未必拥有法定的权力。此外，面子是属于个人的，而权力与职权附属于某一岗位。最后，如果要维持自己的面子，就不能任意行使“权威型面子”来支配别人。如果别人给了自己面子，但自己却不给别人留面子，久而久之，这种权威也会丧失殆尽。

七、关系面

在儒家文化中，无论是对于个体性格的塑造，还是对于个体生命意义的追寻，关系都起着至关重要的作用（何有晖、彭泗清、赵志裕，2007）。梁漱溟（2018）在《中国文化要义》中提出，中国社会既不是以个人为重，也不是以集体为重，而是以伦理关系为本位。关系与角色规范具有伦理联系，源于人们以社会身份来划定彼此间的互动规范，使关系具有角色规范的作用（杨宜音，2008）。儒家伦理秩序中，人和人的社会关系是有层次的。倘若我们把每个人的社会关系叠加在一起，就会形成一张复杂交错的网，每个人都处在各种关系当中。费孝通用“差序格局”的概念来描述中国人的关系网络。每个人都是从自我出发建立关系网络。这个网络由一个个同心圆组成，圆心是自我。每个同心圆跟圆心的距离不同，代表他人跟自我的关系有亲疏远近之分。最内圈一般是父母家人，然后是家族亲戚，再往外圈是乡亲熟人，最后是陌生人。这就形成了有等级差别的伦理关系，越是亲近的人，彼此之间的伦理义务越强。无数个这样的多层同心圆彼此交汇，构成了传统社会的人际关系。“差序格局”跟儒家提倡的礼治秩序相契合。孔子提出的“亲亲”、董仲舒的三纲思想，可以说都是从差序格局中发展出来的。儒家思想的核心结构，跟中国人关系网络的基本结构是高度一致的。中国人离不开面子，正如中国人离不开这种关系网格。

关系网络为中国人的面子提供了参照群体，人们所获得的面子评价总是相对于一定关系圈子而言的。理解关系距离与脸面之间的联系，对于理解中国人的行为，包括遵守公共秩序、讲礼或尊重他人是至关重要的（Kinnison，2014）。按照陈之昭（1989）的说法，单独的个体无所谓尊卑高低，要评价一个人需要将其放在群体中进行对比，面子的大小就是这种对比所产生的尊卑高低的外在体现。可以说，个体在争取面子时，必然随时随地找到参照群体，做出比较。人们都希望能够超越他人或优于他人，至少也要不甘人后，不落下风。此外，面子通常包含一种行为标准，即关系不同，交往的规则就不同（黄光国，1998）。儒家的五伦，君臣、父子、兄弟、夫妇和朋友等关系，代表着对不同的人用不同的方式相处，这便形成了特殊主义伦理。

关系为面子提供了资源。关系的好坏与面子的得失多寡很多时候就是

“一体两面”。由于关系与伦理道德、资源配置、权力结构、交往动力、社会网络相互交织，在日常互动中，关系直接决定了面子的得失多寡（翟学伟，2011b）。中国人对待“自己人”，往往你中有我，我中有你，我的是你的，你的也是我的。不少学者认为，人情、关系、面子俨然成为权力博弈的社会机制（黄光国，1985）。人们为了面子，往往就要在拉关系上大做文章。如果某人认识很多能影响别人的大人物，“结交尽权贵，往来无白丁”，那么他的面子一定很大。人们都生活在一张关系网里，只要与这些大人物扯得上关系就有面子。翟学伟（2011）认为，面子功夫在经过不断加强和稳定后，就有可能建立起关系网，关系网的最终建立又反过来影响和增加该网络中个体的面子，达到关系网中个体联结的目的。中国社会，许多具体人际联结都可以自发衍生成关系，比如亲戚、朋友、同学、邻居、同事、师生、战友、同乡、同党、干亲、结拜、世交（于阳，2016）。中国人常常讲“要会做人”，不是指自己表现如何，而是指自己的关系建立得如何。如果一个人出身寒微，没有关系，又不懂得搞关系，那他的面子就会比较小，也没有办法享受到任何特权。佐斌（1997）认为，“有‘人缘’是中国人脸面行为的一个基础，如果某人有好人缘，则其与其他人之间会互相‘给面子’，互相‘赏脸’，互相进行‘人情’往来，以维护‘人缘’”。

处理好关系，可以得到面子上的报偿。“报”是中国关系运作的重要法则，也是面子的基本行动法则。第一，“往而不来，非礼也；来而不往，亦非礼也”（《礼记·曲礼》）。“报者，天下之利也”（《礼记·表记》）。现代新儒家的代表学者杜维明（1992）认为，儒家五伦关系的实质不是依赖，而是“报”。“报”的核心意义是互惠，是构筑中国社会人际关系的基础。中国人相信人与人之间的交际应该是互惠的。当自己给他人帮助，卖他人人情时，无论是有心还是无心，都可能在某个时候得到某种回馈。杨联陞（2008）认为，在人际交往中，互惠法则是必需的。“报”强调一个人不能背叛其关系，即使这种背叛可能实现短期利益。面子可以衡量人们之间的忠诚，而“报”是忠诚的主要衡量标准。中国人对于施恩和受恩都有清晰的认识，与之相关的持续的义务与责任将人们联系在一起。当然，“报”兼具积极和消极的互动方向，既有“报恩”“报偿”“福报”“善报”，也有“报仇”“报应”“恶报”。正如佐斌（1997）所说，“报”是典型的还面子、还人情，“上次人家给了你面子，这次你也要像个样，给人家点面子”，这是正面的报；而“上一回他在公众场合让我丢了脸，这一回我可饶不了他，要他再无脸见人”，这是负面的报。第二，脸面既是个人的心理现象，又是社会行为，“报”的重点在于社会行为，报的功能是维持个人心理平衡，维系人际交往和获得社会赞许。

这与脸面的功能十分相近。第三，在“报”的过程中，自然涉及脸与面子问题，脸面是“报”的心理内容之一。“报”的特殊之处在于不能等价交换，受惠者应该给施恩者报偿，且这个报偿的量应该远大于受到的恩惠。倘若一个人受到别人多少恩惠，就给予别人多少回报，那便意味着彼此不再相欠。如果互不相欠，算清楚了账，则意味着关系不再重要。中国人讲究互欠，互欠能够创造关系，让各方感到舒服，使得关系得到延续，使大家都有面子（Jia，2001b；佐斌，1997；翟学伟，2011）。

关系能够使得面子生产面子，一个原本没什么面子的人可以从关系网络中的重要他人处“借”来面子。如前文所述，有面子能让人调动关系网中的社会资源，有些人并没有任何出众的本事，也不能够直接掌握或者支配重要的社会资源，甚至其道德品行也无可圈可点之处，却仍有很大的面子，且能够左右别人的面子，就是因为这些人与重要人物有关系。换言之，这些人面子的有无与大小，直接取决于自己和重要人物的关系。从杨中芳（2009）的“大我”理论来看，面子不仅属于自己，也包括其父母、朋友等组成的“大我”。可以“借用”是面子的一大特点，因为“大人物”的面子是可以沿着差序格局向外辐射的。脸面的异质性，使得许多人社会交往的重点不在自己人格与品性的施展上，而是放在与他人的应酬上，只考虑如何建立关系，获得情面。一旦和有面子的人建立关系，找到了“后台”，便可以“大树底下好乘凉”。对于这样的人，周围人即使心里不屑，行动上也礼让三分，正所谓“不看僧面看佛面”“打狗要看主人面”。翟学伟（2015）曾提出过“权力再生产”的概念，即由于人情交往的存在，权力相关者拥有了同样大小的权力。权力再生产使得“人人都有面子”在理论上成为可能。

第五章 脸面的心理评估

传统文化对中国人的认知、道德、情感和人际关系发展造成深远影响，塑造个体的文化心理。中国人在社会生活中总是离不开脸面，很多研究者都将面子作为分析社会和个人行为的关键概念（Haugh & Bargiela-Chiappini，2010）。“工欲善其事，必先利其器”（《论语·卫灵公》），测量工具可以说是研究中国人的心理与行为时需要用到的利器。心理与行为的测量从来都不仅仅是晦涩难懂的数学模型和眼花缭乱的统计图表，它与文化如影随形，难舍难分，本土量表的开发有助于建构本土研究的话语（童辉杰，2016）。在20世纪七八十年代华人学者助推的心理学本土化运动中，测量工具的开发成为一大焦点，最早的面子测量工具便出自这个时期。此后，陆续出现了一些与面子相关的问卷和量表。测量工具的开发并非一劳永逸的事情，学者对其理论模型理解的不同，以及社会变迁所造成的文化心理与行为的外在变化，都会促使新的测量工具的出现。比如，从事“中庸”“孝道”研究的学者就提出了不同的理论模型，并依据模型开发了多个量表（杨中芳，2014；Lum et al.，2016）。由此可见，测量工具的开发是不断改进的过程。本章将尝试从构念和方法上突破过去面子测量工具的某些局限性，力图增强脸面实证研究的科学性与有效性。

第一节 脸面量表的编制

一、测量内容与形式

在前文中，笔者已经系统地论证与阐述了脸面概念的结构内涵。接下来，将以此结构特征作为基础，进一步探讨中国人脸面的定量研究问题，尝试编制一套中国人脸面的测量工具，作为未来从事有关学术研究与实务应用的有效工具。建立脸面量表的具体程序将严格依照心理测量学的基本原则和要求。

我们将个体三个维度的脸（德操脸、本事脸、形象脸）与四个维度的面子（名声面、虚饰面、权威面、关系面），作为编制脸面量表的内容范畴（见图5-1）。当然，量表编制是一个自上而下与自下而上相结合的过程，既要紧扣理论模型，又要结合所收集的实证材料。脸面构念的确定，还是要以被试者答题时反应与答案为基础资料，进行相关的统计分析。

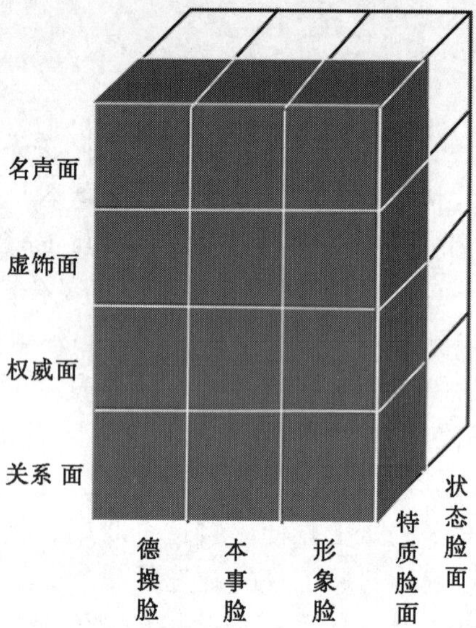

图 5-1　测量内容

在开宗明义地确立编制脸面量表的总目标后，还要讨论清楚“测什么”的关键问题。脸面既可以是非情境性的、稳定的特质，也可以是情境性的、流动的状态。当然，这个问题在其他的本土心理与行为概念中也存在。杨国枢在开发中国人的自尊量表时就发现，自尊既有特质性，也有状态性。状态性的脸面是由脸面的实践特点决定的。从五类常见的脸面实践来看，顾面子、给面子、护面子、伤面子、争面子都是以具体的事件为依托，而事件就是流动性的，依托于具体情境存在的。人们经历具体的脸面事件后，意识、认知、情感会随之发生变化。西方学者在考察面子问题时往往把事件和情境看得比较重要。戈夫曼（1955）认为，一个人的面子广泛地存在于事件流中。戈夫曼的思路引发了关于面子功夫的研究和几个紧密相关的研究主题，诸如尴尬（Edelmann，1990）、印象管理（Leary & Kowalshi，1990），以及冲突情境中的谈判（Ting-Toomey，1988；Ting-Toomey & Cole，1990）。然而我们对个体实施脸面评估时，不能仅仅依据具体的事件与情境因素，还要综合考量脸面事件背后关联的社会结构、权力、关系、人情等因素，这是生活实践的历史沉积，保持了相对的稳定性与持续性。何友晖（1994）明确指出，“戈夫曼的面子观区别于中国人的面子观，中国人的面子观并不限于情境性际遇，指出这一点是非常重要的”。由此，本书所测量的脸面明确为个体稳定的特质。

接下来讨论“怎么测”的关键问题，即选择何种测量形式。先简单回顾一下以往对于脸面以及与之相关的道德、地位、权力等的测量主要采取的形式。脸面及其相关概念都具有较为丰富的内涵，测验工具编制的核心在于要紧紧围绕特定的操作性定义或理论模型，以使测量结果能够最大限度地接近想要测量的目标特质。（1）自评法。如前文所述，许多面子问卷与量表都采用了自评法。林德基于道德行为与发展的“双面理论”开发了《道德判断检验》（Lind，2008）。卡西迪和林恩为评估个人期待获得的社会地位和影响力编制了《主导地位期望问卷》（Cassidy & Lynn，1989）。此外，在道德、地位测量中出现的“形容词测验”也可以归为广义的自评法。（2）他评法。他评法是通过多方面的反馈，来评价个体的工作表现和能力水平。斯蒂尔和布朗斯坦为评估个体的职场地位与影响力而编制了《职场支持需求量表》（Steers & Braunstein，1976）。安德森等编制了评估个体在小群体中社会地位的《社会地位感知量表》（Anderson et al.，2001）。（3）情境法（临床访谈）。柯尔伯格设计了“海因兹偷药”的道德两难情境，让被试对故事进行评价，从而判断其道德水平。波特格设计了“月球迷失困局”，组织团体讨论如何破解生存困局，通过对每一位成员语言与行为的考察，评估他们各自的社会影响力（Bottger，1984）。（4）实验法。鉴于道德判断的速度能够反映真实的道德状况，帕鲁金尼和里昂尝试借助内隐联想测验（Implicit Association Test，IAT）进行了道德测验（Perugini & Leone，2009）。因为社会等级较高的群体成员，往往能够获得较多的社会关注，陈等创造了采用生理设备实施“注意力追踪”进行地位考察的范式（Cheng，et al.，2013）。限于篇幅，我们在此所做的列举难免挂一漏万。概括来说，情境法能够获取丰富而鲜活的资料，适用于个体或小团队测验，但操作相对复杂，对资料的解释难度较高，比较依赖实测者的专业素养，容易出现不客观的情况。他评法特别适合配对检验或小团体检验，但当团体规模稍大时，检验便无法实施。相比之下，自评法是最常见的测量工具，操作简单，相对客观，适用性广，但是要处理好社会称许性问题。综上所述，本书仍然选择自评量表作为中国人脸面的评估形式。当然，以往已经有不少自评量表的研究。

中国台湾地区与香港地区的学者在20世纪七八十年代脸面的心理研究方面起到了“领头羊”的作用。正是这批学者最早编制了脸面测量工具（见表

5-1）。台湾大学的陈之昭在黄光国的理论基础上推进了面子的经验研究，《面子需要量表》和《面子行为量表》便是其经验研究的重要成果。这两个量表都采用了面子事件清单评价的设计思路。《面子需要量表》列出了40种面子事件，通过人们对这些事件的反应，评价人们的面子需求水平。得分越高，则面子需求越强烈；反之亦然。该量表共有两个维度，项目计分方式为李克特六点计分。其中，"没面子"维度有18题，代表题项有"做家教时，突然被学生问倒"；"有面子"有22题，代表题项有"讲了一则笑话，惹得全场一阵爆笑"。《面子行为量表》主要评估个体的"虚面子"，为了得到他人的赞赏、注意、敬重等，或是为了掩饰自己的缺点，所做出的一些与内在不符的言行。同样，在该量表上得分高者，代表他做面子及撑面子的行为较多；得分低者，则较少。量表分为"做面子"和"撑面子"，共27题，采用李克特五点计分，其中"做面子"有16题，"撑面子"有11题。这两个量表的验证样本选自台湾五所高校大一学生，共412人。量表的内容较适合大学生群体。有相似研究经历的朱瑞玲，在面子压力的相关探讨中编制了《面子需求问卷》。问卷由能力失败面子事件内容组成。面子事件包括贫穷、赚钱少等，共26项，采用李克特五点计分，典型的题项有"做能力不及的事而失败"。信效度检验样本为台湾五所高校的学生共745人。问卷内容适用于成年人群体。

表5-1　面子的测量工具

学者	测量工具	主要维度	测验理论
陈之昭（1989）	面子需要量表	有面子/没面子	经典测验理论
	面子行为量表	做面子/撑面子	经典测验理论
朱瑞玲（1989）	面子需求问卷	单维结构	经典测验理论
周美伶（1996）	争、护面子倾向问卷	争面子/护面子	经典测验理论
张妙清等（1996，2004）	CPAI中"面子"维度	单维结构	经典测验理论
Bao、Zhou和Su（2003）	面子意识问卷	单维结构	经典测验理论
王轶楠（2006）	大我争面子导向量表	争取/夸耀	经典测验理论
李春玲（2008）	中国人面子心理问卷	尊严/影响/利益/实面子/虚面子	经典测验理论
张军华（2008）	中学生面子观念问卷	有面子/没面子	经典测验理论

续表

学者	测量工具	主要维度	测验理论
宝贡敏和赵卓嘉（2009）	面子需要量表	能力/关系/道德品质	经典测验理论
张新安等（2011）	面子得失量表	想要面子/怕丢面子	经典测验理论
巩文冰（2013）	大学生面子作为问卷	争面子/做面子/护面子/修面子	经典测验理论
程志聪（2013）	中国企业员工面子压力测量问卷	个人能力/个人品德/人际关系/个人行为	经典测验理论
傅绪荣（2014）	面子交换问卷	损面子/护面子/抬面子/损面子回报/护面子回报/抬面子回报	经典测验理论
施卓敏、郑婉怡和邝灶英（2017）	中国人面子观问卷	道德型/能力型/地位型/关系型	经典测验理论

就读于香港大学的周美伶（1996）在其博士论文中编制了《争、护面子倾向问卷》。该问卷内容主要在面子的行动层面，共计50个题目，倾向于就自己主观感知的行为倾向进行评价，代表题目有“我希望出人头地，光宗耀祖”等。该问卷具有较好的信效度。我们不难看到，周美伶《争、护面子倾向问卷》的理论基础还有西方礼貌范式的印记。从她的论文来看，并没有把面子的西方研究与我国本土研究做出严格区分。而同一时期的另一项经验研究则鲜明地把面子作为中国人特有文化现象来探讨，这便是《中国人人格量表》（Chinese Personality Assessment Inventory，CPAI）的开发及其经验研究。《中国人人格量表》最初的版本于1996年发表，后经张妙清、梁觉和张建新重新进行标准化工作后，形成了CPAI-2。当然，CPAI-2并非只测量中国人的面子，面子仅仅是该量表中的一个维度。面子维度有11题，典型题目有“我很在意别人如何看自己”。该量表具有较好的信效度，且是目前唯一建立了常模的测量工具。通过对中国样本进行一系列测量，可以认定和谐性、人情、面子等CPAI维度与大五人格特质没有显著关联。这一研究结论表明，相对于西方而言，面子的确是中国人人格的一个特殊维度。

上文所梳理的测量工具编制时间较早，对后续研究产生了深远影响。一是为其后的经验研究提供了工具。有不少学者直接将这些测量工具纳入自己的研究中，也有学者根据研究目的、研究对象将这些工具稍做精简与修改（陈昊、李文立、陈立荣，2016）。二是为其他面子测量工具的开发提供了路径。进入21世纪以来，不少内地学者根据研究需要，编制了各种面子问卷或量表，他们在概念的界定、维度的划分、项目的编写等方面，往往对上述测量工具有所参考。接下来笔者将叙述一下21世纪以来的面子测量工具，按照测量工具开发的主要应用领域分为社会心理与人格心理、组织行为与人力资源管理、市场营销依次展开讨论。

社会心理与人格心理领域向来是脸面研究的主要阵地。王轶楠（2006）编制了《大我争面子导向量表》，该量表有“争取”和“夸耀”两个因子。“争取”因子有6个题目，如“我会尽力为自己的团体争取它应得的那份功劳”。“夸耀”因子有5个题目，如“我乐于在他人面前称赞自己所属团体曾经取得的成就”。李春玲（2008）编制了《中国人面子心理问卷》。该问卷共五个维度26个条目，问卷采用李克特五点计分。其中“尊严”维度有6个条目，如“我不比一般人差”；“影响”维度有5个条目，如“我希望成为受人敬重的人”；“利益”维度有5个条目，如“人性有很多阴暗面”；“实面子”维度有5个条目，如“我很重视大家对我的评价”；“虚面子”维度有5个条目，如“我常以强者的形象出现在众人面前”。通过对来自武汉市三所高校381名大三学生的研究数据进行信效度分析，李春玲对面子心理的维度进行划分，主要是将以往相关文献中面子定义的关键词进行枚举，并结合访谈资料进行归类整理，从而确定了问卷的维度。这种关键词的枚举法符合脸面研究的语义分析的传统，但是在资料收集上还需要进一步规范，在分类上带有过强的主观性，以至于五个维度并不在一种话语层面上。在文献整理和调查研究的基础上，张军华（2008）编制了《中学生面子观念问卷》。从问卷的一级结构来看，可能受到了陈之昭《面子需要量表》的影响，即由“有面子”和“没面子”构成。当然，张军华的问卷主要运用于中学生，针对具体目的对二维结构进行深化与细化。该问卷共71个条目，其中“有面子”37条，“没面子”34条，采用李克特七点计分。验证样本为中部地区两所中学初一到高三的学生共240人。巩文冰（2013）通过文献整理、开放式问卷和个体访谈，编制了《大学生面子作为问卷》。巩文冰将“面子”作为定义为个体获得面子及维护自己面子时所采取的行为。面子作为由争面子、做面子、护面子、修面子四因子结构构成。问卷共21个条目，“做面子”有7条，“争面子”有5条，“护面子”有5条，“修面子”有4条。样本为重庆、湖南、河南、湖北等省市五所高校的在读学生，共收集有效数据637份。傅绪荣

(2014) 通过理论总结、访谈问卷等方法编制了《面子交换问卷》。该问卷有六个维度25个条款，采用李克特五点计分。“护面子”维度包括4个题项，如“他人在众人面前替自己掩盖一些错误”；“抬面子”维度包括4个题项，如“他人夸赞自己举止得体”；“抬面子回报”维度包括4个题项，如“对夸奖自己的人更有好感”；“损面子回报”维度包括5个题项，如“对当众批评自己的人不尊敬”；“护面子回报”维度包括5个题项，如“对维护自己形象的人心存感激”；“损面子”维度包括3个题项，如“被人说自己生活懒散”。信效度验证调查涉及南昌市四所高校276名学生。《面子交换问卷》的理论基础既整合了中西方的面子研究理论，还融合了布劳的社会交换理论，但这种整合是否具备合理性还值得进一步商榷。

在组织行为与人力资源管理领域，面子心理也是重要课题。宝贡敏和赵卓嘉（2009）根据文献整理和实地调查编制了《面子需要量表》。《面子需要量表》有35个条目，量表采用李克特五点计分。“能力”维度有20个条目，如“有一份体面的工作”；“关系”维度有7个条目，如“在朋友圈子中一呼百应”；“道德品质”维度有8个条目，如“背叛或出卖朋友”。正式调查的样本选在杭州和上海，问卷主要通过实地访谈、电子邮件问卷等方式调查，回收有效问卷549份。张新安等（2011）编制了《面子得失量表》。该量表共两个维度11个条目。其中，“想要面子”6条，如“当我工作中干得好时，我希望上司当众表扬我”；“怕丢面子”5条，如“当众犯下小错误时，我会觉得尴尬”。量表采用李克特七点计分。验证样本是华东一所高校的173名大三学生，但该量表却主要用于企业员工的研究。程志聪（2013）在参考前人问卷的基础上，通过开放式访谈和问卷调查，编制了《中国企业员工面子压力测量问卷》。该问卷由四个维度18个项目构成，采用李克特六点计分。其中“个人能力”维度有6个项目，如“在单位缺乏影响力”；“个人品德”维度有5个项目，如“撒谎作假”；“人际关系”维度有4个项目，如“被同事排挤”；“个人行为”维度有3个项目，如“颓废消沉”。采用实地、邮寄、网络问卷相结合的方式调查，分别在河南、北京、广州、上海等地进行取样，回收有效问卷203份。

在市场营销领域，消费行为能很好地体现中国人的面子心理（Li & Su, 2007）。中国人的礼物赠予、炫耀性消费、奢侈品消费等都与面子直接相关。学者们意识到了市场营销必须把握这种面子心理，他们在具体的研究中也研发了配套的测量工具。Bao、Zhou和Su（2003）开发了《面子意识问卷》。面子意识，是指在社会活动中，人们希望在重要他人面前增强和保持面子、避免丢脸的意识。量表为单维，共9个项目，如“我看重别人对所购买的商品品牌的态度”，采用李克特七点计分。样本来自中美两国的大学生，共收集226份有效问卷。施卓敏、郑婉怡和邝灶英（2017）在研究绿色产品偏好问题时，根据理论梳理编制了《中国人面子观问卷》。该问卷共有四个维度18个项目，“道德型面子”维度有6条，如“在公众场合有不雅举止”；“能力型面子”维度有4条，如“混得没有其他同龄人好”；“地位型面子”维度有4条，如“经济收入低”；“关系型面子”维度有4条，如“请人吃饭钱没带够”。调查采取方便抽样方式，有效样本为114人。

本土量表的开发有助于建构本土研究的话语与文化。面子测量工具的蓬勃发展，表明了面子问题越来越受到华人学者的重视。从应用场景来看，既有普适性测量工具，也有专用性测量工具，为推进各个研究问题的发展做出了贡献。当然，这些工具还存在不少问题，需要被后来的研究者关注到。上述提到的面子测量工具全部基于经典测验理论（Classical Test Theory，CTT）进行开发，但该理论的基本假设是否成立向来受到众多学者的质疑，且相关的参数估计方面也存在一些问题（后面将详述）。如果基于经典测验理论，则对于问卷与量表的编制过程的标准化要求很高。标准化是测量工具质量的重要保障。然而，以往不少研究在实现标准化方面并不尽如人意。现有面子问卷通常“脸”“面”不分，或者说只有“面子”，没有“脸”。测量工具构念的确定往往主观性过强，缺乏严格的实证研究。一些问卷的题项存在长难句较多、语意含糊、容易产生歧义等情况。问卷的验证与施测过程相对随意。评分、分数的解释等仅达到问卷层次，少有建立了常模的量表。就验证样本的代表性而言，一些面子问卷尚待改进。普遍存在样本量较小的问题，有些问卷仅有一两百个测评样本；样本较多的，如朱瑞玲编制的《面子需求问卷》，也没有超过一千。在抽样方法上，缺乏严格的抽样过程，以方便随机抽样为主。不少面子测量工具的调查对象以在校大学生为主。这些情况都可能使得测量工具主要参数的估计容易产生偏误。没有充分考虑到测量工具是否具有跨亚群体的一致性问题。

在充分肯定前人研究做出的贡献时，对于问卷编制中存在的问题要保持清醒的认识。当然，这些问题可能是由于研究条件、研究资源、研究精力等各方面局限所造成的，不必求全责备。在本书脸面测量工具的开发中，可以借鉴前人的成功经验，尝试弥补其中的不足。关于经典测验理论的问题，可以运用其他测量理论和测量方法进行弥补，比如项目反应理论的发展日趋成熟，已经可以很方便地运用在面子测量工具的开发中。对于脸面结构的分析可以采取更加严格的实证方法，量表的编制和施测要更加标准化，调查样本尽量具有代表性，从而建立更加科学有效的脸面测量工具。

二、编制步骤

(一) 专家审查

邀请有关专家审查概念结构的适当性。共有 7 位专家参与审查，包括一位从事脸面问题研究近 30 年的教授，其在脸面的概念分析和理论建构方面颇有建树；一位从事 10 余年心理测量学研究的副教授，精通经典测验理论与项目反应理论，已有不少项目反应理论相关的学术成果；五位从事本土心理与行为研究的博士及在读博士研究生。为避免专家之间的意见相互影响，概念结构特征的审查并未采取小组研讨的形式，而是全部采取个体访谈的方式进行。专家们皆表示原则上肯定脸面的结构特征建构，且根据各自在本土心理与行为研究的经验对量表的编制提出了一些建设性意见。

(二) 个体访谈

本书希望以个体访谈的方式，获得中国人对于脸面的行动实践与行为阐释的质性材料。经由对访谈数据的内容分析与讨论，找出中国人对脸面的看法及可能影响脸面高低的因素，并借此编制开放式问题。个体访谈可以算是一种半结构性访谈（Semi-Structured Interview），其需要事先准备好访谈提纲，但访谈员在调查时可以即兴地围绕研究问题适度调整访谈提纲，也给访谈对象留有较大的空间自由地表达自己的观点和意见（万崇华、许传志，2016）。在本书中，访谈采取一对一面谈的形式，事先约好时间、地点，营造良好的访谈环境，以便获取深入细致的资料。访谈者理性把控访谈的整个过程，紧扣提纲范围进行交谈，坚持以受访者为中心原则，在调查过程中做到认真倾听每位受访者的讲述。在征得每位受访者同意的情况下，采取录音与事后誊稿的方式，将访谈内容逐字记录。访谈遵守了学术规范，做出并执行了保密承诺。本书的访谈对象共有 25 人，包括 13 位男性与 12 位女性，主要来自河南省。男性平均年龄为 35. 2±7. 34 岁；女性平均年龄为 38. 2±9. 10 岁。平均访谈时间为 35 分钟，最少访谈时间为 23 分钟，最长访谈时间为 50 分钟。

(三) 开放式问卷实测

本书同时采用开放式问卷法，开放式问卷实测的对象共计 231 位，主要分为两组，即社区组与大学组。小区组共 97 人，其中男 53 人、女 44 人；大学组共 134 人，其中男 71 人、女 63 人。社区组被试主要来源为郑州市的常住人口；大学组被试主要来自郑州市七所高校的在校本科生与硕士研究生。

(四) 撰写量表题库

收集完质性资料后，便要开始撰写量表题库，这个过程也可称为建立

“项目池”。此前的研究已经为预测项目的编制提供了扎实的理论基础与经验基础。我们将以前文所提供的中国人脸面的结构分析为依据，参考个体访谈与开放式问卷的内容分析材料，并结合研究者在行动实践中积累的经验进行撰写。可以说，撰写量表题库的过程，就是将理论架构与质性材料、生活经验三者交互印证的过程。先确定好脸面的范畴，再参考质性资料中被试所提及的相关内容，从而撰写各种有生活质感的题项。当然，量表题库的撰写向来知易行难，需要耗费编制者极大精力，保持严谨的作风，反复推敲琢磨，方能提炼出合适的项目。（1）紧扣概念范畴。要保证题项所评估的特质来自并且只来自测验全域，脸依次包括“德操”“本事”“形象”三个维度，面子依次包括“名声”“虚饰”“权威”“关系”四个维度，每个项目都围绕这些脸面的核心维度展开，取材范围要与脸面结构的定义范围相一致，不测量细微的或周边的信息，避免出现与研究内容无关的材料（顾海根、沐守宽、刘世宏，2008）。（2）确保词达意明。每个项目都要清楚和直接，运用精确的词汇、简单的句子结构以及正确的语法和标点。避免使用长难句，避免一句话有多重含义，避免暗示性问题，不能让被试对问题的理解产生任何歧义（戴海琦、罗照盛，2010），确保每个项目彼此独立，不产生干扰（麦坚泰、米勒，2009）。（3）关照实测对象。脸面量表的目标被试应为我国 18 岁以上的具有一定阅读水平的成人，项目编写尽量使用常用语汇，不含生僻字，不含艰涩难懂的专业用语，也要避免使用方言、俚语和口头用语。控制阅读难度水平，使用对目标群体而言恰当的词汇和语言。（4）增加反向题项。脸面对于中国人是较为敏感的问题，包含了较重的社会称许性，这也使得中国人在对相关题项反应作答时倾向于赞同正向题项。此外，千篇一律的正向题项，容易让被试形成“顺从反应倾向”，即被试将趋向于做出同意大多数项目的反应（卡普兰、萨库佐，2010）。为了避免过多正向题项可能造成的这些偏差，本书将纳入大量反向措辞的项目，采用肯定措辞项和否定措辞项并存的项目编制方式。（5）确保题项数量。项目池中的题项数量要多于最终所需要的项目数量，这样便于之后的筛选工作顺利进行。按照经验标准，项目池中的题项数量要达到预测题项所要项目数的两倍到三倍。本书严格执行该经验标准，项目池中的题项数量达到了所需项目数的三倍。

（五）预测题本实测

根据概念结构撰写足够的题库题项，再从已经编制好的项目池中选出最具代表性的题项。该工作通过学术研讨会的形式展开，逐项讨论题库中各题的适当性及重复性。将所有题项随机排列，编成预测题本。采用李克特五点计分法，让被试判断每个题项所叙述的自我评价内容与其个人真实情形符合的程度。为减少脸面量表的社会称许性对被试的“威胁性”，实测题本的名称改为“中国人社会心态量表”。实测对象通过“问卷星”网络平台募集，被试为有偿填写。共收集有效样本 498 人，平均年龄为 28. 6±6. 26 岁；其中男性 281 人（占 56. 4%），女性 217 人（占 43. 6%）。根据预测的数据结果，题本的题项将基于项目反应理论进行筛选。

(六) 题本正式实测

完成题项试测及先题程序后，本书编制了包含七个维度 56 题的“脸面量表”，接着对各分量表的有效性进行进一步验证。实测完毕，再运用项目反应理论进行分析，筛选最合适的题本，组成正式量表。同时，采用经典测验理论进行量表的验证。根据实测结果，统计分析各个分量表之间的关系，以探讨每套脸面量表所测各项心理与行为特质的关联性。问题通过现场发放，被试将收到小礼物一件。被试样本数据具体如下：有效样本 1558 人，平均年龄为 41. 03±15. 05 岁；男性 813 人（占 52. 2%），女性 745 人（占 47. 8%）；有接受过高等教育的 537 人（占 34. 5%），未接受高等教育的 1021 人（占 65. 5%）；有宗教信仰的 1281 人（占 82. 2%），无宗教信仰的 277 人（占 17. 8%）；北方 934 人（河南，占 59. 9%），南方 624 人（四川，占 40. 1%）。根据预测的数据结果，将依据项目反应理论确立最终量表。

三、测量理论

(一) 经典测验理论

过去 40 年，面子测量工具的开发都是基于经典测验理论。经典测验理论以“真分数”为理论基础，因而又被称为“真分数理论”（顾海根、沐守宽、刘世宏，2008；麦坚泰、米勒，2009；戴海琦、罗照盛，2010）。真分数是指被试在测验目标特质上的真实水平，难以直接进行测量。经典测验理论假设观测分数都由真分数与测验误差两部分构成，真分数和观测分数之间呈线性函数关系。该理论包含了三个子假设：测验的次数越多，测验分数的平均值就越趋近于真分数；真分数和误差分数之间的相关为 0；平行测验是可以实现的，且各平行测量上的误差分数之间相关为 0（鉴于真分数难以直接获得，测验指标可以依据平行测验进行计算）。要提高测验的可靠性和准确性，就要想方设法减少误差。当然，经典测验理论的基本假设本身就存在问题，其参数估计严重依赖于样本。为了达到这个目的，经典测验理论对于样本代表性的要求非常高。在过去的面子问卷或量表的开发过程中样本大多存在问题。样本数多则千余人，少则两三百；样本群体涉及面较窄，研究中国人普适性面子的测验仅仅抽取了大学生群体，有些研究甚至在如此窄的抽样框中也只是采用方便抽样。当然，尽管经典测验理论存在相当多的问题，但因其建立在较简单的数学模型上，易于被人理解和接受，且计算简便，容易推广。在下文的数据分析中，将以项目反应理论为主，将经典测验理论下的信效度分析作为脸面量表有效性的多角度验证，作信度分析，以及内容效度、结构效度和效标关联效度的分析。鉴于这类分析方法为心理测量领域所熟知，此处不作详细介绍。具体操作中，将运用 SPSS 22.0，AMOS 21.0 软件作量化分析。

（二）项目反应理论

项目反应理论（Item Response Theory，IRT）是经典测验理论很好的替代性方案，可以为心理测量学提供一个更复杂且有效的理论视角（Embretson & Reise，2000）。Steinberg 和 Thissen（1996）将项目反应理论描述为“一种从心理测量关系下产生的数据中找出意义的统计模型和方法的集合”。项目反应理论有三个核心假设。首先，心理测量是为了测量个体的潜在特质（或不可观察的构念）的水平（记为 θ）。潜在特质可以是任意的个体心理与行为层面的概念，理论上认为存在个体间的差异。其次，通过对一系列反映情况或项目共变关系的观察和研究，可以推断该潜在特质的存在。最后，项目反应理论的基本思想是确定被试的潜在特质和他们对于项目的反应之间的关系。这种关系可以用一个关于潜在特质单调上升的函数表示。项目反应理论能够刻画测验分数与被试潜在特质的非线性关系；不要求测验误差及其方差对于所有被试都相等；可以提供被试潜在特质估计值的精确度指标，使研究者在测验实施前就可以知道测验项目对于不同潜在特质被试的估计精确度；摒弃了信度这一经典测验理论中的基本概念，那么关于无法找到平行测验的难题也就消失了。按照 IRT 理论，项目统计量的估计能够突破 CTT 理论过于依赖特定样本的问题，被试潜在特质的估计和所实测的项目无关；能根据被试对于这些项目中的任何一部分的反应，估计出其潜在特质值都在同一潜在特质量表上，且都是该被试真实潜在特质的无偏估计；项目参数的估计值是和样本无关的，如果拿同一批题项对不同特质水平的被试样组进行测验，其项目分析结果是一样的。

项目反应理论发展至今，学者们已经根据测量要求开发了许多相应的函数模型（丁树良等，2012）。(1) 按照参数数量划分，有乔治·拉希（George Rasch，1960）提出的单参数模型（仅包括难度 b），弗里德里克·洛德（Frederic M. Lord，1952）提出的双参数模型（包含区分度 a、难度 b），以及艾伦·瑞恩鲍姆（Allan Rimbaum，1958）提出的三参数模型（包含区分度 a、难度 b 和猜测系数 c）。单参数模型过于简单，三参数模型虽然更加复杂精细，但是猜测系数通常在成就测验和能力测验中才适用。本书根据研究问题的性质将采纳使用最广泛的双参数模型。(2）按分析维度划分，有单维模型和多维模型。从国内外运用项目反应理论实施量表编制的相关文献来看，单维模型从数学模型到计算工具均较为成熟，运用广泛（王影，2015；Neuhaus，2013)。尽管多维模型已经出现，但是目前发展尚未成熟，运用也相对较少。就选择单维模型还是多维模型的问题，研究专门咨询了国内对项目反应理论有深入研究的心理测量专家。鉴于单维模型已能够满足研究需要，因而本书放弃了多维模型。(3）按照反应类别划分，有二分评分模型，也有多级评分模型。脸面量表的选项采取了李克特五点计分，因而我们需要选择多级模型（Samejima，1969)。综上所述，本书对于脸面量表的编制与修订，将主要采用双参数单维多级评分的 IRT 检验模型（GRM)。模型的具体运算过程，将运用 SPSS 22.0 软件作数据准备，同时采用 IRTPRO 4.1 软件进行参数估计。

第二节　脸面量表的验证

一、运用项目反应理论对脸面量表的修订

前文已经论述，脸量表有三个维度，面子量表有四个维度，整个脸面量表共有七个维度；量表的修订主要采用双参数单维多级评分的 IRT 模型。按照项目反应理论，本书将依据三个方面的结果对脸面量表进行分析、修订和最终明确。首先，确认分析检验的可靠性，就所选择的模型的基本假设实施检验。我们将以维度为题项集合，实施单维性、局部独立性和模型拟合的检验。其次，计算各个题项的多级反应模型参数（难度 α 值）与区分度（β 值)。据此甄别七个维度各题项的优劣，从而删除无效题项，保留有效题项。最后，绘制出最终量表各维度的项目特征曲线与项目信息曲线以及维度的测验信息量曲线，判断题项和分量表的测验信息量，明确量表的有效性。

（一）模型假设检验

单维性检验。单维性是指组成某测验的所有题项都是在测量相同的潜在特质。当前检验量表单维性的主要方法是主成分分析法。我们将量表的题项按维度分别进行主成分分析，然后观察因子的数据特征。当然，必须先确保主成分分析本身在统计上有效。正式实测的七个维度的 KMO 值在 0.865 以上，各维度的球形检验卡方在 2895.517 以上，在 0.001 水平上呈现显著性，这表明正式实测所得数据实施的各维度主成分分析结果有效。最终量表的七

个维度的KMO值在0.862以上，各维度的球形检验卡方在2489.804以上，在0.001水平上呈现显著性，只保留有效题项后，主成分分析的结果仍然有效(见表5-2)。

表5-2　量表各维度的主成分分析检验

性质	维度	KMO	χ^2	p值
正式实测	德操	0.893	3015.138	0.000
	本事	0.865	3371.952	0.000
	形象	0.894	2895.517	0.000
	名声	0.881	3817.619	0.000
	虚饰	0.902	3411.855	0.000
	权威	0.890	2985.546	0.000
	关系	0.900	3055.646	0.000
最终量表	德操	0.893	3015.138	0.000
	本事	0.880	2867.157	0.000
	形象	0.888	2743.516	0.000
	名声	0.890	3387.547	0.000
	虚饰	0.902	3411.855	0.000
	权威	0.862	2489.804	0.000
	关系	0.900	3055.646	0.000

以往研究在运用主成分分析法检验单维性时，通常关注两个指标：(1)第一特征根的变异贡献率，贡献率越高，单维性越强。(2)第一特征根与第二特征根的比例如果大于3，则可以判定存在单维性；两者间的比例如果小于3，则不存在单维性。从表5-3中正式实测所得数据的分析结果来看，所有维度的第一特征根的变异贡献率在42.762%以上，但中“本事”维度的前两个特征根的比例小于3，这说明这个维度没有通过单维性检验。删除无效题项后，观察最终量表的分析结果可以发现，所有维度的第一特征根的变异贡献率在44.026%以上；所有维度的前两个特征根的比例在3.900以上，这两个指标都说明最终确定的脸面量表的七个维度存在单维性。

表 5-3 量表各维度的单维性检验

性质	维度	第一特征根	第二特征根	前两个特征根的比值	第一特征根的变异贡献率（%）
正式实测	德操	3.522	0.781	4.510	44.026
	本事	3.457	1.253	2.759	43.212
	形象	3.436	0.900	3.818	42.946
	名声	3.654	1.185	3.084	45.669
	虚饰	3.681	0.789	4.665	46.007
	权威	3.421	0.884	3.870	42.762
	关系	3.550	0.812	4.372	44.380
最终量表	德操	3.522	0.781	4.510	44.026
	本事	3.252	0.656	4.957	54.162
	形象	3.320	0.728	4.560	47.427
	名声	3.447	0.649	5.311	57.443
	虚饰	3.681	0.789	4.665	46.007
	权威	3.038	0.779	3.900	50.639
	关系	3.550	0.812	4.372	44.380

局部独立性检验。所谓局部独立性，是指被试对于某个题项的反应不会受到测验中其他题项的影响。也就是说，被试对该题项的反应只有受到其本人特质水平（θ）和题项特性的影响。Chen 和 Thissen（1997）提出了卡方局部独立性检验法（LD χ^2 statistcs）。当 LD $\chi^2<10$ 时，表明题项之间的测验不存在局部独立性；当 LD $\chi^2\geqslant10$ 时，则判定题项之间的测验存在局部独立性（Thissen & Steinberg，2010）。从表 5-4 中正式实测所得数据的分析结果来看，“本事”“名声”“权威”维度中有一些题项相互之间的 LD χ^2值大于 10，这表明这三个维度有关题项的检验不具有局部相关性。在最终量表的七个维度中所有题项的 LD χ^2 值均小于 10，这表明最终量表的题项都具有良好的局部独立性。

表 5-4 各维度的局部独立性检验

维度	正式实测		最终量表	
	LD χ^2 极小值	LD χ^2 极大值	LD χ^2 极小值	LD χ^2 极大值
德操	2.8	9.8	2.8	9.8
本事	2.1	62.5	1.9	9.2
形象	1.1	8.9	1.3	8.9
名声	3.1	38.6	2.9	9.9
虚饰	2.6	9.5	2.6	9.5
权威	-0.2	12.4	1.6	9.8
关系	2.0	9.6	2.0	9.6

模型拟合检验。单位模型的拟合度主要通过 M_2 检验法及其相关的 RMSEA 值（Maydeu-Olivares & Joe，2005）。M_2 是基于边际残差表计算的整体拟合指标。但当样本量足够大时，M_2 的显著性指标（p 值）将会非常小，容易看起来显著。因此，通常还需要同时报告 RMSEA 值。通常来说，当 RMSEA<0.06 时，意味着模型拟合很好；RMSEA＝（0.06，0.08）时，表明模型拟合情况尚可；当 RMSEA>0.08 时，则意味着模型拟合不理想（Cook，Kallen & Amtmann，2009）。正式实测中所有维度的 M_2 均呈现显著性（均为 $p<0.001$），但“本事”和“名声”两个维度的 RMSEA 值大于 0.08，这说明这两个维度的模型拟合不理想。最终量表所有维度的 M_2 都呈现显著性（均为 $p<0.001$），RMSEA 值为 0.030~0.044，显示预测数据与观察数据非常接近，最终量表七个维度的模型拟合情况良好（见表 5-5）。

表 5-5 模型拟合度检验

维度	正式实测		最终量表	
	p 值	RMSEA	p 值	RMSEA
德操	0.000	0.044	0.000	0.044
本事	0.000	0.094	0.000	0.031
形象	0.000	0.031	0.000	0.032
名声	0.000	0.098	0.000	0.041
虚饰	0.000	0.040	0.000	0.040
权威	0.000	0.022	0.000	0.030
关系	0.000	0.035	0.000	0.035

（二）脸面量表的统计分析

对脸面量表各维度的题项进行 IRT 分析后，将呈现以下信息：

各题项主要参数。研究将首先提供各题项的区分度与难度。区分度（α）表明题项对拥有不同潜在特质水平（θ）的个体之间的鉴别力。在理论上，α 的阈值可以取（$-\infty$，$+\infty$），但合理的区间应该在（0，3）；通常而言，若 α =（0.01，0.24），则表明区分度"非常低"；若 α =（0.25，0.64），则表明区分度"低"；当 α =（0.65，1.34）时，可以判定区分度为"中等"；当 α =（1.35，1.69）时，则表明区分度"高"；当 $\alpha>1.7$ 时，则表明区分度"非常高"（Baker，2001）。在实际运用中，有学者认为，区分度大于 0.5 即在可接受的范围内。区分度越高，意味着题项对潜在特质的鉴别力越好。难度（β）用于衡量被试对题项各选项的反应难度。就每个题项而言，β 值的数量应比其选项数少一个（比如，李克特五点量表有 4 个 β 值）。β 值表示该特质水平（θ）的个体有 50%概率会对某选项做出反应，而不是对次级选项做出反应。测验空间的 β 值较高，意味着要对该选项做出反应需要被试具有较高的特质水平（Embretson & Reise，2000）。从理论上讲，β 的阈值可以取（$-\infty$，$+\infty$），但合理的阈值区间应为（-3，3）（DeMars，2010；王影，2015）。

项目特征曲线、项目信息曲线和测验信息曲线。项目特征曲线（Item Characteristic Curve，ICC）是反映被试选择某选项的概率与所测量潜在特质水平的关系的曲线。项目信息曲线（Item Information Curve，IIC）中更高的信息量意味着更高的精度（或可靠性）。项目信息曲线的形状由项目的难度和区分度决定。每个题项的信息量大小，并不受测验中其他题项的影响。当然，除了单个项目的信息曲线，还将计算整个维度的测验信息曲线。测验信息函数恰好是该测验各题项的项目信息函数的叠加。测验信息曲线（Test Information Curve，TIC）是对测验信息函数的图示化。曲线图中横坐标表示潜在的特质水平（θ），纵坐标表示信息量。信息量越大，测验的精度越高；反之亦然。通常而言，某特质水平区域总信息量大于 5，便可以认为该维度在此区域信息覆盖充足（王影，2015）。

1. 德操脸维度题项的参数估计

德操脸维度各题项的选项采取的是李克特五点计分，参数估计采用极大似然算法，运用多级反应模型进行分析。该维度正式实测包括 8 个题项，具体分析结果见表 5-6。观察区分度可以发现，全部题项的 α 值在 1.14～1.60 的范围内，项目 5、项目 7 和项目 8 均为中等水平的区分度，项目 1、项目 2、项目 3、项目 4 和项目 6 为高水平的区分度，均在可接受的范围内。所有题项的难度均取四个位置，全部难度 b 值均在（-3，3）的合理阈值范围内。由此可见，德操脸维度的 8 个题项具有较好的区分度和难度，可以将这些题项全部纳入正式量表。

表 5-6 “德操”维度的题项参数

性质	项目	α	s. e.	b_1	s. e.	b_2	s. e.	b_3	s. e.	b_4	s. e.	备注
实测与最终项目	德操 1	1. 58	0. 09	-2. 41	0. 11	-1. 32	0. 07	-0. 40	0. 05	1. 28	0. 07	保留
	德操 2	1. 37	0. 08	-2. 51	0. 13	-1. 43	0. 08	-0. 42	0. 05	1. 41	0. 08	保留
	德操 3	1. 48	0. 08	-2. 50	0. 12	-1. 43	0. 07	-0. 46	0. 05	1. 30	0. 07	保留
	德操 4	1. 41	0. 08	-2. 77	0. 14	-1. 66	0. 08	-0. 84	0. 06	1. 22	0. 07	保留
	德操 5	1. 14	0. 07	-2. 82	0. 16	-1. 53	0. 09	-0. 45	0. 06	1. 30	0. 08	保留
	德操 6	1. 60	0. 09	-2. 30	0. 11	-1. 28	0. 07	-0. 42	0. 05	1. 15	0. 06	保留
	德操 7	1. 30	0. 07	-2. 45	0. 13	-1. 34	0. 08	-0. 27	0. 05	1. 12	0. 07	保留
	德操 8	1. 22	0. 07	-2. 53	0. 14	-1. 17	0. 07	-0. 18	0. 05	1. 15	0. 08	保留

再看德操脸维度最终保留题项的 ICC 和 IIC。鉴于各项目均为李克特五点计分，每个项目应该包括五条曲线，各条曲线用以描述某种特质水平下被试选择该选项的概率连续统。通常而言，第一条曲线应为递减曲线，中间三条曲线为正态分布曲线，第五条曲线为递增曲线。在图 5-2 中，我们观察 8 个题项的 ICC 后可以发现，曲线形态基本达到了预期效果。ICC 旁边是每个题项的 IIC。本书中，第 5、第 7、第 8 个题项的 IIC 呈低平状，覆盖面积较小，其他各条目 IIC 趋向高耸状，其覆盖面积相对较大。最后是该维度的 TIC，在特质水平-2. 5~1. 5 的范围内信息量较为充分，范围外信息量不够充分。由此来看，德操脸维度最终保留题项的测验信息量可以接受。

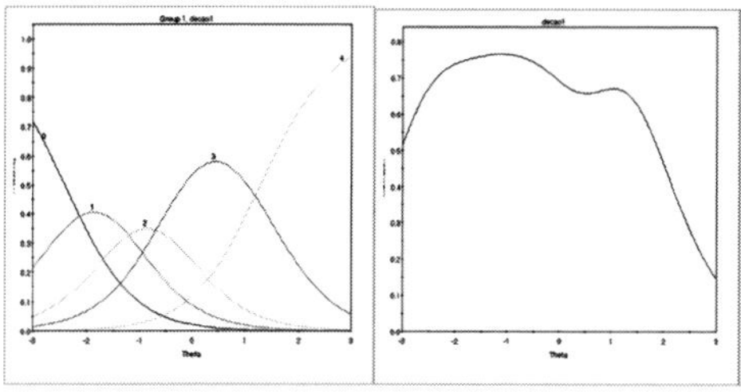

（Ⅰ）“德操1”的特征曲线与信息曲线

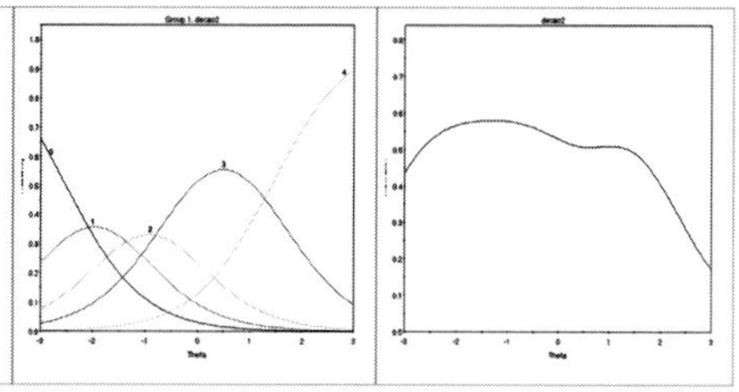

（Ⅱ）“德操2”的特征曲线与信息曲线

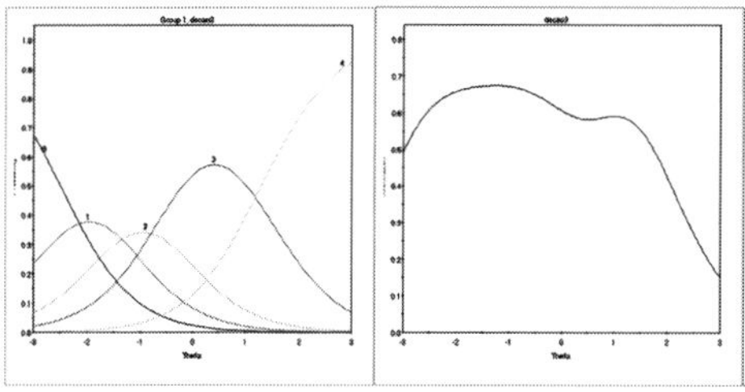

（Ⅲ）“德操3”的特征曲线与信息曲线

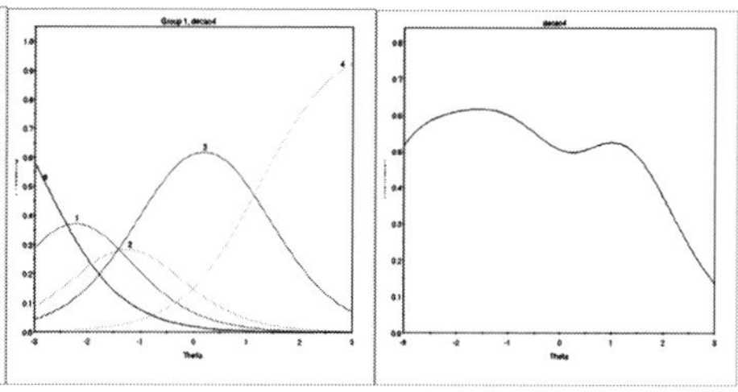

（Ⅳ）“德操4”的特征曲线与信息曲线

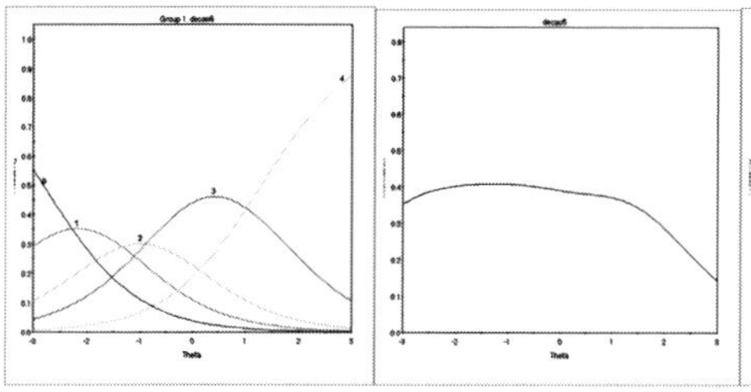

（Ⅴ）“德操5”的特征曲线与信息曲线

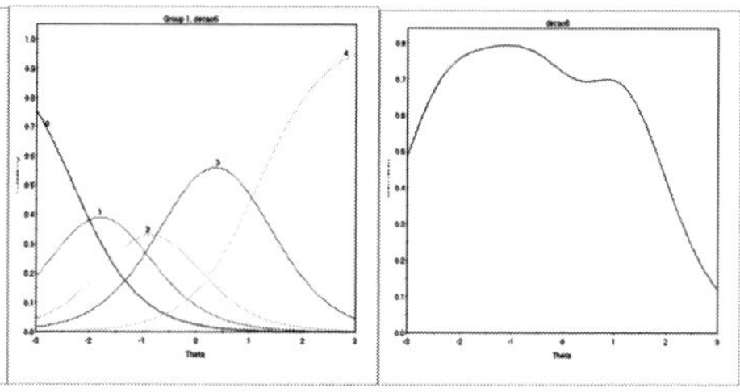

（Ⅵ）“德操6”的特征曲线与信息曲线

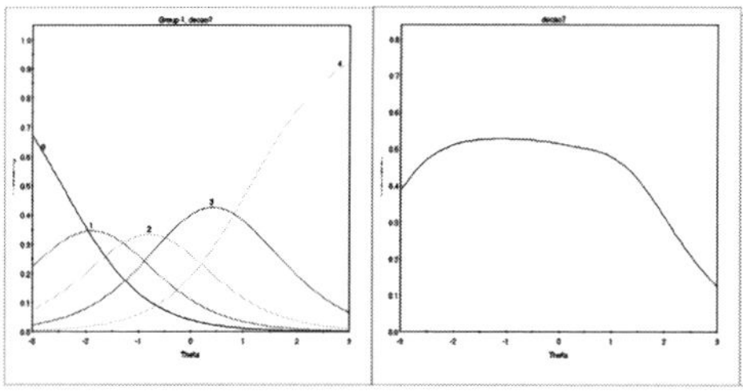

（Ⅶ）“德操7”的特征曲线与信息曲线

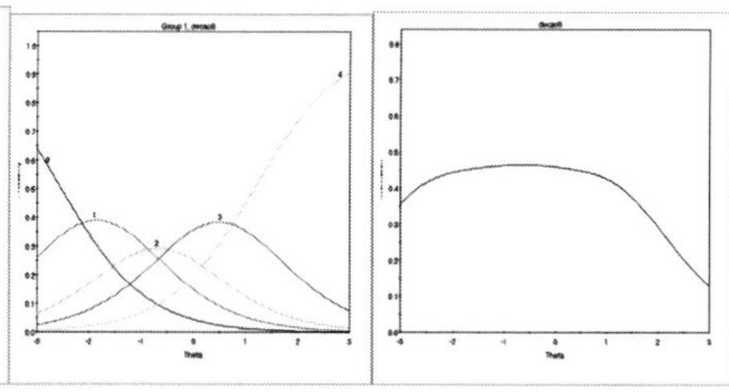

（Ⅷ）“德操8”的特征曲线与信息曲线

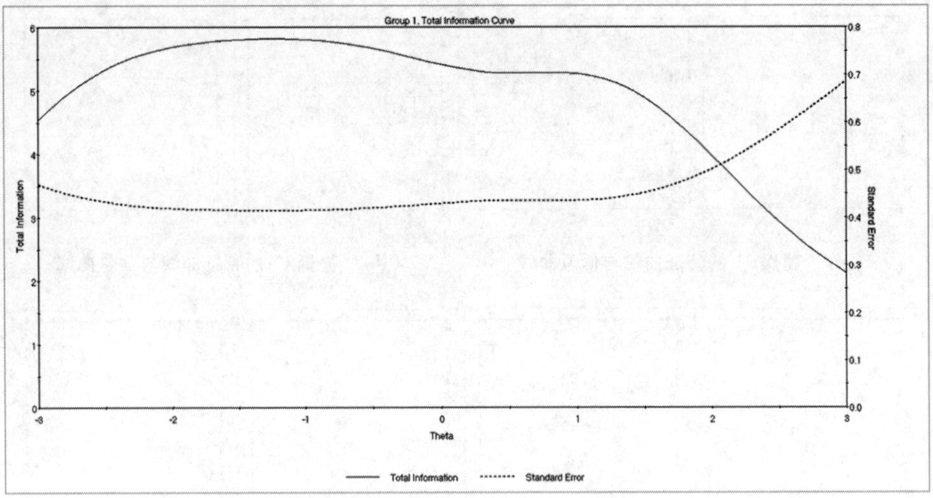

（Ⅸ）“德操”维度的测验信息曲线

图 5-2　脸面量表“德操”维度的 IRT 分析结果

2. 本事脸维度题项的参数估计

本事脸维度所有题项的选项采取的是李克特五点计分。采用极大似然算法，运用多级反应模型进行参数估计。该维度正式实测包括 8 个题项，具体分析结果见表 5-7。观察区分度我们可以发现，全部题项的 α 值处于 0. 47~1. 90 的区间，项目 3 是低水平的区分度；项目 1 和项目 7 是中等水平的区分度；项目 2 和项目 5 是高水平的区分度；项目 4、项目 6 和项目 8 是非常高水平的区分度，有 1 个题项的区分度不可以被接受。各题项的难度均取四个反映阈值，按照序号大小，难度 b 值依次递增。除项目 3 和项目 7 以外，其余项目的难度都没有超出（-3，3）的范围。综合而言，有 2 个项目应该被删除，有 6 个项目可以被纳入正式量表。本节对最终项目的情况进行了参数估计。参数估计的结果同样显示出这些题项在该维度中具有良好的区分度和难度。

表 5-7 “本事”维度的题项参数

性质	项目	α	s. e.	b_1	s. e.	b_2	s. e.	b_3	s. e.	b_4	s. e.	备注
实测项目	项目 1	1.29	0.07	-2.33	0.12	-1.09	0.07	0.00	0.05	1.36	0.08	保留
	项目 2	1.59	0.08	-2.24	0.10	-0.87	0.05	0.01	0.04	1.22	0.06	保留
	项目 3	0.47	0.05	-3.15	0.36	-0.25	0.11	1.22	0.17	4.03	0.46	删除
	项目 4	1.78	0.09	-1.88	0.08	-1.10	0.06	-0.11	0.04	1.14	0.06	保留
	项目 5	1.68	0.09	-2.15	0.10	-1.01	0.06	-0.07	0.04	1.18	0.06	保留
	项目 6	1.77	0.09	-1.95	0.09	-1.05	0.06	-0.09	0.04	1.12	0.06	保留
	项目 7	0.72	0.06	-3.52	0.27	-1.67	0.14	-0.03	0.08	2.03	0.17	删除
	项目 8	1.90	0.10	-2.18	0.09	-1.01	0.05	-0.05	0.04	1.08	0.06	保留
最终项目	本事 1	1.34	0.07	-2.28	0.12	-1.07	0.07	0.00	0.05	1.33	0.08	保留
	本事 2	1.57	0.08	-2.26	0.10	-0.87	0.05	0.01	0.04	1.23	0.07	保留
	本事 3	1.81	0.09	-1.86	0.08	-1.10	0.06	-0.11	0.04	1.13	0.06	保留
	本事 4	1.68	0.09	-2.14	0.10	-1.01	0.06	-0.07	0.04	1.18	0.06	保留
	本事 5	1.75	0.09	-1.96	0.09	-1.05	0.06	-0.09	0.04	1.12	0.06	保留
	本事 6	1.90	0.10	-2.18	0.09	-1.01	0.05	-0.06	0.04	1.08	0.06	保留

再看本事脸维度最终被纳入量表的题项的 ICC 和 IIC。各题项都采用李克特五点计分，因而每个项目同样应包括五条曲线。在图 5-3 中，观察 6 个题项的 ICC 后可以发现，第一条曲线是递减曲线，中间三条曲线为正态分布曲线，第五条曲线为递增曲线，曲线形态基本达到了预期效果。接下来，观察每个题项的 IIC。从图来看，第 1 个题项的 IIC 呈低平状，所覆盖的面积较小，这说明其信息量较少；第 3、第 4、第 5、第 6 个题项的 IIC 呈高耸状，所覆盖面积也较大，这说明这些题项的信息量更多；第 2 个题项的 IIC 既不低平，也不算高耸，这表明其信息量属于中等水平。最后来观察该维度的 TIC，在特质水平-2.5~1.5 的范围内，信息量充足；而在该特质水平范围之外，信息量则相对不够充足。因此，本事脸维度最终保留题项的测验信息量可以接受。

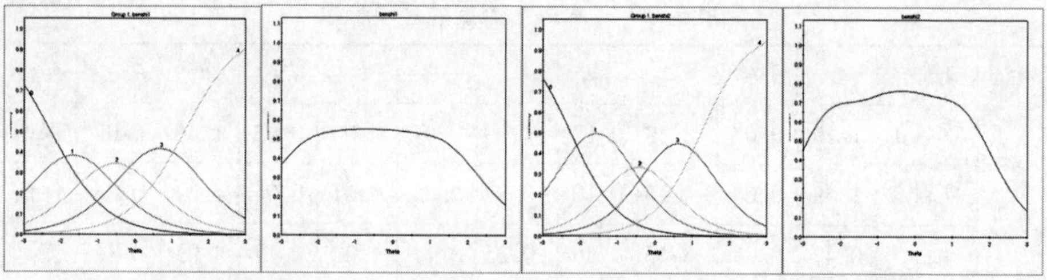

（Ⅰ）“本事1”的特征曲线与信息曲线　　（Ⅱ）“本事2”的特征曲线与信息曲线

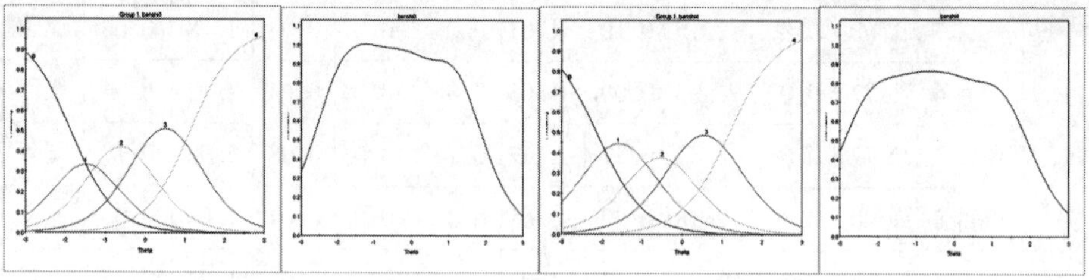

（Ⅲ）“本事3”的特征曲线与信息曲线　　（Ⅳ）“本事4”的特征曲线与信息曲线

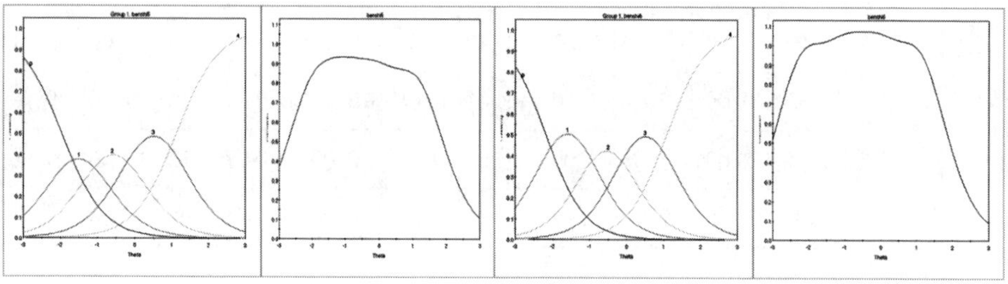

（Ⅴ）“本事5”的特征曲线与信息曲线　　（Ⅵ）“本事6”的特征曲线与信息曲线

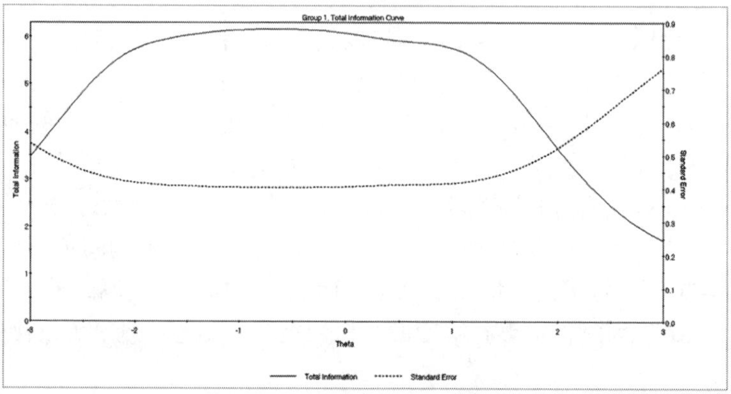

（Ⅶ）“本事”维度的测验信息曲线

图 5-3　脸面量表“本事”维度的 IRT 分析结果

3. 形象脸维度题项的参数估计

形象脸维度所有题项的选项采取的是李克特五点计分。采用极大似然算法，运用多级反应模型进行参数估计。该维度正式实测包括 8 个题项，具体分析结果见表 5-8。对区分度进行观察我们可以发现，所有题项的 α 值处于 0.66~1.64 的区间，均在可接受的阈值范围，项目 1 和项目 4 具有中等水平的区分度，项目 2、项目 3、项目 5、项目 6 和项目 7 具有高水平的区分度。所有题项的难度均取四个反应阈值。全部题项的 b 值按照序号大小，难度依次递增。除项目 4 外，其余项目的难度均处于（-3，3）的阈值范围内。综合而言，有 1 个题项应该被删除，有 7 个项目可以被纳入正式量表。本节对形象脸维度仅保留这 7 个项目的情况重新进行了参数估计。参数估计的结果同样显示出这些题项在该维度中具有良好的区分度和难度。

表 5-8　“形象”维度的题项参数

性质	项目	α	s. e.	b_1	s. e.	b_2	s. e.	b_3	s. e.	b_4	s. e.	备注
实测项目	项目 1	1.31	0.07	-2.37	0.12	-1.24	0.07	-0.21	0.05	1.34	0.08	保留
	项目 2	1.48	0.08	-2.04	0.10	-1.03	0.06	-0.01	0.05	1.29	0.07	保留
	项目 3	1.35	0.07	-2.28	0.11	-1.11	0.07	0.01	0.05	1.38	0.08	保留
	项目 4	0.66	0.06	-3.15	0.27	-0.97	0.11	0.50	0.09	2.96	0.25	删除
	项目 5	1.47	0.08	-1.97	0.10	-1.13	0.06	-0.27	0.05	1.09	0.06	保留
	项目 6	1.37	0.08	-2.16	0.11	-0.73	0.06	0.22	0.05	1.54	0.08	保留
	项目 7	1.53	0.08	-1.88	0.09	-0.83	0.05	0.04	0.04	1.32	0.07	保留
	项目 8	1.64	0.09	-1.94	0.09	-0.96	0.06	-0.01	0.04	1.20	0.06	保留
最终项目	形象 1	1.30	0.07	-2.38	0.12	-1.24	0.07	-0.21	0.05	1.35	0.08	保留
	形象 2	1.50	0.08	-2.02	0.10	-1.02	0.06	-0.01	0.05	1.28	0.07	保留
	形象 3	1.35	0.07	-2.28	0.12	-1.11	0.07	0.01	0.05	1.38	0.08	保留
	形象 4	1.47	0.08	-1.97	0.10	-1.13	0.06	-0.27	0.05	1.10	0.06	保留
	形象 5	1.38	0.08	-2.15	0.11	-0.73	0.06	0.22	0.05	1.54	0.08	保留
	形象 6	1.54	0.08	-1.87	0.09	-0.82	0.05	0.04	0.04	1.31	0.07	保留
	形象 7	1.62	0.09	-1.96	0.09	-0.97	0.06	-0.01	0.04	1.21	0.06	保留

再看形象脸维度最终保留 7 个题项的 ICC 和 IIC。鉴于各题项均采用李克特五点计分，每个项目同样包括五条曲线。在图 5-4 中，观察 7 个题项的 ICC 后我们可以发现，所有题项的第一条曲线是递减曲线，中间三条曲线为正态分布曲线，第五条曲线为递增曲线，曲线形态基本达到预期效果。接下来，观察每个题项的 IIC。从图上看，第 1、第 3、第 5 个题项的 IIC 呈低平状，所覆盖的面积较小，这说明其信息量较少；其余 4 个题项的 IIC 呈高耸状，覆盖面积也较大，这说明这些题项的信息量更多。最后观察该维度的 TIC，在特质水平-2~1.5 的范围内，信息量相对充足；在特质水平小于-2 和大于 1.5 的范围，信息量则相对不够充足。由此可以看到，形象脸维度最终保留题项的测验信息量可以接受。

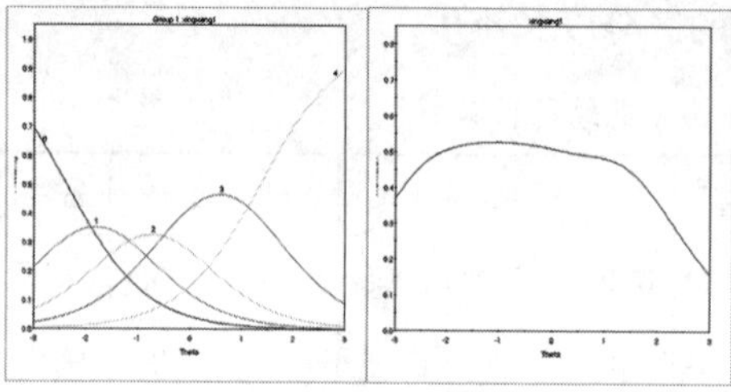

（Ⅰ）“形象1”的特征曲线与信息曲线

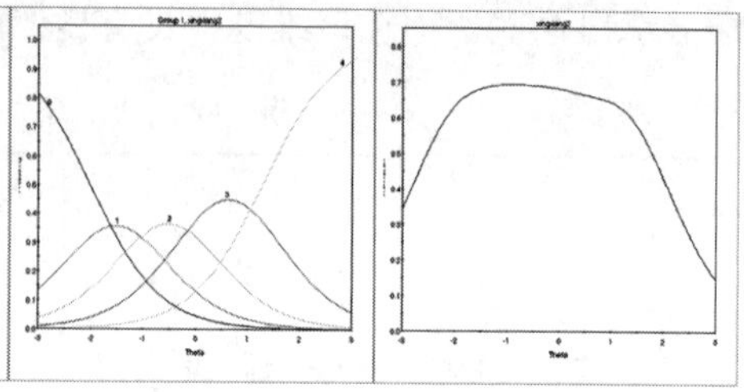

（Ⅱ）“形象2”的特征曲线与信息曲线

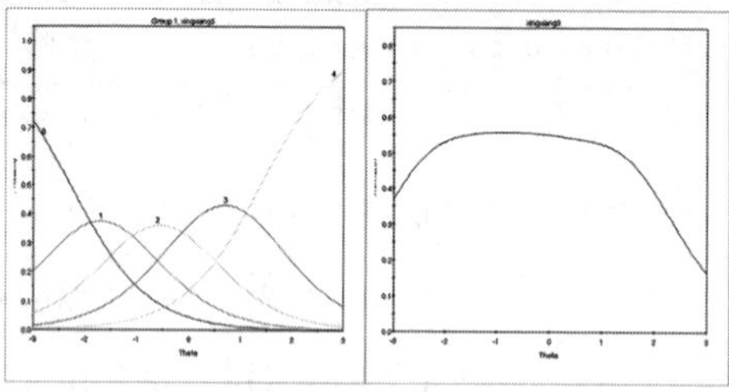

（Ⅲ）“形象3”的特征曲线与信息曲线

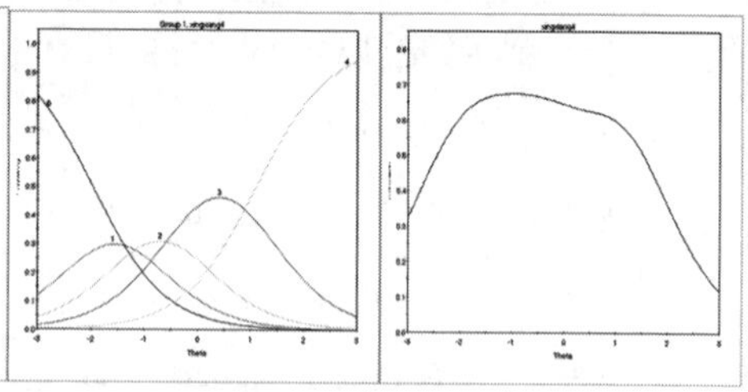

（Ⅳ）“形象4”的特征曲线与信息曲线

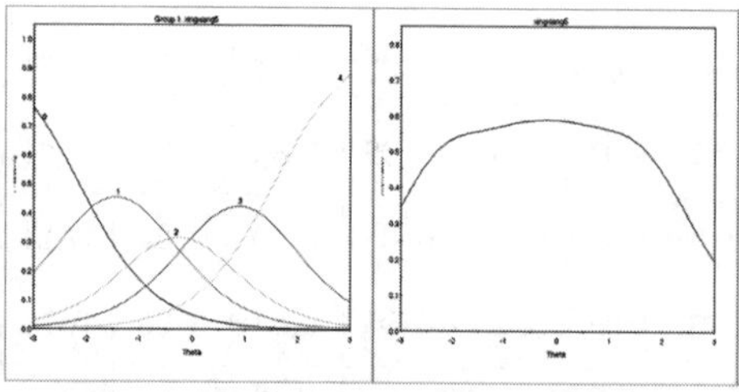

（Ⅴ）“形象5”的特征曲线与信息曲线

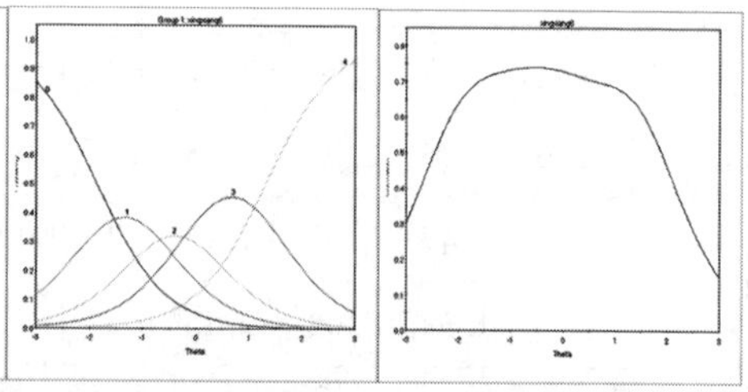

（Ⅵ）“形象6”的特征曲线与信息曲线

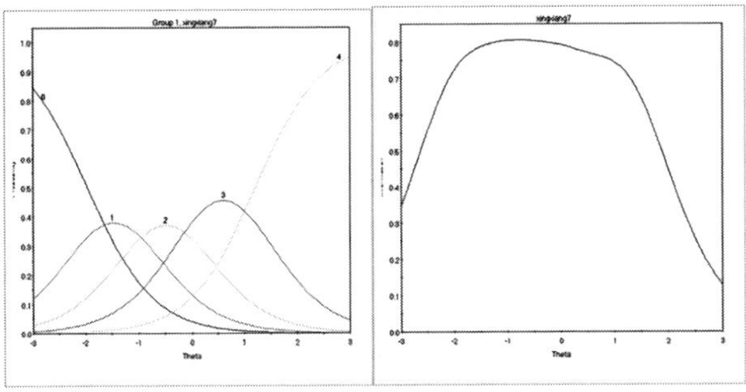

（Ⅶ）“形象7”的特征曲线与信息曲线

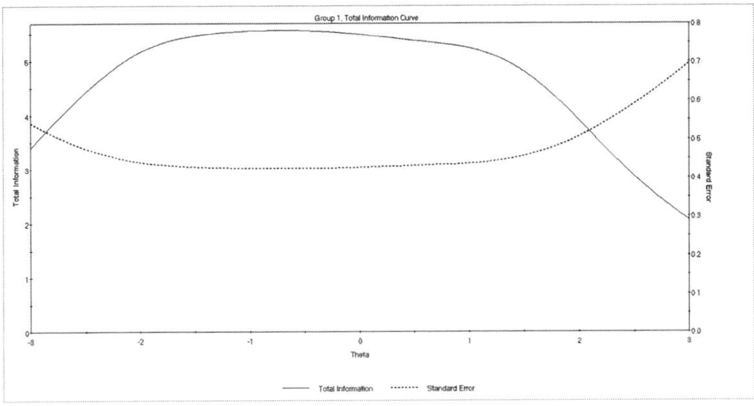

（Ⅷ）“形象”维度的测验信息曲线

图 5-4　脸面量表“形象”维度的 IRT 分析结果

4. 名声面维度题项的参数估计

名声面维度所有题项的选项采取的是李克特五点计分。采用极大似然算法，运用多级反应模型进行参数估计。该维度正式实测包括 8 个题项，具体分析结果见表 5-9。观察区分度我们可以发现，全部题项的 α 值在 0.54~2.05 的区间，均在可接受的范围内，项目 7 具有中等水平的区分度，项目 6 和项目 8 均具有中等水平的区分度，项目 1 具有高水平的区分度，项目 2、项目 3、项目 4 和项目 5 则具有非常高水平的区分度。各题项的难度 b 值均取四个位置，难度全部按照序号大小依次递增。除项目 7 和项目 8 以外，其他题项的难度均在（-3，3）的阈值范围内。综合而言，有 2 个题项应该被删除，有 6 个项目可以被纳入正式量表。本节对名声面维度仅保留这 6 个项目的情况重新进行了参数估计。参数估计的结果同样显示出这些题项在该维度中具有良好的区分度和难度。

表 5-9 “名声”维度的题项参数

性质	项目	α	$s.e.$	b_1	$s.e.$	b_2	$s.e.$	b_3	$s.e.$	b_4	$s.e.$	备注
实测项目	项目 1	1.65	0.08	-2.29	0.10	-0.99	0.06	0.03	0.04	1.30	0.07	保留
	项目 2	2.01	0.10	-2.16	0.09	-0.87	0.05	0.11	0.04	1.07	0.05	保留
	项目 3	2.05	0.10	-2.19	0.09	-0.98	0.05	-0.13	0.04	0.98	0.05	保留
	项目 4	2.04	0.10	-2.15	0.09	-0.96	0.05	-0.04	0.04	1.02	0.05	保留
	项目 5	1.85	0.09	-2.20	0.09	-1.02	0.05	0.02	0.04	1.10	0.06	保留
	项目 6	1.32	0.07	-2.67	0.13	-1.23	0.07	0.10	0.05	1.45	0.08	保留
	项目 7	0.54	0.05	-3.41	0.34	-1.21	0.15	0.58	0.11	3.51	0.35	删除
	项目 8	0.70	0.06	-3.79	0.30	-2.01	0.17	-0.45	0.08	2.09	0.17	删除
最终项目	名声 1	1.68	0.08	-2.26	0.10	-0.98	0.06	0.03	0.04	1.29	0.07	保留
	名声 2	2.01	0.10	-2.15	0.09	-0.87	0.05	0.11	0.04	1.07	0.05	保留
	名声 3	2.03	0.10	-2.19	0.09	-0.99	0.05	-0.14	0.04	0.98	0.05	保留
	名声 4	2.05	0.10	-2.14	0.09	-0.96	0.05	-0.04	0.04	1.02	0.05	保留
	名声 5	1.85	0.09	-2.19	0.09	-1.02	0.05	0.01	0.04	1.11	0.06	保留
	名声 6	1.32	0.07	-2.66	0.13	-1.23	0.07	0.10	0.05	1.45	0.08	保留

再看名声面维度最终保留题项的 ICC 和 IIC。鉴于各题项为李克特五点计分，每个项目同样应包括五条曲线。在图 5-5 中，观察 6 个题项的 ICC 曲线后我们可以发现，所有项目的第一条曲线是递减曲线，中间三条曲线为正态分布曲线，第五条曲线为递增曲线，曲线形态基本达到预期效果。接下来，观察每个题项的 IIC。从图上看，第 1、第 6 个题项的 IIC 呈低平状，所覆盖的面积较小，这说明其信息量较少；其余 4 个题项的 IIC 呈高耸状，所覆盖面积较大，这说明这些题项的信息量更多。最后来看该维度的 TIC，在特质水平 -2.5~1.5 的范围内，信息量充足；在特质水平小于-2.5 和大于 1.5 的范围，信息量则相对不够充足。由此可以判定，名声面维度最终保留题项的测验信息量在可接受范围内。

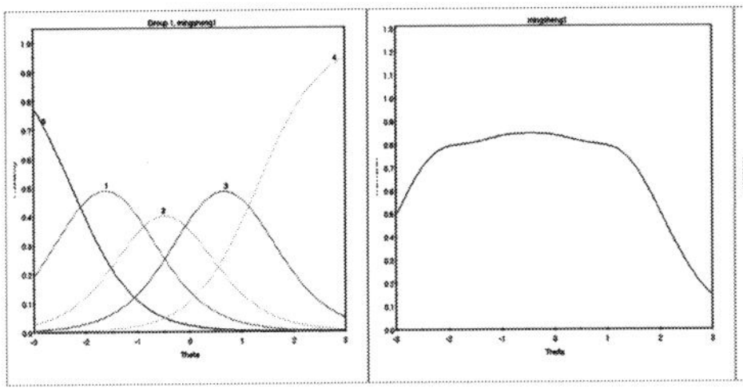

（Ⅰ）“名声1”的特征曲线与信息曲线

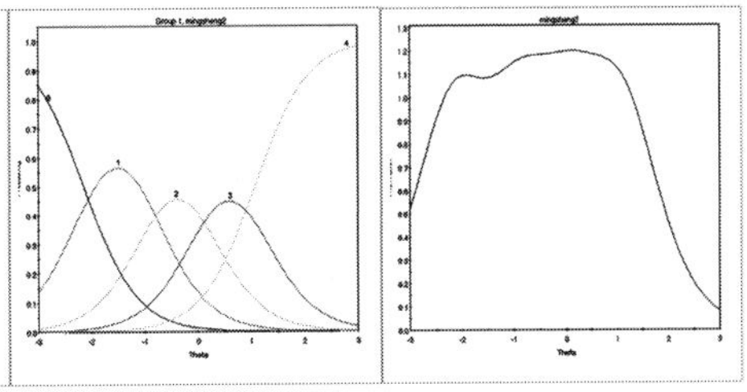

（Ⅱ）“名声2”的特征曲线与信息曲线

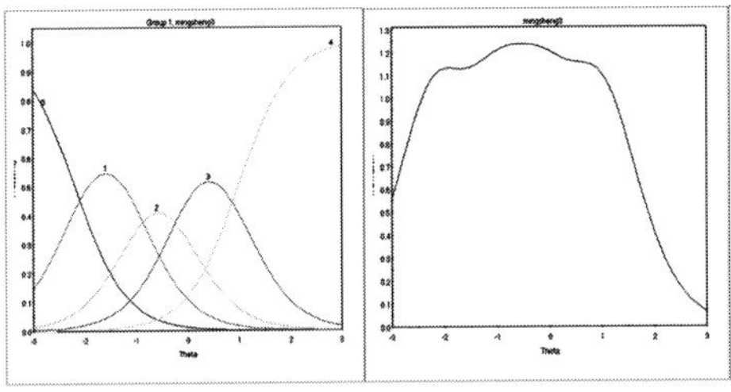

（Ⅲ）“名声3”的特征曲线与信息曲线

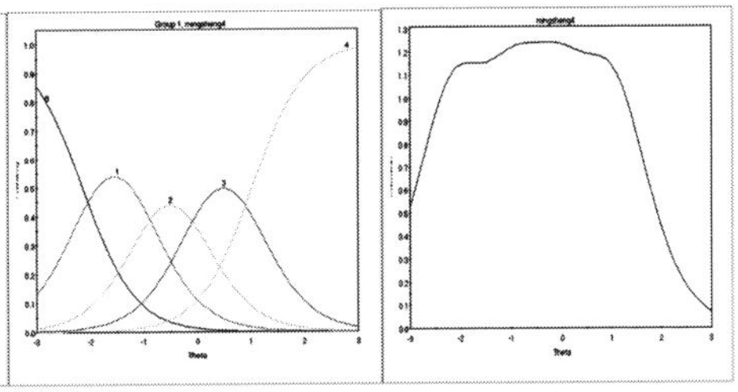

（Ⅳ）“名声4”的特征曲线与信息曲线

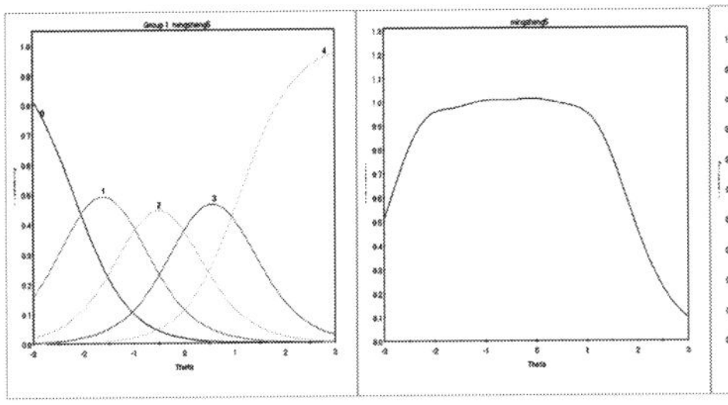

（Ⅴ）“名声5”的特征曲线与信息曲线

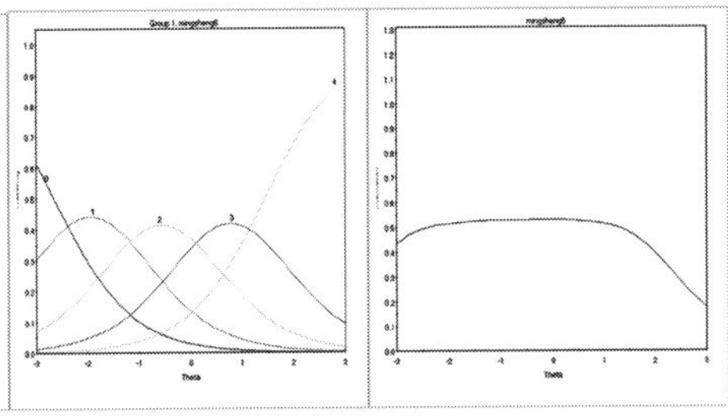

（Ⅵ）“名声6”的特征曲线与信息曲线

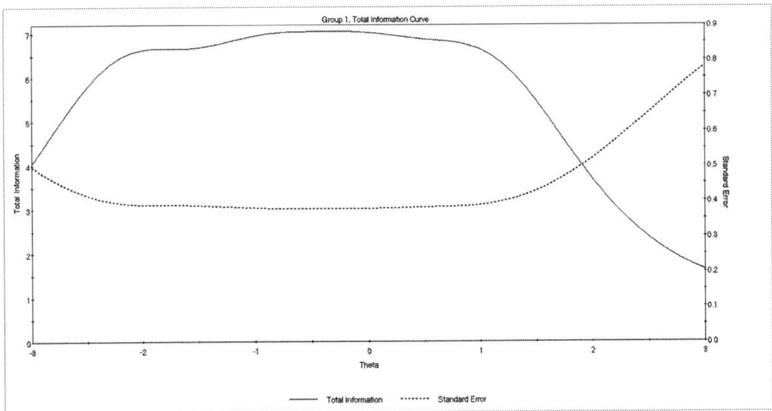

（Ⅶ）“名声”维度的测验信息曲线

图 5-5　脸面量表“名声”维度的 IRT 分析结果

5. 虚饰面维度题项的参数估计

虚饰面维度所有题项的选项采取的是李克特五点计分。采用极大似然算法，运用多级反应模型进行参数估计。该维度正式实测包括 8 个题项，具体分析结果见表 5-10。观察区分度我们可以发现，全部题项的 α 值在 1.09~1.96 的区间，均在可接受的范围内，项目 2、项目 3 和项目 6 均为中等水平的区分度，项目 1、项目 7 和项目 8 为高水平的区分度，项目 4 和项目 5 为非常高水平的区分度。各题项的难度均取四个位置，b 值全部按照序号大小依次递增，均在（-3，3）的阈值内。因而，虚饰面维度的 8 个题项具有良好的区分度和难度，可以将这些题项全部纳入正式量表。

表 5-10 “虚饰”维度的题项参数

性质	项目	α	s.e.	b_1	s.e.	b_2	s.e.	b_3	s.e.	b_4	s.e.	备注
实测与最终项目	虚饰 1	1.40	0.08	-2.61	0.13	-1.42	0.07	-0.26	0.05	1.26	0.07	保留
	虚饰 2	1.09	0.06	-2.89	0.16	-1.42	0.09	-0.13	0.06	1.58	0.10	保留
	虚饰 3	1.25	0.07	-2.60	0.14	-1.34	0.08	-0.23	0.05	1.31	0.08	保留
	虚饰 4	1.96	0.10	-2.14	0.09	-1.12	0.05	-0.17	0.04	1.02	0.05	保留
	虚饰 5	1.91	0.10	-2.13	0.09	-1.11	0.05	-0.33	0.04	1.04	0.05	保留
	虚饰 6	1.27	0.07	-2.82	0.15	-1.58	0.09	-0.52	0.05	1.29	0.08	保留
	虚饰 7	1.47	0.08	-2.46	0.12	-1.31	0.07	-0.46	0.05	0.97	0.06	保留
	虚饰 8	1.49	0.08	-2.56	0.12	-1.49	0.07	-0.72	0.05	1.22	0.07	保留

再看虚饰面维度最终保留题项的 ICC 和 IIC。鉴于各题项为李克特五点计分，每个项目同样应包括五条曲线。在图 5-6 中，观察 8 个题项的 ICC 曲线后我们可以发现，所有项目的第一条曲线是递减曲线，中间三条曲线为正态分布曲线，第五条曲线为递增曲线，曲线形态基本达到预期效果。接下来，观察每个题项的 IIC。从图上看，第 4、第 5 个题项的 IIC 呈高耸状，所覆盖的面积较大，这说明其信息量较多；其余题项的 IIC 呈低平状，所覆盖面积较小，说明这些题项的信息量较少。最后看该维度的 TIC，在特质水平-2.5~1.5 的范围内，信息量充足；在特质水平小于-2.5 和大于 1.5 的范围，信息量则相对不够充足。由此来看，虚饰面维度最终保留题项的测验信息量可以接受。

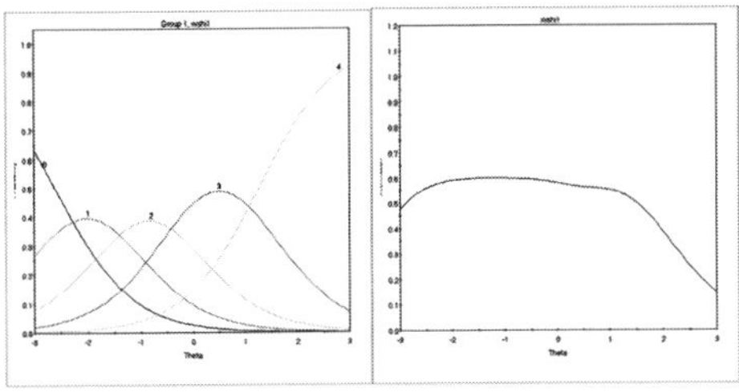

（Ⅰ）“虚饰1”的特征曲线与信息曲线

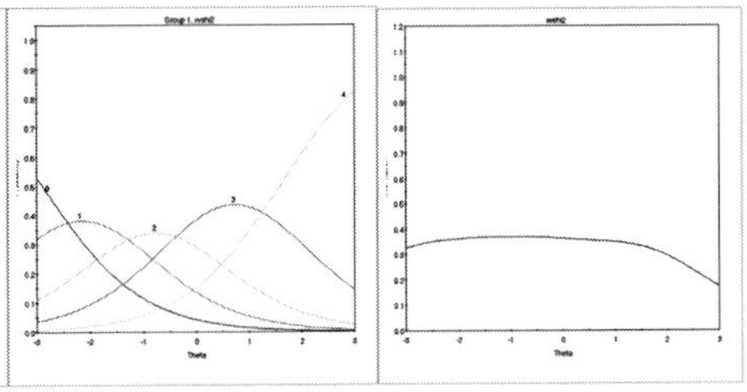

（Ⅱ）“虚饰2”的特征曲线与信息曲线

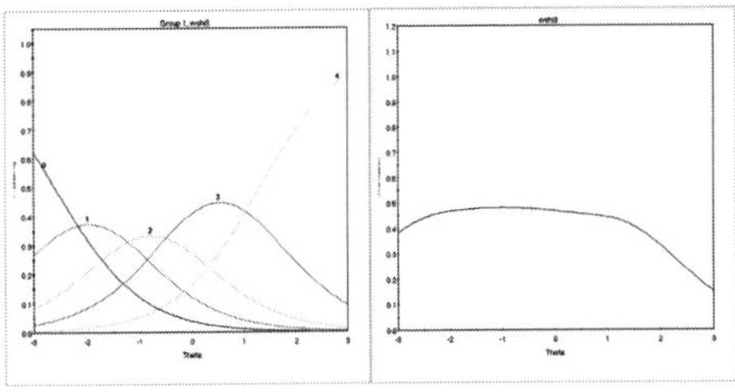

（Ⅲ）“虚饰3”的特征曲线与信息曲线

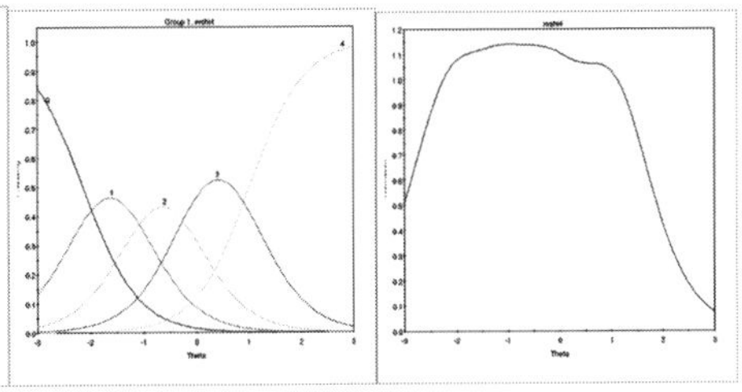

（Ⅳ）“虚饰4”的特征曲线与信息曲线

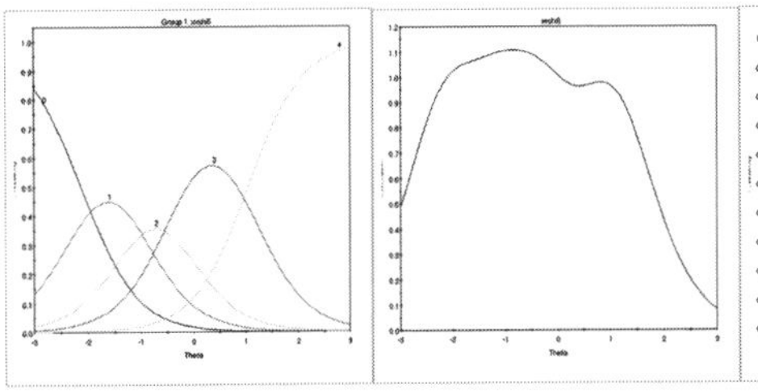

（Ⅴ）“虚饰5”的特征曲线与信息曲线

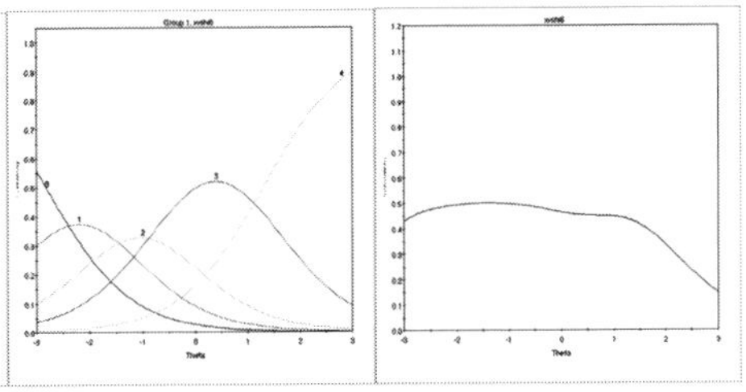

（Ⅵ）“虚饰6”的特征曲线与信息曲线

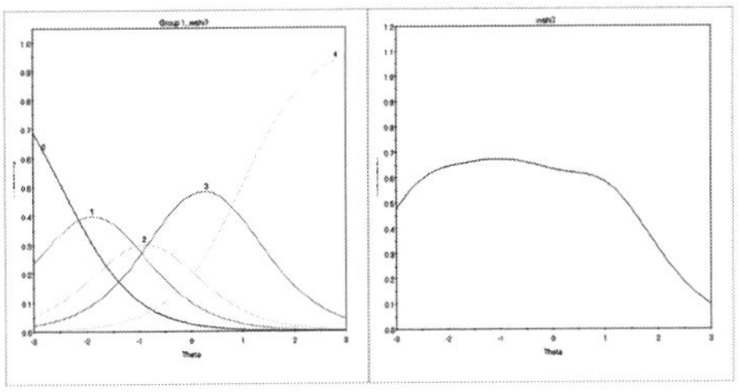

（Ⅶ）“虚饰7”的特征曲线与信息曲线

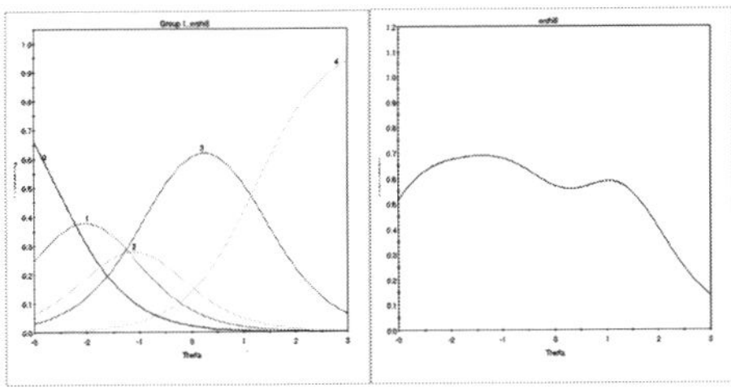

（Ⅷ）“虚饰8”的特征曲线与信息曲线

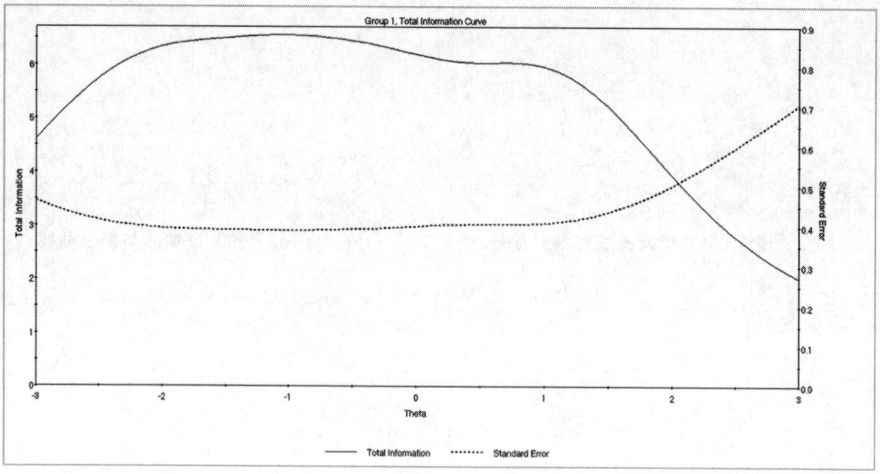

（Ⅸ）“虚饰”维度的测验信息曲线

图 5-6　脸面量表“虚饰”维度的 IRT 分析结果

6. 权威面维度题项的参数估计

权威面维度所有题项的选项采取的是李克特五点计分。采用极大似然算法，运用多级反应模型进行参数估计。该维度正式实测包括 8 个题项，具体分析结果见表 5-11。观察区分度我们可以发现，全部题项的 α 值在 0.67~1.96 的区间，均在可接受的范围内，项目 1、项目 2、项目 6 和项目 7 均为中等水平的区分度，项目 3 和项目 8 为高水平的区分度，项目 4 和项目 5 为非常高水平的区分度。各题项的难度 b 值均取四个位置，全部按照序号大小，难度依次递增。除了项目 1 和项目 7 以外，其他题项均在（-3，3）的阈值范围内。综合而言，有 2 个项目应该被删除，有 6 个项目可以被纳入正式量表。本节对权威面维度仅保留这 6 个项目的情况重新进行了参数估计。参数估计的结果同样显示出这些题项在该维度中具有良好的区分度和难度。

表 5-11　“权威”维度的题项参数

性质	项目	α	s. e.	b_1	s. e.	b_2	s. e.	b_3	s. e.	b_4	s. e.	备注
实测项目	项目 1	0. 67	0. 06	-3. 56	0. 29	-1. 50	0. 14	0. 07	0. 08	2. 55	0. 22	删除
	项目 2	1. 27	0. 07	-2. 66	0. 14	-1. 18	0. 07	-0. 04	0. 05	1. 39	0. 08	保留
	项目 3	1. 67	0. 09	-2. 14	0. 10	-1. 10	0. 06	-0. 05	0. 04	1. 13	0. 06	保留
	项目 4	1. 96	0. 10	-1. 98	0. 08	-1. 16	0. 06	-0. 21	0. 04	0. 88	0. 05	保留
	项目 5	1. 95	0. 10	-2. 12	0. 09	-1. 13	0. 06	-0. 18	0. 04	1. 01	0. 05	保留
	项目 6	1. 05	0. 07	-2. 96	0. 18	-1. 95	0. 12	-1. 04	0. 08	2. 40	0. 15	保留
	项目 7	0. 95	0. 06	-3. 25	0. 21	-1. 96	0. 13	-0. 89	0. 08	1. 74	0. 12	删除
	项目 8	1. 63	0. 09	-2. 17	0. 10	-1. 15	0. 06	0. 00	0. 04	1. 21	0. 06	保留
最终项目	权威 1	1. 25	0. 07	-2. 67	0. 14	-1. 18	0. 07	-0. 04	0. 05	1. 40	0. 08	保留
	权威 2	1. 66	0. 09	-2. 15	0. 10	-1. 10	0. 06	-0. 05	0. 04	1. 13	0. 06	保留
	权威 3	1. 95	0. 11	-1. 98	0. 08	-1. 16	0. 06	-0. 21	0. 04	0. 88	0. 05	保留
	权威 4	1. 99	0. 11	-2. 10	0. 09	-1. 12	0. 05	-0. 18	0. 04	1. 00	0. 05	保留
	权威 5	1. 03	0. 07	-2. 98	0. 19	-1. 97	0. 12	-1. 05	0. 08	2. 42	0. 15	保留
	权威 6	1. 64	0. 09	-2. 16	0. 10	-1. 15	0. 06	-0. 01	0. 04	1. 20	0. 06	保留

再看基于最终保留题项绘制的 ICC 和 IIC。鉴于各题项为李克特五点计分，每个项目同样应包括五条曲线。在图 5-7 中，观察 6 个题项的 ICC 后我们可以发现，所有项目的第一条曲线是递减曲线，中间三条曲线为正态分布曲线，第五条曲线为递增曲线，曲线形态基本达到预期效果。接下来，观察每个题项的 IIC。从图上看，第 1、第 5 个题项的 IIC 呈低平状，所覆盖的面积较小，这说明其信息量较少；其余题项的 IIC 呈高耸状，所覆盖面积较大，这说明这些题项的信息量较多。最后看该维度的 TIC，在特质水平-2. 5~1 的范围内，信息量充足；在特质水平小于-2. 5 和大于 1 的范围，信息量则相对不够充足。总体来看，权威面维度最终保留题项的测验信息量可以接受。

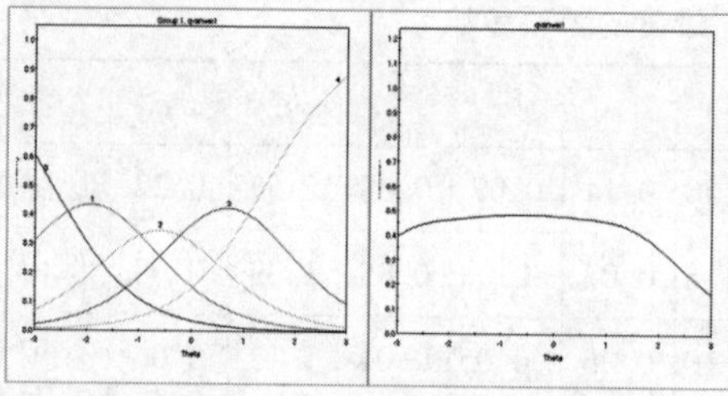

（Ⅰ）“权威1”的特征曲线与信息曲线

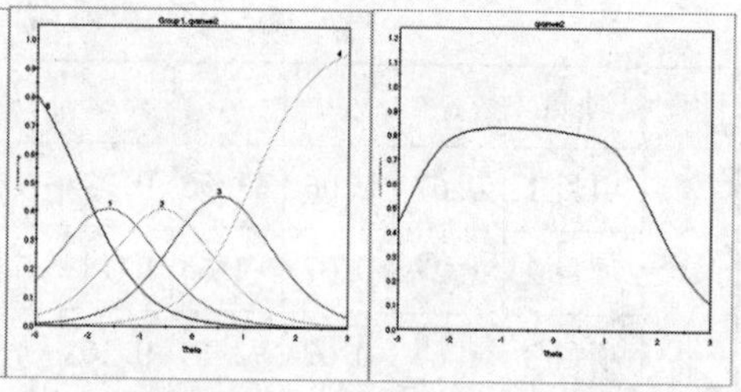

（Ⅱ）“权威2”的特征曲线与信息曲线

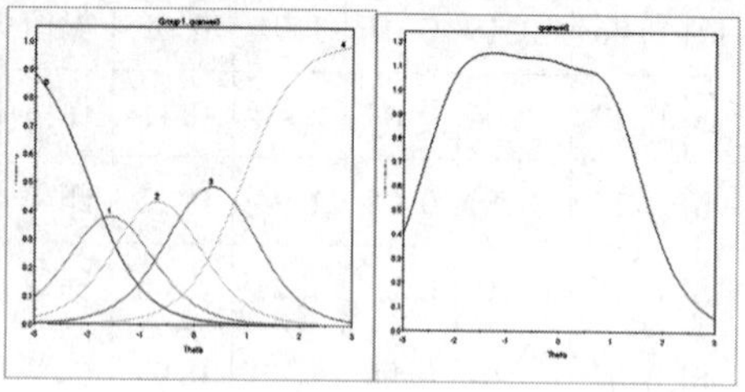

（Ⅲ）“权威3”的特征曲线与信息曲线

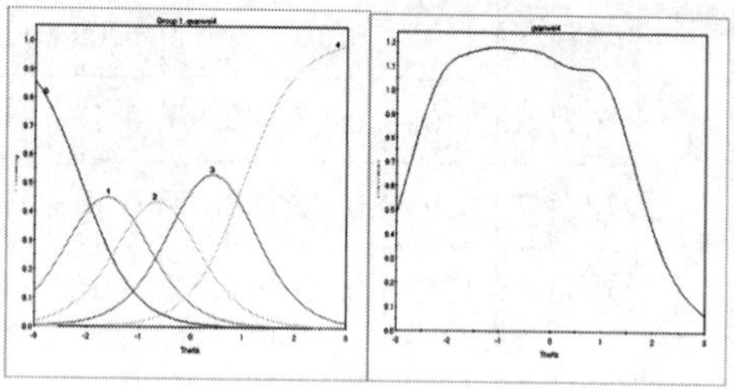

（Ⅳ） “权威4”的特征曲线与信息曲线

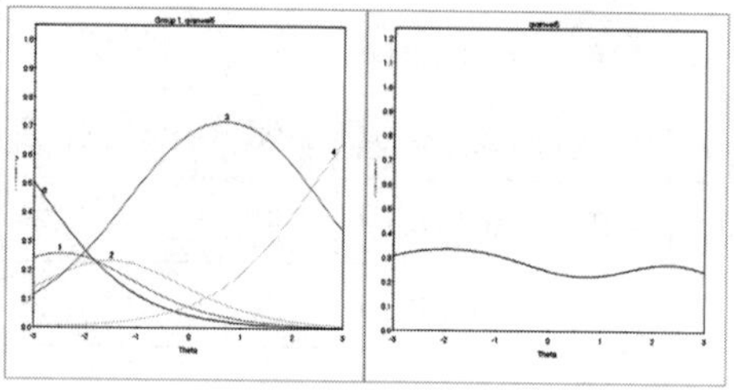

（Ⅴ）“权威5”的特征曲线与信息曲线

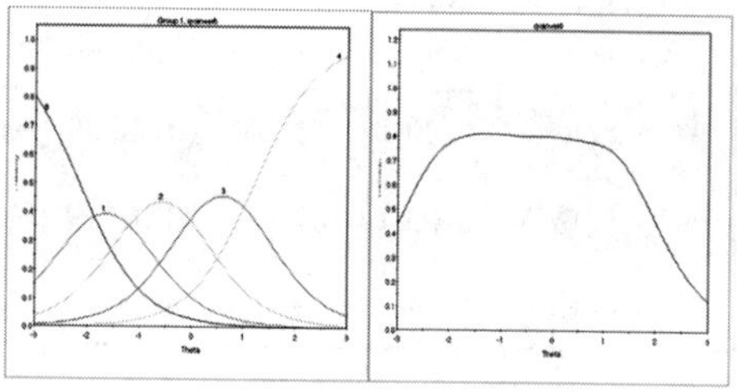

（Ⅵ）“权威6”的特征曲线与信息曲线

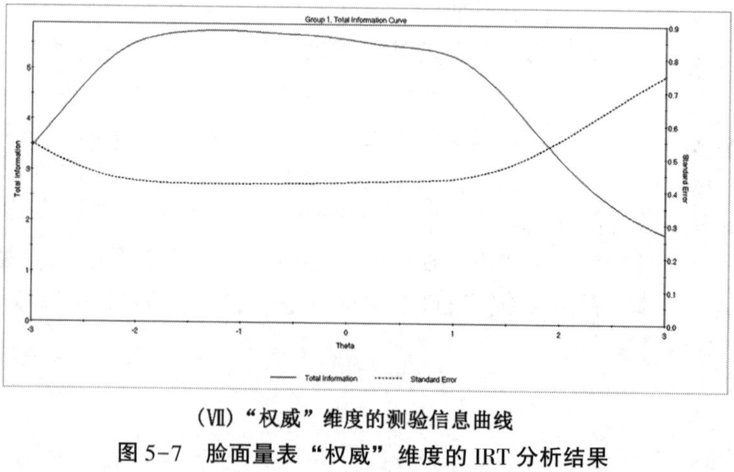

（Ⅶ）“权威”维度的测验信息曲线

图 5-7　脸面量表“权威”维度的 IRT 分析结果

7. 关系面维度题项的参数估计

关系面维度所有题项的选项采取的是李克特五点计分。采用极大似然算法，运用多级反应模型进行参数估计。该维度正式实测包括 8 个题项，具体分析结果见表 5-12。观察区分度我们可以发现，全部题项的 α 值在 1.19~1.60 的区间，均在可接受的范围内，项目 4、项目 6、项目 7 和项目 8 均为中等水平的区分度，其余四个项目为高水平的区分度。各题项的难度均取四个位置，b 值按照序号大小依次递增，均在（-3，3）的范围内。由此可见，关系面维度的 8 个题项都具备良好的区分度和难度，可以将这些题项全部纳入正式量表。

表 5-12　“关系”维度的题项参数

性质	项目	α	s.e.	b_1	s.e.	b_2	s.e.	b_3	s.e.	b_4	s.e.	备注
实测与最终项目	关系 1	1.39	0.08	-2.62	0.13	-1.46	0.08	-0.47	0.05	1.03	0.06	保留
	关系 2	1.60	0.09	-2.41	0.11	-1.34	0.07	-0.46	0.05	1.16	0.06	保留
	关系 3	1.60	0.09	-2.36	0.11	-1.40	0.07	-0.56	0.05	1.06	0.06	保留
	关系 4	1.24	0.07	-2.70	0.14	-1.44	0.08	-0.39	0.05	1.19	0.08	保留
	关系 5	1.52	0.08	-2.23	0.10	-1.22	0.07	-0.31	0.05	1.15	0.06	保留
	关系 6	1.31	0.07	-2.58	0.13	-1.41	0.08	-0.42	0.05	1.22	0.07	保留
	关系 7	1.19	0.07	-2.78	0.15	-1.36	0.08	-0.43	0.06	1.35	0.08	保留
	关系 8	1.28	0.07	-2.54	0.13	-1.44	0.08	-0.43	0.05	1.13	0.07	保留

再看关系面维度最终保留题项的 ICC 和 IIC。由于各题项为李克特五点计分，每个项目同样应包括五条曲线。在图 5-8 中，观察 8 个题项的 ICC 后我们可以发现，所有项目的第一条曲线是递减曲线，中间三条曲线为正态分布曲线，第五条曲线为递增曲线，曲线形态基本达到预期效果。接下来，观察每个题项的 IIC。从图上看，第 2、第 3、第 5 个题项的 IIC 呈高耸状，所覆盖的面积较大，这说明其信息量较多；其余题项的 IIC 呈低平状，所覆盖面积也较小，这说明这些题项的信息量较少。最后看该维度的 TIC，在特质水平-2.5~1.5 的范围内，信息量充足；在特质水平小于-2.5 和大于 1.5 的范围，信息量则相对不够充足。总体而言，关系面维度最终保留题项的测验信息量可以接受。

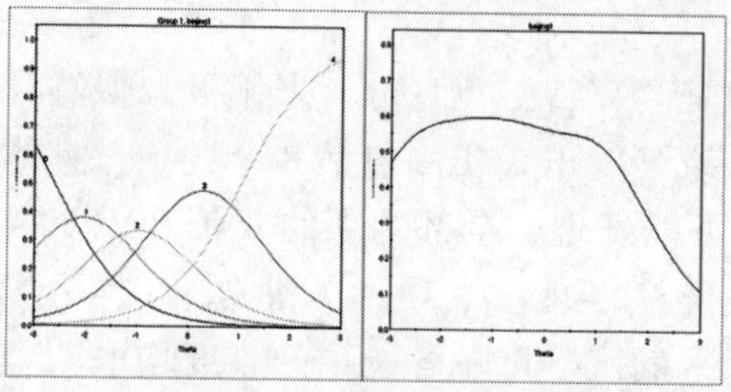

（Ⅰ）“关系1”的特征曲线与信息曲线

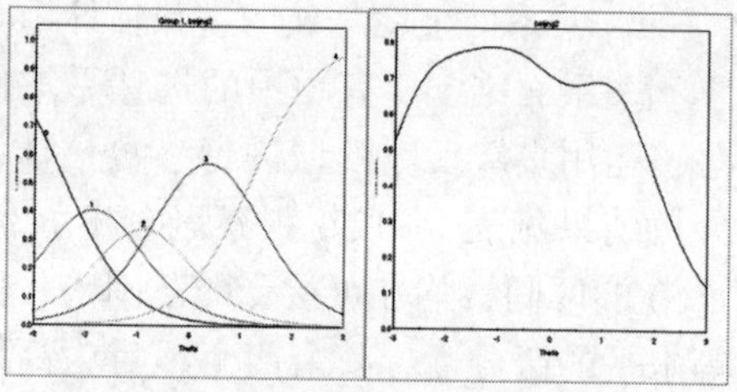

（Ⅱ）“关系2”的特征曲线与信息曲线

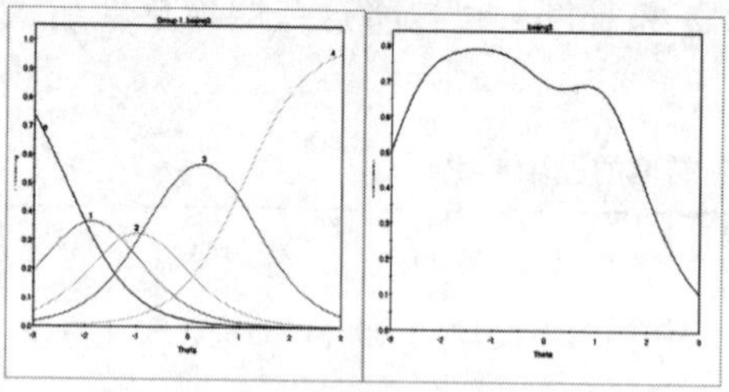

（Ⅲ）“关系3”的特征曲线与信息曲线

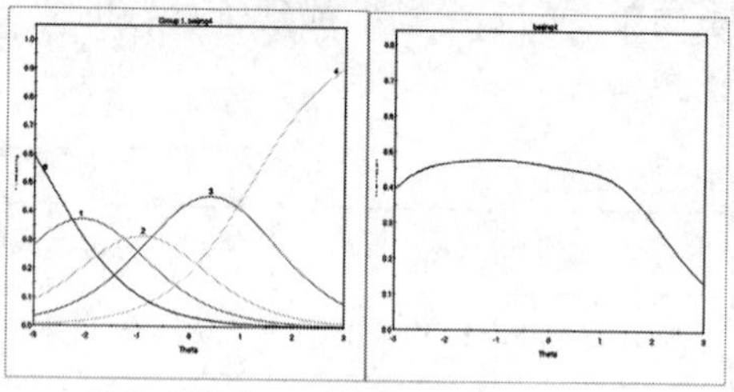

（Ⅳ）“关系4”的特征曲线与信息曲线

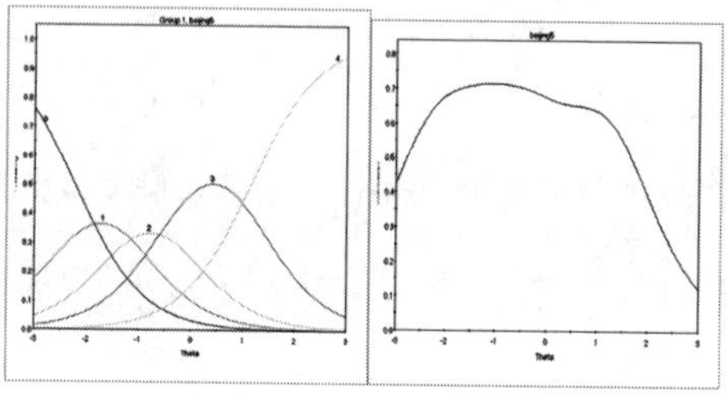

（Ⅴ）“关系5”的特征曲线与信息曲线

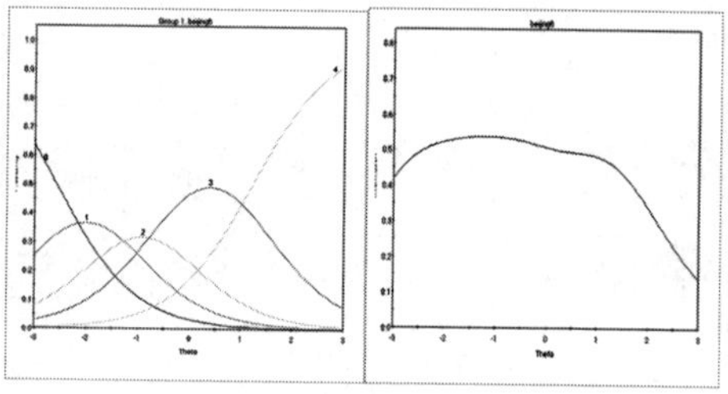

（Ⅵ）“关系6”的特征曲线与信息曲线

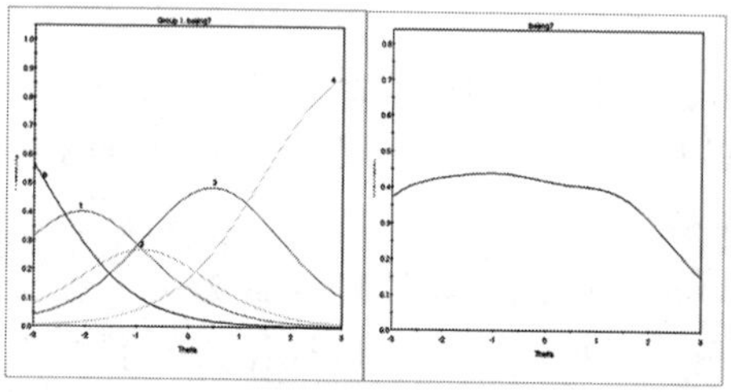

（Ⅶ）“关系7”的特征曲线与信息曲线

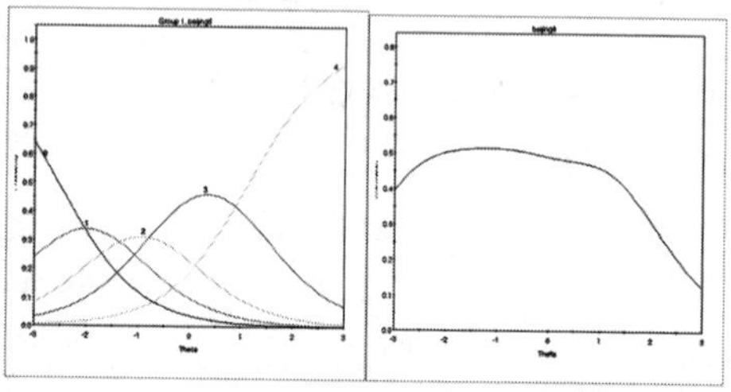

（Ⅷ）“关系8”的特征曲线与信息曲线

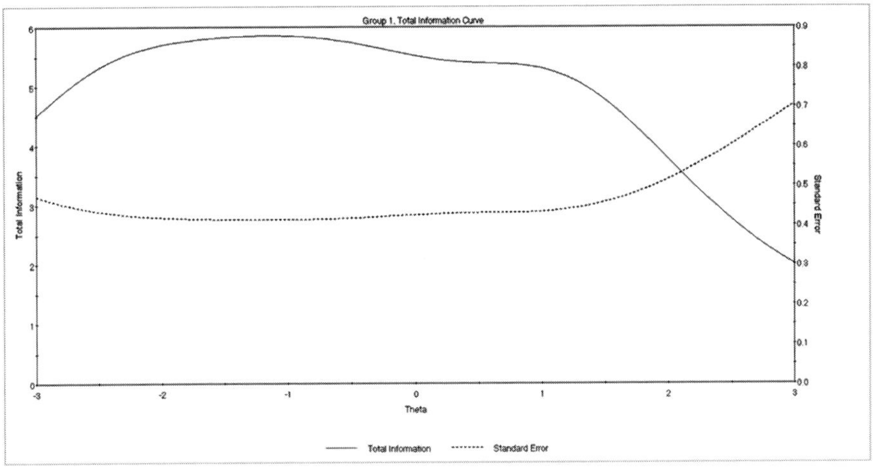

（Ⅸ）“关系”维度的测验信息曲线

图 5-8 脸面量表“关系”维度的 IRT 分析结果

二、运用经典测验理论对脸面量表的验证

经典测验理论主要依据信度和效度两个指标对测量工具进行验证和修改。这两个指标主要关注量表（维度）的整体状态。当然，经典测验理论中也有对单个项目分析的难度和区分度两个指标，但是这两个指标与其在 IRT 理论中的内涵大相径庭。这两个指标极大地受到实测样本分布情况的影响，且相互之间缺乏独立性。比如，样本的特质水平越是正态分布，难度越趋于中等水平，区分度越好；越是正（负）偏态分布，难度越大（小），区分度越差。从应用角度来看，这两个指标仅仅在学绩测验、能力测验等中比较受重视，而在人格测验、态度测验等中不够受重视。事实上，难度在人格与态度测验中往往也无法计算，因为经典测验理论中的难度指标是通过“通过率”“平均得分占总分比”等方法来计算的。这些计算方法都需要项目有明确的“正确答案”。脸面量表的项目中显然没有“正确答案”，因此无法计算难度。下面，笔者按照经典测验理论，依据项目区分度、信度、效度对脸面量表的进行验证。

（一）项目分析

本书利用题总相关及临界比率（Critical Ratio，CR）作为题项区分度的分析指标。临界比率的运算方法是将所有被试按照总分由高到低排列，取总量表得分前 27%（1558×27%≈421 名）的被试为高分组，取后 27% 的被试（421 名）为低分组，对高、低分组被试在每一项目上的得分进行差异显著性检验。脸与面子存在异质性，两者总量表得分将分别计算。题总相关及临界比率分析结果见表 5-13。从表中可以看出，最终量表所有项目的题总相关在 0.353~0.629 之间；项目上高、低分组间的差异均在 0.001 水平上显著（全部题项中，效应量 Cohen d 达到“较高水平”的有 19 个题项，占 38.7%；达到“中等水平”的有 29 个题项，占 59.2%；达到“较低水平”的有 1 个题项，仅 2.0%）。题总相关及临界比率分析结果表明，脸和面子量表中的所有项目都具有较好的区分度。

表 5-13 题总相关及 CR 分析结果

项目	题总相关	CR 分析			项目	题总相关	CR 分析		
		t	p	Cohen d			t	p	Cohen d
德操 1	0.563**	15.259	0.000	0.906	名声 4	0.589**	15.047	0.000	0.893
德操 2	0.462**	12.340	0.000	0.733	名声 5	0.566**	13.269	0.000	0.788
德操 3	0.520**	12.328	0.000	0.732	名声 6	0.463**	11.804	0.000	0.700
德操 4	0.523**	14.811	0.000	0.879	虚饰 1	0.532**	14.342	0.000	0.851
德操 5	0.464**	11.063	0.000	0.657	虚饰 2	0.438**	9.627	0.000	0.572
德操 6	0.614**	16.860	0.000	1.001	虚饰 3	0.499**	11.081	0.000	0.658
德操 7	0.540**	13.795	0.000	0.819	虚饰 4	0.582**	13.218	0.000	0.785
德操 8	0.514**	11.016	0.000	0.654	虚饰 5	0.586**	13.606	0.000	0.808
本事 1	0.532**	15.403	0.000	0.914	虚饰 6	0.469**	11.093	0.000	0.659
本事 2	0.592**	14.884	0.000	0.884	虚饰 7	0.506**	10.853	0.000	0.644
本事 3	0.611**	15.470	0.000	0.918	虚饰 8	0.485**	11.158	0.000	0.662
本事 4	0.624**	15.101	0.000	0.896	权威 1	0.387**	10.701	0.000	0.635
本事 5	0.625**	15.654	0.000	0.929	权威 2	0.516**	11.208	0.000	0.665
本事 6	0.629**	16.122	0.000	0.957	权威 3	0.577**	14.388	0.000	0.854
形象 1	0.485**	13.447	0.000	0.957	权威 4	0.555**	12.991	0.000	0.771
形象 2	0.561**	13.238	0.000	0.786	权威 5	0.353**	7.059	0.000	0.419

续表

项目	题总相关	CR 分析			项目	题总相关	CR 分析		
		t	p	Cohen d			t	p	Cohen d
形象 3	0.540**	12.181	0.000	0.723	权威 6	0.513**	12.965	0.000	0.770
形象 4	0.564**	14.630	0.000	0.869	关系 1	0.448**	10.535	0.000	0.625
形象 5	0.582**	11.030	0.000	0.655	关系 2	0.521**	14.258	0.000	0.846
形象 6	0.587**	13.403	0.000	0.796	关系 3	0.498**	11.874	0.000	0.705
形象 7	0.566**	11.904	0.000	0.707	关系 4	0.471**	12.151	0.000	0.721
					关系 5	0.495**	10.767	0.000	0.639
名声 1	0.520**	13.662	0.000	0.811	关系 6	0.447**	10.272	0.000	0.610
名声 2	0.573**	13.189	0.000	0.783	关系 7	0.447**	10.278	0.000	0.610
名声 3	0.572**	14.262	0.000	0.847	关系 8	0.443**	10.701	0.000	0.635

注：相关分析为双尾检验，** 表示 $p<0.01$。

（二）信度分析

在经典测验理论中，信度主要考察测验的稳定性。内部一致性系数（Cronbach α 系数）是考察信度的常用指标。本节运用正式实测样本计算最终量表的信度。信度分析结果见表 5-14，脸面量表各维度的内部一致性处于 0.804~0.851，均在可接受的范围内。各维度删除某个项目后，其 Cronbach α 系数均出现下降的情况，这说明最终量表每个项目均对量表的信度有贡献。从分析结果来看，脸面量表具有良好的信度。

表 5-14　　脸面量表的信度分析

项目	删除该项目后的 Cronbach α 系数	Cronbach α 系数	项目	删除该项目后的 Cronbach α 系数	Cronbach α 系数
德操 1	0. 788	0. 816	名声 4	0. 819	0. 851
德操 2	0. 797		名声 5	0. 816	
德操 3	0. 791		名声 6	0. 842	
德操 4	0. 795		虚饰 1	0. 812	0. 830
德操 5	0. 804		虚饰 2	0. 815	
德操 6	0. 787		虚饰 3	0. 817	
德操 7	0. 795		虚饰 4	0. 797	
德操 8	0. 802		虚饰 5	0. 799	
本事 1	0. 816	0. 830	虚饰 6	0. 815	
本事 2	0. 807		虚饰 7	0. 808	
本事 3	0. 797		虚饰 8	0. 811	
本事 4	0. 802		权威 1	0. 787	0. 804
本事 5	0. 798		权威 2	0. 765	
本事 6	0. 795		权威 3	0. 757	
形象 1	0. 798	0. 815	权威 4	0. 756	
形象 2	0. 789		权威 5	0. 803	
形象 3	0. 794		权威 6	0. 766	
形象 4	0. 787		关系 1	0. 800	0. 820
形象 5	0. 794		关系 2	0. 792	
形象 6	0. 787		关系 3	0. 791	
形象 7	0. 786		关系 4	0. 804	
			关系 5	0. 794	
名声 1	0. 831	0. 851	关系 6	0. 802	
名声 2	0. 821		关系 7	0. 806	
名声 3	0. 82		关系 8	0. 803	

（三）效度分析

1. 内容效度

在编制形成脸面量表的过程中，本书基于本土研究的视角，在认真梳理前人研究成果的基础上，进行了脸面结构的实证探索与理论建构，详细分析了儒家文化对于中国人脸面的影响，力图强化文化“特异性”，承袭语言分析的研究路径，收集以往相关文献中提到的与脸面的语义场存在重合的词汇，围绕这些词汇通过问卷调查方法现场收集数据；对数据实施对应分析，找出脸与面子的“语义场”。本书通过对脸与面子相关的概念实施多维尺度分析，寻找出两个概念各自的“意群”，确立了脸面的维度。脸依次包括德操脸、本事脸、形象脸三个不同维度，面子包括名声面、虚饰面、权威面、关系面四个不同维度。基于以上理论框架，本书结合经验材料与主观理解，建立了项目池。通过对项目池的筛选，编制了初测量表。根据项目反应理论的数据分析，本书确定了实施测量表，并根据数据最终建立了脸面量表的项目。最后，邀请七位专家对于项目是否符合脸面结构进行审定。七位专家全部认为，所有项目处于其预测的内容或行为特质范围内，量表具有较高的内容效度。

2. 结构效度

利用 AMOS 20.0 软件对调查数据进行验证性因子分析（Confirmatory Factor Analysis，CFA），以检验自编脸面量表的结构效度。拟比较的模型有脸模型、面子模型、脸面模型。本书在衡量模型的指标中主要展示 χ^2/df、GFI、SRMR 三个绝对适配度指标，以及 TLI、CFI 两个增值适配度指标。通常而言，当 χ^2/df 的值小于 3 时说明模型拟合性较好，小于 5 时表明模型可以接受；RMSEA 越接近 0 越好，临界标准为 0.08，0.06 以下为较优状态；GFI、TLI、CFI 越接近 1 拟合性越好，临界标准为 0.90，0.95 以上为较优状态；SRMR 越接近 0 越好，0.05 以下为合理的阈值区间。验证性因素分析的结果见表 5-15。图 5-9 为二阶七因子模型的分析结果。模型检验和比较的结果表明，多因素模型的各项拟合指标显著优于单因素模型；脸面量表的拟合指标均在可接受范围内，表示量表具有较好的结构效度。

表 5-15　脸面量表的验证性因子分析

模型		χ^2/df	RMSEA	GFI	TLI	CFI	SRMR
脸	单因子模型	13.905	0.091	0.796	0.723	0.751	0.079
	二因子模型	8.672	0.070	0.866	0.835	0.853	0.060
	三因子模型	2.528	0.031	0.972	0.967	0.971	0.028
面子	单因子模型	17.605	0.103	0.681	0.545	0.579	0.097
	二因子模型	14.428	0.093	0.709	0.632	0.660	0.088
	三因子模型	8.692	0.070	0.814	0.789	0.807	0.062
	四因子模型	2.846	0.035	0.968	0.959	0.964	0.029
脸面	七因子模型	2.143	0.027	0.951	0.954	0.957	0.031

注："脸"二因子模型为"德操+本事"与"形象"；"面子"二因子模型为"名声+虚饰""权威+关系"；"面子"三因子模型为"名声+虚饰""权威"与"关系"。

3. 效标关联效度

运用张妙清、梁觉和张建新（2001）编制的《华人人格量表》（CPAI-2）中的"面子"分量表，以及王轶楠（2006）编制的《大我争面子导向量表》作为脸面量表的效标量表。这两个量表都依据经典测验理论编制，规范严谨，相对简洁，易于操作，具有一定的应用基础，比较适合作为效标量表。前者为单维度，后者包括"争取""夸耀"两个维度。结果见表 5-16，问卷总分、各维度得分和效标间的相关度均达到了显著性水平。《华人人格量表》中的"面子"维度与脸面量表中的"虚饰"维度相关度最高，达到了强相关。《大我争面子导向量表》中的"争取"维度与脸面量表中的"本事"维度相关度最高，达到了中等程度相关；"夸耀"维度与脸面量表中的"名声"和"虚饰"维度相关度最高，达到了中等程度相关。由此可见，脸面量表拥有较好的效标关联效度。

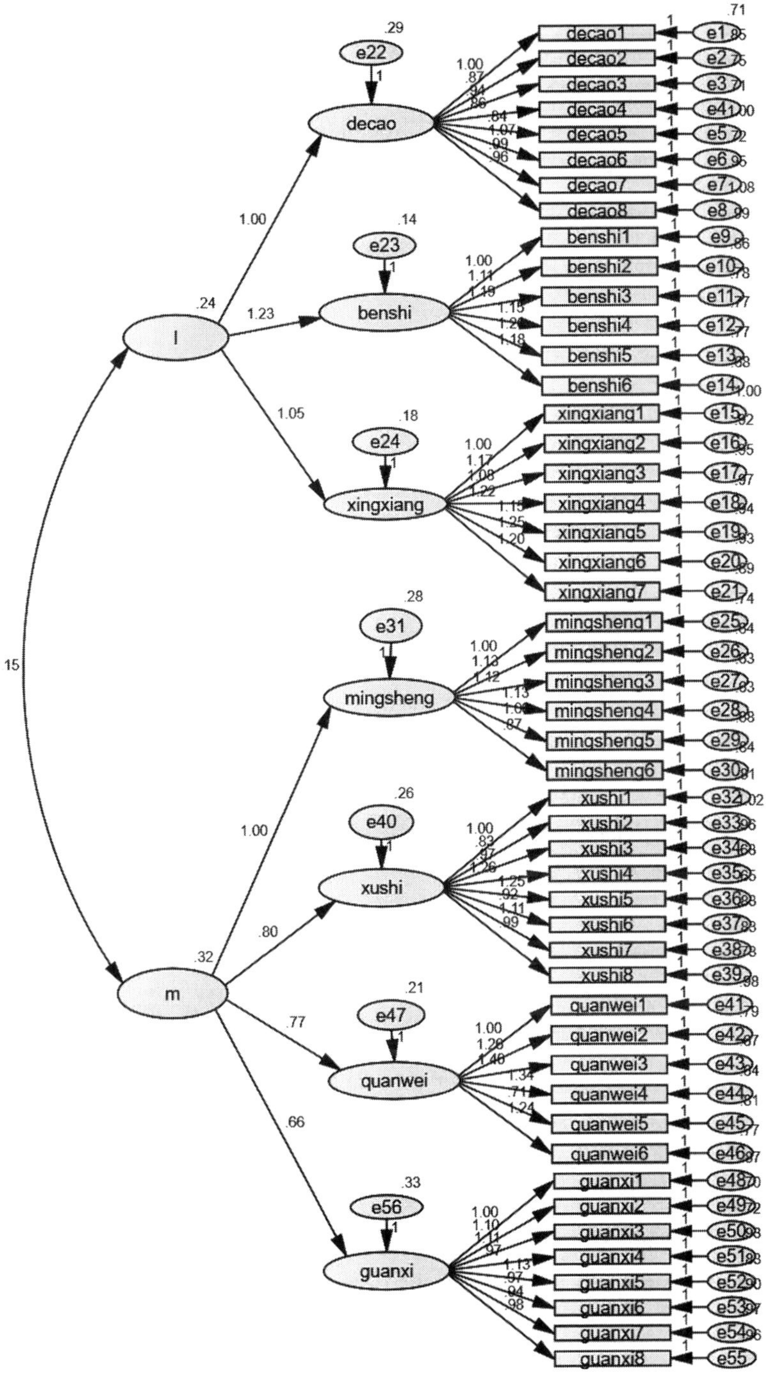

图 5-9　脸面量表的验证性因子分析

表 5-16　脸面量表与效标的相关

效标量表		德操脸	本事脸	形象脸	名声面	虚饰面	权威面	关系面
华人人格量表	面子	0.188**	0.203**	0.205**	0.369**	0.618**	0.282**	0.270**
大我争面子导向量表	争取	0.276**	0.492**	0.338**	0.365**	0.260**	0.285**	0.222**
	夸耀	0.295**	0.394**	0.315**	0.471**	0.461**	0.337**	0.295**

注：皮尔逊相关分析；双尾检验，**表示 $p<0.01$。

第三节　脸面量表的分析

在人格与文化心理学领域内，量表的编制大体遵循以下三种思路：一是完全理论驱动，也就是说，完全根据所建构的理论来形成题项和最终的量表；二是以“词汇假设—因子分析法—特质论”为编制量表的主导逻辑来形成量表；三是根据实践效度来甄选题项以形成量表，题项或量表的有效性取决于量表本身在实践中的区分效度。当然，越来越多的量表在编制时结合上述量表编制的思路。本书在编制形成脸面量表中，结合上述量表编制的思路，并根据实际情况进行了创新。根据脸面同质性与异质性共存的理论研究，在量表结构上将脸和面子进行了区分，并最终确定了脸和面子的理论模型。

脸面量表题项的编制是一个循环往复、十分烦琐的过程，既要对脸面结构有深刻的认识，也要对脸面实践有敏感度，还要使用清晰简洁的文字。我们充分参考了前人有效经验，并在资料的收集与分析、项目的撰写与修改等环节坚持多元结合原则（范明、林吴军、马丹丹，2018）。一是做到研究者的多元结合，邀请不同的研究者（观察者）来参与研究，减少和避免单个研究者在观察、理解和阐释中出现的偏差。二是研究方法的多元结合，将专家法、访谈法、开放式问卷法、结构式问卷法等定性与定量方法进行有机结合。三是研究资料的多元结合，综合使用来自不同渠道，在不同的时间、空间，与不同的调查对象所收集的资料。本书尽最大所能使量表题项的内容编写与脸面结构高度吻合。

在脸面量表的编制、修订与验证中，本书主要采用了项目反应理论。如前文所述，过去脸面测量工具都是基于经典测验理论实施开发的。然而，越来越多的研究表明，经典测验理论存在相当大的缺陷，尤其是其基本假设未必成立，真分数、观测分数之间并非线性函数关系；误差未必具有随机性；“平行测验”也往往难以实现。测量指标计算过于依赖样本。无论是各项目的统计量，还是整体测验的信效度都依赖样本情况。比如，难度、区分度等统计量本应是项目本身的固有属性，然而其计算非常依赖样本特质水平的高低及样本分布的情况，而且难度、区分度本身又呈现出很大的关联性。参数指标之间的匹配性也较差，同一测量工具在不同样本的测验分数难以直接对比。然而，这些参数指标却直接决定了研究者的判断，并最终影响测量工具的有效性。

项目反应理论相对于经典测验理论有明显优势，能够解决经典测验理论的一些理论缺陷与应用问题（Berg，Glas & Boomsma，2007；Reise & Henson，2003；戴海琦、罗照盛，2010；杜文久，2014）。项目反应理论摒弃了经典测验理论那些难以实现的假设，它能够刻画测验分数与被试潜在特质的非线性关系；不要求测验误差及其方差对于所有被试相等；可以提供被试潜在特质估计值的精确度指标，使研究者在测验实施前就知道测验项目对于不同潜在特质被试的估计精确度；摒弃了信度这一经典测验理论中的基本概念，于是关于无法找到平行测验的难题也就解决了。按照 IRT 理论，项目统计量的估计能够解决 CTT 理论过于依赖特定样本的问题，被试潜在特质的估计和所实测的项目无关；根据被试对于这些项目中的任何一部分的反应，估计出来的被试潜在特质值都在同一潜在特质量表上，且都是该被试真实潜在特质的无偏估计；项目参数的估计值是和样本无关的，如果拿同一批项目对同一登载中的不同被试样组进行测验，其项目分析的结果是一样的。此外，在 IRT 中被试潜在特质水平和项目难度在同一量表上，这就为测验的编制以及测验分数的报告和解释提供了便利。本书根据实际情况，主要采用双参数单维多级评分的 IRT 检验模型（GRM 模型），对脸面量表实施题项的修订与验证。

按照项目反应理论实施参数估计前，需要对于相关假设进行检验。本书通过单维性检验发现，无论是预测题本、正式测验题本还是最终量表，脸面量表的七个维度都满足单维性。局部独立性检验结果显示，预测题本和正式测验题本多数题项间具备局部独立性，只有少数题项间不满足局部独立性；最终量表所有题项间都存在局部独立性。模型拟合检验表明，预测题本和正式测验题本都有些维度的模型拟合检验指数不佳，最终量表所有维度都具备良好的模型拟合情况。可见，最终的脸面量表已能够通过单维性检验、局部独立性检验、模型拟合检验。当然，这都归因于我们基于模型计算结果，按照参数标准，依据难度、区分度以及项目特征曲线与项目信息曲线等，对预测验题本做出了有效的删除、修改、保留判断，并对正式测验题本做出了同样有效的删除和保留判断，从而确立了最终的脸面量表。对于最终的脸面量表，我们运用了经典测验理论进行了信效度验证。题总相关及临界比率分析结果表明，该脸面量表所有题项都具有较好的区分度。内部一致性信度检验表明，该脸面终量表各个维度均有良好的信度，且每个项目均对量表的信度有贡献。内容效应的检验表明，所有项目均处于其预测的内容或行为特质范围内，量表具有较高的内容效度。运用验证性因子分析实施结构效度检验发现，最终量表的模型拟合指数较好。运用《华人人格量表》中的“面子”分量表以及《大我争面子导向量表》作为脸面量表效标，验证了脸面量表较好的效标关联效度。这从侧面印证了基于项目反应理论做出的题本编制决策具备有效性。

综上所述，与之前的面子测量工具相比，本量表具有三方面特点。首先，脸面的构念完全在本土文化背景中建立起来。以往部分研究对于脸面的本土研究与西方研究的区别没有深入认识，简单地借西方的理论模型开发面子测量工具，再用于本土性研究。本书对于脸面内涵的理解比传统研究更契合本土性的研究需求，内容也更为丰富。其次，整个量表编制过程尽量做到了标准化；尽管样本的抽取方面仍然存在一些问题，但相比传统研究所抽取样本的数量和质量方面都有所改进。最后，在脸面量表的修订与验证过程中，将项目反应理论和经典测验理论结合起来，有效提高了量表编制的科学性。

第六章　脸面的社会表征

脸面是规范中国人社会交往的最微妙的行为法则（林语堂，2018）。脸面有力塑造了中国人的社会阐释模式和社会行动方式（Hinze，2005），它影响中国人的日常生活和人们互动的方式，将传统哲学思想精妙地融入日常生活领域（Chang & Holt，1994）。如果说脸面现象具有“本土性”，那么脸面量表的适用范围便主要是本土文化群体。然而，文化内部本身具有多样性，文化区域内的个人特征、人们对其地区内他人和地区文化的认知与共识，以及地域文化的历史制度等都具有一定的差异性（Chiu，Ng & Au，2013）。按照个人特征与地域差别，文化群体可分为各种亚群体。只有先考察清楚脸面量表的跨群有效性，才能更好地划定脸面量表的适用范围，明确脸面现象的阐释空间。在此基础上，再将量表进行分数合成，建立初步常模。过去脸面测量工具的分数合成都采用经典测验理论。鉴于其存在理论缺陷与应用问题，本书将同时提供项目反应理论的分数合成结果，并在描述与推断统计中对两种方法的估计值进行对照。建立常模是一个为测量分数建立“参照系”的过程，本书将提供脸面量表的初步常模。此外，本书还将实施脸面的群际对比，检验脸面的群体差异。如前文所述，脸面背后关联着社会结构、权力、关系、人情等因素，是生活实践的历史沉积，保持了相对的稳定性与持续性。对于脸面现象的思考，不应仅仅从孤立的个体出发。社会网络可以描述个体与他人的互动关系，所以本书还将考察脸面与个体网络结构特征的关系。

第一节　脸面的跨群有效性

研究者用一个量表对样本进行实测，总能得到一些测验分数，然后根据测验分数实施统计运算。然而，研究者常常忽略这些统计操作必须满足测量不变性的假设，即同一量表的每个题项在不同群组中都具有同样的测验效力。如果发生了项目功能偏差（Differential Items Functioning，DIF），则违背了测量不变性的假设，可能会使我们对观测变量的组间差异的解释存在缺陷（Millsap, 2011）。项目功能偏差可以刻画不同群组的被调查者在对相同量表题项作答时，是否会表现出相同的反应模式，其已成为评估测验有效性和公平性的重要依据（马文超等，2010）。当项目功能偏差较为严重时，可能出现测验功能偏差（Differential Test Functioning，DTF）。对于脸面量表这种测验内容具有文化特殊性的量表而言，评估其在不同群组中的项目功能偏差（以及是否由此引起测验功能偏差）非常有必要。

本节主要关注的是，在不同的性别、年龄、城乡属性、教育状况、地域、宗教信仰的群组间，脸面量表是否存在项目功能偏差。在性别方面，男性与女性在生理结构、发展模式、家庭角色、劳动分工、社会地位等方面都存在差异，而这种差异作用于两种群体的文化认知、文化情感与文化意识。微观研究已经表明，不同性别的个体无论是使用书面语言，还是进行口头语言沟通，都表现出对脸面含义的理解有所区别，所使用的脸面策略也会有所不同（于清楠，2015；刘晓露，2015）。从年龄来看，剧烈的社会变迁容易引发社会心理的嬗变（杨国枢，2010；袁潇、风笑天，2008；谢天、俞国良，2016；黄梓航等，2018），不同年龄段的中国人会形成自己特有的文化记忆与价值体系，对待脸面问题可能存在较大差异。在城乡属性方面，进入新时代以来，中国城乡差距呈现逐步缩小趋势，但在研究城乡问题时，学者们习惯于将“传统性”“本土性”“封闭”等话语与农村联系在一起，而将“现代性”“全球化”“流动”等话语与城镇相联系，因此，有必要关注脸面量表在两个群组中的测量有效性。在教育方面，高等教育是一种很重要群组区隔因素，其在微观上影响人的认知水平与社会技能（王颖，2006；李文利，2010），在宏观上则与社会分层与社会流动有紧密联系（董泽芳、陈新忠，2014；徐水晶，2014）。在地域方面，中国幅员辽阔，人口众多，在文化心理上存在较大的内部地域差异。南方与北方的文化差异向来为学者所津津乐道。Talhelm 等（2014）所提出的“水稻理论”在近年来受到许多学者的关注。该理论将南北的农业生态与文化心理联系起来，认为以小麦种植为基础的农耕模型造就了北方人的独立性，而以水稻种植为基础的农耕模型造就了南方人的互依性。尽管“水稻理论”也受到质疑（汪凤炎，2018），还需要严格检验（朱滢，2014），但南北文化心理的差别不应被忽视。在宗教信仰方面，我国坚持宗教信仰自由原则，除“五大宗教”外，还有规模不等其他宗教存在。宗教对于个体的影响是多方面，学者们分别从神经科学、认知模式、道德、价值观、社会互动、社会分层等多个角度来讨论这种影响（周爱保等，2015；梁恒豪，2018；饶婷婷等，2019）。宗教与民族心理的关系十分复杂，有必要考察脸面量表是否同样适合有宗教信仰的群体。当然，项目功能偏差重点关注的不是“多或少”的问题，而是“可比或不可比”的问题。

一、研究方法

本书所使用的数据来自正式实测：有效样本 1558 人，平均年龄 41.03 岁（标准差 15.05 岁）；男性 813 人（占 52.2%），女性 745 人（占 47.8%）；接受过高等教育的 537 人（占 34.5%），未接受高等教育的 1021 人（占 65.5%）；农村地区 705 人（占 45.3%），城镇地区 853 人（占 54.7%）；无宗教信仰的 1281 人（占 82.2%），有宗教信仰的 277 人（占 17.8%）；北方 934 人（河南，占 59.9%），南方 624 人（四川，占 40.1%）。

脸面量表所有题项均为李克特五点计分，对于这种多级反应量表将运用三种方法检验其项目功能偏差，包括 Mantel 卡方检验法（Mantel Chi-Square）（Mantel，1963；Zwick，Donoghue & Grima，1993；Zwick，Thayer & Mazzeo，1997），Liu-Agresti 累积共同对数优势比检验法（Liu-Agresti Cumulative Common Log-Odds Ratio）（Liu & Agresti，1996；Penfield & Algina，2003），以及 Cox 非中心性参数检验法（Cox Noncentrality Parameter Estimator）（Camilli & Congdon，1999；Cox，1958）。具体操作中，将使用 DIFAS 5.0 软件进行数据运算（Penfield，2007）。无论采用何种检验方法，总样本都应该按照变量性质被划分为不同的群组，然后实施群组的两两对比。两两对比中，一个群组设为“参照组”，另一个群组则设为“焦点组”。如果是三个以上的群组对比，通常将样本数量最多的群组作为其他群组的参照组。群组内的个体在某变量属性上必须具有同质性。三种方法运用都比较普遍，对样本量要求不高。

Mantel 卡方检验法是基于卡方分布、自由度为 1 的偏差估计方法。卡方值越大，题项所显示项目功能偏差的概率就越大。Mantel 卡方统计量为：I 型错误在 0.05 水平上显著的临界值为 3.84；I 型错误在 0.01 水平上显著的临界值为 6.63（Penfield，2007）。Liu-Agresti 累积共同对数优势比检验法是基于渐近正态分布的偏差估计方法。其效应值 L-A LOR 为负，表示该题项的项目功能偏差支持参照组；效应值为正，表示项目功能偏差更支持焦点组，LOR SE 是效应值的标准误。LOR Z 则是基于效应值与标准误作为判断偏差的统计量，其值大于 2.0 或小于-2.0 时，则某题项可以被认为存在项目功能偏差。Cox 非中心性参数检验法运用了多元超几何非中心参数估计。其效应值 COX′S B 为负时，表示该题项的项目功能偏差支持参照组；效应值为正时，表示项目功能偏差更支持焦点组，COX SE 是效应值的标准误。COX Z 则是基于效应值与标准误作为判断偏差的统计量，其值处于（-2.0，2.0）的范围时，则某题项可以被认为不存在项目功能偏差。

题项层次的功能偏差如果累积，可能导致整个测验的功能偏差加大。题项的项目功能偏差对量表（分量表）整体层面上的影响，可以通过 DTF 来分析。换言之，量表的测验功能偏差涉及对所有题项的项目功能偏差的累加效应。Penfield 和 Algina（2006）认为，如果 25%以上题项存在中等和较大的项目功能偏差，测验功能偏差就会比较大。按照他们所提供的方法，对于效应值的解释应该遵循如下标准：当 $v^2<0.07$ 时，表明测验功能偏差较小可忽略不计；当 $0.07 \leqslant v^2 \leqslant 0.14$ 时，表明测验功能偏差为中等水平；当 $v^2>0.14$ 时，表明测验功能偏差较大。

二、研究结果

脸面量表在不同性别群组间的项目功能偏差检验结果见表 6-1。（1）从“德操”维度各题项来看，Mantel 卡方值在 0.001～2.304 的区间，小于 3.84 的临界值（$p>0.05$）；LOR Z 值在－1.510～1.067 的区间，COX Z 值在－1.511～1.057 的区间，均处于（－2，2）的阈值范围内，这表明各题项不存在项目功能偏差。对“德操”维度实施测验功能偏差检验，DTF 检验效应值 v^2 为－0.005（权重 v^2 值为－0.005），小于 0.07，这表明测验功能偏差较小，可以忽略不计。（2）“本事”维度各题项的 Mantel 卡方值在 0.003～1.576 的区间，LOR Z 值在－1.010～1.255 的区间，COX Z 值在－1.013～1.248 的区间，这表明各题项不存在项目功能偏差。“本事”维度的 DTF 检验效应值 v^2 为－0.004（权重 v^2 值为－0.004），这表明该维度的测验功能偏差可以忽略不计。（3）“形象”维度各题项的 Mantel 卡方值在 0.000～2.648 的区间，LOR Z 值在－1.630～1.257 的区间，COX Z 值在－1.621～1.267 的区间，这表明各题项不存在项目功能偏差。“形象”维度的 DTF 检验效应值 v^2 为－0.002（权重 v^2 值为－0.003），这表明该维度的测验功能偏差可以忽略不计。（4）“名声”维度各题项的 Mantel 卡方值在 0.001～2.598 的区间，LOR Z 值在－1.626～1.390 的区间，COX Z 值在－1.611～1.380 的区间，这表明各题项不存在项目功能偏差。“名声”维度的 DTF 检验效应值 v^2 为 0.001（权重 v^2 值为 0.001），这表明该维度的测验功能偏差可以忽略不计。（5）“虚饰”维度各题项的 Mantel 卡方值在 0.015～3.515 的区间，LOR Z 值在－1.870～1.280 的区间，COX Z 值在－1.867～1.283 的区间，这表明各题项不存在项目功能偏差。“虚饰”维度的 DTF 检验效应值 v^2 为 0.001（权重 v^2 值为 0.000），这表明该维度的测验功能偏差可以忽略不计。（6）“权威”维度各题项的 Mantel 卡方值在 0.215～2.589 的区间，LOR Z 值在－1.220～1.614 的区间，COX Z 值在－1.212～1.610

的区间，这表明各题项不存在项目功能偏差。“权威”维度的 DTF 检验效应值 v^2 为 0.001（权重 v^2 值为 0.001），这表明该维度的测验功能偏差可以忽略不计。(7)“关系”维度各题项的 Mantel 卡方值在 0.048~2.295 的区间，LOR Z 值在-1.790~1.505 的区间，COX Z 值在-1.812~1.516 的区间，这表明各题项不存在项目功能偏差。“关系”维度的 DTF 检验效应值 v^2 为 0.004（权重 v^2 值为 0.004），这表明该维度的测验功能偏差可以忽略不计。由此可见，脸面量表在不同性别群组之间既不存在项目功能偏差，也不存在测验功能偏差。

表 6-1 脸面量表的性别 DIF 检验结果

维度	项目	Mantel	L-A LOR	LOR SE	LOR Z	COX'S B	COX SE	COX Z
德操	德操 1	0.057	0.024	0.100	0.240	0.015	0.065	0.233
	德操 2	0.329	0.058	0.101	0.574	0.034	0.060	0.566
	德操 3	0.001	-0.003	0.101	-0.030	-0.002	0.063	-0.032
	德操 4	1.129	0.112	0.105	1.067	0.069	0.065	1.057
	德操 5	0.214	-0.046	0.100	-0.460	-0.026	0.056	-0.468
	德操 6	0.114	0.034	0.101	0.337	0.021	0.063	0.334
	德操 7	2.304	-0.151	0.100	-1.510	-0.086	0.057	-1.511
	德操 8	0.001	0.003	0.100	0.030	0.002	0.054	0.037
本事	本事 1	1.576	0.123	0.098	1.255	0.072	0.058	1.248
	本事 2	0.897	-0.095	0.100	-0.950	-0.057	0.061	-0.942
	本事 3	0.003	-0.006	0.101	-0.059	-0.004	0.064	-0.063
	本事 4	0.051	0.023	0.100	0.230	0.014	0.063	0.223
	本事 5	1.019	-0.101	0.100	-1.010	-0.064	0.063	-1.013
	本事 6	0.227	0.048	0.100	0.480	0.032	0.066	0.482
形象	形象 1	0.775	0.088	0.101	0.871	0.050	0.056	0.887
	形象 2	0.008	-0.009	0.099	-0.091	-0.005	0.058	-0.087
	形象 3	0.000	0.002	0.099	0.020	0.001	0.057	0.018
	形象 4	1.595	0.127	0.101	1.257	0.073	0.058	1.267
	形象 5	0.221	-0.046	0.097	-0.474	-0.027	0.057	-0.476
	形象 6	0.000	-0.002	0.100	-0.020	-0.001	0.057	-0.018
	形象 7	2.648	-0.163	0.100	-1.630	-0.095	0.059	-1.621

续表

维度	项目	Mantel	L-A LOR	LOR SE	LOR Z	COX'S B	COX SE	COX Z
名声	名声 1	1.919	0.139	0.100	1.390	0.090	0.065	1.380
	名声 2	2.598	-0.161	0.099	-1.626	-0.111	0.069	-1.611
	名声 3	0.259	0.051	0.101	0.505	0.036	0.071	0.511
	名声 4	0.122	0.035	0.100	0.350	0.025	0.070	0.356
	名声 5	0.513	-0.072	0.100	-0.720	-0.048	0.067	-0.712
	名声 6	0.001	0.003	0.097	0.031	0.002	0.062	0.032
虚饰	虚饰 1	1.631	0.128	0.100	1.280	0.078	0.061	1.283
	虚饰 2	3.515	-0.187	0.100	-1.870	-0.104	0.056	-1.867
	虚饰 3	1.117	0.105	0.100	1.050	0.060	0.057	1.056
	虚饰 4	0.320	0.056	0.098	0.571	0.038	0.067	0.565
	虚饰 5	0.027	0.017	0.100	0.170	0.011	0.066	0.168
	虚饰 6	0.105	0.032	0.101	0.317	0.020	0.061	0.329
	虚饰 7	0.015	-0.012	0.100	-0.120	-0.007	0.061	-0.115
	虚饰 8	1.674	-0.134	0.103	-1.301	-0.083	0.064	-1.297
权威	权威 1	1.148	-0.106	0.099	-1.071	-0.063	0.059	-1.071
	权威 2	0.247	-0.050	0.100	-0.500	-0.032	0.064	-0.503
	权威 3	1.470	-0.122	0.100	-1.220	-0.080	0.066	-1.212
	权威 4	2.589	0.163	0.101	1.614	0.109	0.068	1.610
	权威 5	0.701	0.094	0.111	0.847	0.052	0.063	0.832
	权威 6	0.215	0.046	0.100	0.460	0.030	0.064	0.469
关系	关系 1	0.616	0.079	0.102	0.775	0.046	0.059	0.782
	关系 2	2.295	0.152	0.101	1.505	0.097	0.064	1.516
	关系 3	0.448	-0.068	0.101	-0.673	-0.043	0.064	-0.673
	关系 4	1.302	0.113	0.099	1.141	0.065	0.057	1.140
	关系 5	1.581	-0.127	0.101	-1.257	-0.075	0.060	-1.256
	关系 6	0.646	0.082	0.101	0.812	0.047	0.058	0.806
	关系 7	3.139	-0.197	0.099	-1.790	-0.111	0.056	-1.812
	关系 8	0.048	-0.022	0.099	-0.222	-0.012	0.057	-0.212

注：“参照组” 为 “男性”（N=813），“焦点组” 为 “女性”（N=745）。

脸面量表在乡村和城镇群组间的项目功能偏差检验结果见表 6-2。(1) 从“德操”维度各题项来看，Mantel 卡方值在 0.000~1.788 的区间，小于 3.84 的临界值 ($p>0.05$)；LOR Z 值在-1.333~1.188 的区间，COX Z 值在-1.336~1.208 的区间，均处于 (-2, 2) 的阈值范围内，这表明各题项在两个群组间不存在项目功能偏差。对“德操”维度实施测验功能偏差检验可发现，效应值 v^2 为-0.004 (权重 v^2 值为-0.004) 小于 0.07 的临界值，这表明两个群组间的测验功能偏差较小，可以忽略不计。(2) “本事”维度各题项的 Mantel 卡方值在 0.049~1.391 的区间，LOR Z 值在-0.890~1.170 的区间，COX Z 值在-0.887~1.173 的区间，这表明各题项不存在项目功能偏差。“本事”维度的 DTF 检验效应值 v^2 为-0.005 (权重 v^2 值为-0.005)，这表明该维度的测验功能偏差可以忽略不计。(3) “形象”维度各题项的 Mantel 卡方值在 0.001~0.923 的区间，LOR Z 值在-0.970~0.920 的区间，COX Z 值在-0.953~0.903 的区间，这表明各题项不存在项目功能偏差。“形象”维度的 DTF 检验效应值 v^2 为-0.006 (权重 v^2 值为-0.006)，这表明该维度的测验功能偏差可以忽略不计。(4) “名声”维度各题项的 Mantel 卡方值在 0.007~0.942 的区间，LOR Z 值在-0.961~0.960 的区间，COX Z 值在-0.976~0.952 的区间，这表明各题项不存在项目功能偏差。“名声”维度的 DTF 检验效应值 v^2 为-0.004 (权重 v^2 值为-0.004)，这表明该维度的测验功能偏差可以忽略不计。(5) “虚饰”维度各题项的 Mantel 卡方值在 0.009~2.164 的区间，LOR Z 值在-1.465~1.109 的区间，COX Z 值在-1.478~1.095 的区间，这表明各题项不存在项目功能偏差。“虚饰”维度的 DTF 检验效应值 v^2 为-0.002 (权重 v^2 值为-0.002)，这表明该维度的测验功能偏差可以忽略不计。(6) “权威”维度各题项的 Mantel 卡方值在 0.009~3.717 的区间，LOR Z 值在-1.931~1.812 的区间，COX Z 值在-1.930~1.842 的区间，这表明各题项不存在项目功能偏差。“权威”维度的 DTF 检验效应值 v^2 为 0.004 (权重 v^2 值为 0.004)，这表明该维度的测验功能偏差可以忽略不计。(7) “关系”维度各题项的 Mantel 卡方值在 0.006~1.868 的区间，LOR Z 值在-1.240~1.356 的区间，COX Z 值在-1.226~1.358 的区间，均处于合理的阈值范围内，表明各题项不存在项目功能偏差。“关系”维度的 DTF 检验效应值 v^2 为-0.004 (权重 v^2 值为-0.004)，这表明该维度的测验功能偏差可以忽略不计。综上所述，脸面量表在城镇和乡村群组间既不存在项目功能偏差，也不存在测验功能偏差。

表 6-2　脸面量表的城乡 DIF 检验结果

维度	项目	Mantel	L-A LOR	LOR SE	LOR Z	COX'S B	COX SE	COX Z
德操	德操 1	0. 065	−0. 026	0. 102	−0. 255	−0. 017	0. 065	−0. 262
	德操 2	0. 152	−0. 040	0. 102	−0. 392	−0. 024	0. 061	−0. 396
	德操 3	1. 788	−0. 136	0. 102	−1. 333	−0. 085	0. 064	−1. 336
	德操 4	0. 232	0. 051	0. 106	0. 481	0. 032	0. 066	0. 486
	德操 5	0. 815	0. 092	0. 100	0. 920	0. 050	0. 056	0. 894
	德操 6	0. 000	−0. 001	0. 102	−0. 010	0. 000	0. 063	0. 000
	德操 7	0. 673	−0. 082	0. 099	−0. 828	−0. 047	0. 057	−0. 819
	德操 8	1. 441	0. 120	0. 101	1. 188	0. 065	0. 054	1. 208
本事	本事 1	0. 049	−0. 022	0. 098	−0. 224	−0. 013	0. 058	−0. 225
	本事 2	0. 383	0. 062	0. 099	0. 626	0. 037	0. 061	0. 611
	本事 3	0. 149	−0. 039	0. 102	−0. 382	−0. 025	0. 064	−0. 391
	本事 4	0. 063	−0. 025	0. 100	−0. 250	−0. 016	0. 063	−0. 255
	本事 5	0. 788	−0. 089	0. 100	−0. 890	−0. 056	0. 063	−0. 887
	本事 6	1. 391	0. 117	0. 100	1. 170	0. 078	0. 067	1. 173
形象	形象 1	0. 065	−0. 026	0. 102	−0. 255	−0. 014	0. 057	−0. 247
	形象 2	0. 001	0. 003	0. 100	0. 030	0. 002	0. 058	0. 035
	形象 3	0. 611	−0. 077	0. 098	−0. 786	−0. 045	0. 057	−0. 791
	形象 4	0. 923	−0. 097	0. 100	−0. 970	−0. 055	0. 058	−0. 953
	形象 5	0. 114	0. 033	0. 098	0. 337	0. 019	0. 057	0. 333
	形象 6	0. 554	0. 075	0. 101	0. 743	0. 043	0. 057	0. 750
	形象 7	0. 826	0. 092	0. 100	0. 920	0. 053	0. 059	0. 903
名声	名声 1	0. 014	−0. 012	0. 100	−0. 120	−0. 008	0. 066	−0. 122
	名声 2	0. 910	0. 097	0. 101	0. 960	0. 066	0. 069	0. 952
	名声 3	0. 839	−0. 094	0. 102	−0. 922	−0. 065	0. 071	−0. 918
	名声 4	0. 942	−0. 098	0. 102	−0. 961	−0. 069	0. 071	−0. 976
	名声 5	0. 824	0. 092	0. 101	0. 911	0. 062	0. 068	0. 914
	名声 6	0. 007	0. 008	0. 097	0. 082	0. 005	0. 062	0. 080

续表

维度	项目	Mantel	L-A LOR	LOR SE	LOR Z	COX'S B	COX SE	COX Z
虚饰	虚饰 1	0. 700	0. 084	0. 100	0. 840	0. 051	0. 061	0. 837
	虚饰 2	0. 009	-0. 009	0. 099	-0. 091	-0. 005	0. 056	-0. 089
	虚饰 3	1. 178	0. 108	0. 099	1. 091	0. 062	0. 057	1. 088
	虚饰 4	0. 428	-0. 065	0. 099	-0. 657	-0. 044	0. 067	-0. 654
	虚饰 5	0. 338	-0. 059	0. 102	-0. 578	-0. 038	0. 066	-0. 578
	虚饰 6	2. 164	-0. 148	0. 101	-1. 465	-0. 090	0. 061	-1. 478
	虚饰 7	1. 206	0. 112	0. 101	1. 109	0. 067	0. 061	1. 095
	虚饰 8	0. 167	-0. 042	0. 105	-0. 400	-0. 026	0. 064	-0. 404
权威	权威 1	0. 829	0. 090	0. 099	0. 909	0. 054	0. 059	0. 911
	权威 2	0. 217	-0. 047	0. 101	-0. 465	-0. 030	0. 064	-0. 467
	权威 3	0. 212	-0. 047	0. 101	-0. 465	-0. 031	0. 067	-0. 463
	权威 4	3. 717	-0. 197	0. 102	-1. 931	-0. 132	0. 068	-1. 930
	权威 5	0. 009	-0. 011	0. 113	-0. 097	-0. 006	0. 064	-0. 093
	权威 6	3. 386	0. 183	0. 101	1. 812	0. 119	0. 065	1. 842
关系	关系 1	0. 006	0. 008	0. 101	0. 079	0. 004	0. 059	0. 068
	关系 2	0. 223	-0. 048	0. 101	-0. 475	-0. 030	0. 065	-0. 465
	关系 3	0. 520	0. 074	0. 102	0. 725	0. 047	0. 065	0. 729
	关系 4	0. 102	-0. 032	0. 099	-0. 323	-0. 018	0. 058	-0. 313
	关系 5	0. 489	-0. 071	0. 102	-0. 696	-0. 042	0. 060	-0. 699
	关系 6	0. 332	0. 058	0. 102	0. 569	0. 034	0. 059	0. 580
	关系 7	1. 521	-0. 124	0. 100	-1. 240	-0. 069	0. 056	-1. 226
	关系 8	1. 868	0. 137	0. 101	1. 356	0. 077	0. 057	1. 358

注：“参照组”为“农村”（N=705），“焦点组”为“城镇”（N=853）。

脸面量表在青年和中年群组间的项目功能偏差检验结果见表 6-3。（1）从“德操”维度各题项来看，Mantel 卡方值在 0. 007～0. 998 的区间，小于 3. 84 的临界值（p>0. 05）；LOR Z 值在-0. 984～0. 744 的区间，COX Z 值在-0. 995～0. 737 的区间，均处于（-2，2）的阈值范围内，这表明各题项在两个群组间不存在项目功能偏差。对“德操”维度实施测验功能偏差检验可以发现，效应值 v^2 为-0. 011（权重 v^2 值为-0. 011），而效应值小于 0. 07 则表明两个群组间的测验功能偏差较小可以忽略不计。（2）“本事”维度各题项的 Mantel 卡方值在 0. 044~3. 304 的区间，LOR Z 值在-1. 831~1. 882 的区间，COX Z 值在-1. 823~1. 880 的区间，表明各题项不存在项目功能偏差。“本事”维度的 DTF 检验效应值 v^2 为 0. 021（权重 v^2 值为 0. 020），这表明该维度的测验功能偏差可以忽略不计。（3）“形象”维度各题项的 Mantel 卡方值在 0. 019~1. 693 的区间，LOR Z 值在-1. 306~1. 100 的区间，COX Z 值在-1. 303~1. 096 的区间，这表明各题项不存在项目功能偏差。“形象”维度的 DTF 检验效应值 v^2 为-0. 006（权重 v^2 值为-0. 006），这表明该维度的测验功能偏差可以忽略不计。（4）“名声”维度各题项的 Mantel 卡方值在 0. 037~1. 721 的区间，LOR Z 值在-1. 295~1. 276 的区间，COX Z 值在-1. 311~1. 265 的区间，这表明各题项不存在项目功能偏差。“名声”维度的 DTF 检验效应值 v^2 为-0. 004（权重 v^2 值为-0. 004），这表明该维度的测验功能偏差可以忽略不计。（5）“虚饰”维度各题项的 Mantel 卡方值在 0. 000~3. 383 的区间，LOR Z 值在-1. 868~1. 852 的区间，COX Z 值在-1. 849~1. 823 的区间，这表明各题项不存在项目功能偏差。“虚饰”维度的 DTF 检验效应值 v^2 为 0. 020（权重 v^2 值为 0. 020），这表明该维度的测验功能偏差可以忽略不计。（6）“权威”维度各题项的 Mantel 卡方值在 0. 081~1. 695 的区间，LOR Z 值在-1. 286~0. 732 的区间，COX Z 值在-1. 299~0. 720 的区间，这表明各题项不存在项目功能偏差。“权威”维度的 DTF 检验效应值 v^2 为-0. 008（权重 v^2 值为-0. 008），这表明该维度的测验功能偏差可以忽略不计。（7）“关系”维度各题项的 Mantel 卡方值在 0. 081~1. 695 的区间，LOR Z 值在-1. 286~0. 732 的区间，COX Z 值在-1. 299~0. 720 的区间，均处于合理的阈值范围内，这表明各题项不存在项目功能偏差。“关系”维度的 DTF 检验效应值 v^2 为-0. 001（权重 v^2 值为-0. 001），这表明该维度的测验功能偏差可以忽略不计。由此可以判定，脸面量表在青年和中年群组间既不存在项目功能偏差，也不存在测验功能偏差。

表 6-3　脸面量表在青年与中年群体间 DIF 检验结果

维度	项目	Mantel	L-A LOR	LOR SE	LOR Z	COX'S B	COX SE	COX Z
德操	德操 1	0. 400	0. 079	0. 127	0. 622	0. 051	0. 081	0. 628
	德操 2	0. 998	−0. 124	0. 126	−0. 984	−0. 076	0. 076	−0. 995
	德操 3	0. 007	−0. 011	0. 129	−0. 085	−0. 007	0. 080	−0. 087
	德操 4	0. 222	−0. 062	0. 132	−0. 470	−0. 039	0. 082	−0. 476
	德操 5	0. 001	−0. 004	0. 124	−0. 032	−0. 002	0. 070	−0. 029
	德操 6	0. 344	0. 076	0. 124	0. 613	0. 046	0. 078	0. 588
	德操 7	0. 184	−0. 054	0. 125	−0. 432	−0. 031	0. 072	−0. 431
	德操 8	0. 536	0. 093	0. 125	0. 744	0. 049	0. 067	0. 737
本事	本事 1	3. 159	−0. 220	0. 122	−1. 803	−0. 125	0. 071	−1. 773
	本事 2	1. 463	0. 150	0. 122	1. 230	0. 090	0. 075	1. 205
	本事 3	3. 118	−0. 258	0. 127	−1. 831	−0. 156	0. 077	−1. 823
	本事 4	0. 044	−0. 026	0. 123	−0. 211	−0. 016	0. 077	−0. 208
	本事 5	3. 304	0. 254	0. 122	1. 882	0. 157	0. 075	1. 880
	本事 6	0. 730	0. 107	0. 122	0. 877	0. 069	0. 081	0. 855
形象	形象 1	0. 019	−0. 017	0. 125	−0. 136	−0. 010	0. 069	−0. 144
	形象 2	1. 693	−0. 162	0. 124	−1. 306	−0. 092	0. 071	−1. 303
	形象 3	0. 744	−0. 106	0. 121	−0. 876	−0. 060	0. 070	−0. 862
	形象 4	0. 488	0. 086	0. 123	0. 699	0. 048	0. 069	0. 695
	形象 5	0. 029	0. 021	0. 121	0. 174	0. 012	0. 069	0. 174
	形象 6	1. 188	0. 132	0. 120	1. 100	0. 075	0. 068	1. 096
	形象 7	0. 095	0. 038	0. 122	0. 311	0. 022	0. 072	0. 308
名声	名声 1	0. 491	0. 085	0. 124	0. 685	0. 056	0. 080	0. 702
	名声 2	1. 721	−0. 158	0. 122	−1. 295	−0. 112	0. 085	−1. 311
	名声 3	1. 599	0. 157	0. 123	1. 276	0. 108	0. 085	1. 265
	名声 4	0. 145	−0. 048	0. 124	−0. 387	−0. 033	0. 087	−0. 380
	名声 5	0. 280	−0. 066	0. 124	−0. 532	−0. 044	0. 083	−0. 531
	名声 6	0. 037	0. 023	0. 119	0. 193	0. 015	0. 076	0. 197

续表

维度	项目	Mantel	L-A LOR	LOR SE	LOR Z	COX'S B	COX SE	COX Z
虚饰	虚饰 1	3. 383	0. 277	0. 123	1. 852	0. 167	0. 075	1. 823
	虚饰 2	0. 625	-0. 100	0. 123	-0. 813	-0. 055	0. 070	-0. 791
	虚饰 3	0. 002	0. 005	0. 124	0. 040	0. 003	0. 070	0. 043
	虚饰 4	3. 179	-0. 306	0. 124	-1. 868	-0. 203	0. 083	-1. 849
	虚饰 5	2. 242	-0. 184	0. 124	-1. 484	-0. 121	0. 081	-1. 499
	虚饰 6	3. 083	0. 256	0. 123	1. 781	0. 154	0. 076	1. 774
	虚饰 7	0. 000	0. 001	0. 123	0. 008	0. 000	0. 073	0. 000
	虚饰 8	0. 036	0. 024	0. 128	0. 188	0. 015	0. 080	0. 188
权威	权威 1	0. 223	0. 058	0. 122	0. 475	0. 035	0. 074	0. 472
	权威 2	1. 695	-0. 162	0. 126	-1. 286	-0. 103	0. 079	-1. 299
	权威 3	0. 263	-0. 064	0. 125	-0. 512	-0. 043	0. 083	-0. 516
	权威 4	0. 086	0. 037	0. 125	0. 296	0. 025	0. 085	0. 295
	权威 5	0. 516	0. 101	0. 138	0. 732	0. 056	0. 078	0. 720
	权威 6	0. 081	0. 035	0. 122	0. 287	0. 023	0. 081	0. 283
关系	关系 1	0. 223	0. 058	0. 122	0. 475	0. 035	0. 074	0. 472
	关系 2	1. 695	-0. 162	0. 126	-1. 286	-0. 103	0. 079	-1. 299
	关系 3	0. 263	-0. 064	0. 125	-0. 512	-0. 043	0. 083	-0. 516
	关系 4	0. 086	0. 037	0. 125	0. 296	0. 025	0. 085	0. 295
	关系 5	0. 516	0. 101	0. 138	0. 732	0. 056	0. 078	0. 720
	关系 6	0. 081	0. 035	0. 122	0. 287	0. 023	0. 081	0. 283
	关系 7	0. 223	0. 058	0. 122	0. 475	0. 035	0. 074	0. 472
	关系 8	1. 695	-0. 162	0. 126	-1. 286	-0. 103	0. 079	-1. 299

注："参照组"为"青年"（N=889），"焦点组"为"中年"（N=361）。

脸面量表在青年和老年群组间的项目功能偏差检验结果见表 6-4。（1）从"德操"维度各题项来看，Mantel 卡方值在 0. 003～2. 254 的区间，小于 3. 84 的临界值（p>0. 05）；LOR Z 值在-1. 489～1. 404 的区间，COX Z 值在-1. 499～1. 384 的区间，均处于（-2，2）的阈值范围内，这表明各题项在两个群组间不存在项目功能偏差。对"德操"维度实施测验功能偏差检验可以发现，效应值 v^2 为-0. 005（权重 v^2 值为-0. 005），而效应值小于 0. 07 则表明两个群组间的测验功能偏差较小可以忽略不计。（2）"本事"维度各题项的 Mantel 卡方值在 0. 005~3. 248 的区间，LOR Z 值在-0. 533~1. 722 的区间，COX Z 值在-1. 887~1. 691 的区间，表明各题项不存在项目功能偏差。“本事”维度的 DTF 检验效应值 v^2 为 0. 016（权重 v^2 值为 0. 015），这表明该维度的测验功能偏差可忽略不计。（3）“形象”维度各题项的 Mantel 卡方值在 0. 005~3. 156 的区间，LOR Z 值在-1. 771~1. 684 的区间，COX Z 值在-1. 779~1. 671 的区间，这表明各题项不存在项目功能偏差。“形象”维度的 DTF 检验效应值 v^2 为 0. 004（权重 v^2 值为 0. 004），表明该维度的测验功能偏差可以忽略不计。（4）“名声”维度各题项的 Mantel 卡方值在 0. 037~3. 069 的区间，LOR Z 值在-1. 878~1. 729 的区间，COX Z 值在-1. 863~1. 723 的区间，这表明各题项不存在项目功能偏差。“名声”维度的 DTF 检验效应值 v^2 为 0. 018（权重 v^2 值为 0. 017），这表明该维度的测验功能偏差可以忽略不计。（5）“虚饰”维度各题项的 Mantel 卡方值在 0. 020~2. 291 的区间，LOR Z 值在-1. 515~1. 402 的区间，COX Z 值在-1. 510~1. 406 的区间，这表明各题项不存在项目功能偏差。“虚饰”维度的 DTF 检验效应值 v^2 为 0. 002（权重 v^2 值为 0. 002），这表明该维度的测验功能偏差可以忽略不计。（6）“权威”维度各题项的 Mantel 卡方值在 0. 065~3. 675 的区间，LOR Z 值在-1. 872~1. 628 的区间，COX Z 值在-1. 912~1. 619 的区间，这表明各题项不存在项目功能偏差。“权威”维度的 DTF 检验效应值 v^2 为 0. 023（权重 v^2 值为 0. 027），这表明该维度的测验功能偏差可以忽略不计。（7）“关系”维度各题项的 Mantel 卡方值在 0. 239~1. 902 的区间，LOR Z 值在-1. 288~1. 376 的区间，COX Z 值在-1. 283~1. 382 的区间，均处于合理的阈值范围内，这表明各题项不存在项目功能偏差。“关系”维度的 DTF 检验效应值 v^2 为-0. 001（权重 v^2 值为-0. 001），这表明该维度的测验功能偏差可以忽略不计。综上所述，脸面量表在青年和老年群组间既不存在项目功能偏差，也不存在测验功能偏差。

表 6-4　脸面量表在青年与老年群体间 DIF 检验结果

维度	项目	Mantel	L-A LOR	LOR SE	LOR Z	COX'S B	COX SE	COX Z
德操	德操 1	2. 254	−0. 210	0. 141	−1. 489	−0. 139	0. 093	−1. 499
	德操 2	1. 120	−0. 141	0. 140	−1. 007	−0. 089	0. 084	−1. 056
	德操 3	0. 011	0. 014	0. 135	0. 104	0. 009	0. 087	0. 103
	德操 4	0. 146	−0. 056	0. 143	−0. 392	−0. 035	0. 092	−0. 381
	德操 5	0. 179	0. 057	0. 136	0. 419	0. 034	0. 080	0. 427
	德操 6	0. 003	−0. 008	0. 137	−0. 058	−0. 005	0. 089	−0. 056
	德操 7	0. 435	0. 089	0. 136	0. 654	0. 052	0. 079	0. 655
	德操 8	1. 932	0. 191	0. 136	1. 404	0. 103	0. 074	1. 384
本事	本事 1	0. 206	−0. 060	0. 132	−0. 455	−0. 035	0. 077	−0. 453
	本事 2	2. 314	0. 197	0. 130	1. 515	0. 123	0. 081	1. 522
	本事 3	0. 005	0. 009	0. 137	0. 066	0. 006	0. 087	0. 069
	本事 4	0. 285	−0. 072	0. 135	−0. 533	−0. 045	0. 085	−0. 533
	本事 5	3. 248	−0. 324	0. 139	−1. 890	−0. 199	0. 087	−1. 887
	本事 6	2. 852	0. 229	0. 133	1. 722	0. 151	0. 089	1. 691
形象	形象 1	0. 731	0. 113	0. 134	0. 843	0. 063	0. 074	0. 853
	形象 2	0. 969	−0. 129	0. 133	−0. 970	−0. 075	0. 077	−0. 979
	形象 3	0. 333	−0. 073	0. 129	−0. 566	−0. 044	0. 076	−0. 577
	形象 4	0. 662	0. 109	0. 132	0. 826	0. 065	0. 080	0. 817
	形象 5	3. 156	−0. 232	0. 131	−1. 771	−0. 135	0. 076	−1. 779
	形象 6	0. 005	0. 010	0. 134	0. 075	0. 006	0. 079	0. 076
	形象 7	2. 785	0. 224	0. 133	1. 684	0. 132	0. 079	1. 671
名声	名声 1	1. 298	0. 151	0. 134	1. 127	0. 101	0. 089	1. 141
	名声 2	3. 069	−0. 321	0. 135	−1. 878	−0. 232	0. 094	−1. 863
	名声 3	0. 500	0. 095	0. 131	0. 725	0. 067	0. 095	0. 707
	名声 4	1. 500	−0. 161	0. 133	−1. 211	−0. 115	0. 094	−1. 222
	名声 5	0. 037	−0. 026	0. 133	−0. 195	−0. 017	0. 090	−0. 188
	名声 6	2. 988	0. 223	0. 129	1. 729	0. 142	0. 082	1. 723

续表

维度	项目	Mantel	L-A LOR	LOR SE	LOR Z	COX'S B	COX SE	COX Z
虚饰	虚饰 1	1.966	0.185	0.132	1.402	0.114	0.081	1.406
	虚饰 2	0.326	-0.075	0.131	-0.573	-0.041	0.072	-0.568
	虚饰 3	2.291	-0.200	0.132	-1.515	-0.116	0.077	-1.510
	虚饰 4	1.296	0.149	0.131	1.137	0.102	0.090	1.140
	虚饰 5	2.217	-0.200	0.135	-1.481	-0.134	0.090	-1.489
	虚饰 6	0.020	0.018	0.132	0.136	0.011	0.080	0.137
	虚饰 7	0.077	0.039	0.135	0.289	0.023	0.082	0.282
	虚饰 8	0.601	0.106	0.135	0.785	0.067	0.086	0.775
权威	权威 1	2.873	0.362	0.128	1.628	0.216	0.077	1.619
	权威 2	0.065	0.033	0.133	0.248	0.022	0.085	0.260
	权威 3	3.675	-0.249	0.133	-1.872	-0.166	0.087	-1.912
	权威 4	0.791	-0.117	0.131	-0.893	-0.080	0.091	-0.884
	权威 5	0.483	0.104	0.147	0.707	0.058	0.084	0.693
	权威 6	1.873	-0.174	0.131	-1.328	-0.118	0.086	-1.372
关系	关系 1	1.499	0.162	0.132	1.227	0.097	0.079	1.229
	关系 2	0.309	0.071	0.130	0.546	0.048	0.086	0.559
	关系 3	1.030	-0.132	0.134	-0.985	-0.089	0.087	-1.018
	关系 4	0.239	0.063	0.131	0.481	0.037	0.076	0.486
	关系 5	0.466	-0.090	0.133	-0.677	-0.054	0.079	-0.685
	关系 6	0.518	-0.096	0.135	-0.711	-0.057	0.079	-0.723
	关系 7	1.654	-0.170	0.132	-1.288	-0.097	0.076	-1.283
	关系 8	1.902	0.183	0.133	1.376	0.106	0.077	1.382

注："参照组"为"青年"（$N=889$），"焦点组"为"老年"（$N=308$）。

脸面量表在接受过高等教育和未接受高等教育群组间的项目功能偏差检验结果见表 6-5。（1）从"德操"维度各题项来看，Mantel 卡方值在 0.000~3.674 的区间，小于 3.84 的临界值（$p>0.05$）；LOR Z 值在-1.305~1.945 的区间，COX Z 值在-1.302~1.994 的区间，均处于（-2，2）的阈值范围内，这表明各题项在两个群组间不存在项目功能偏差。对"德操"维度实施测验功能偏差检验可以发现，效应值 v^2 为 0.003（权重 v^2 值为 0.003），而效应值小于 0.07 则表明两个群组间的测验功能偏差较小可以忽略不计。（2）"本事"

维度各题项的 Mantel 卡方值在 0.007~2.283 的区间，LOR Z 值在-1.486~0.783 的区间，COX Z 值在-1.505~0.779 的区间，这表明各题项不存在项目功能偏差。“本事”维度的 DTF 检验效应值 v^2 为-0.005（权重 v^2 值为-0.005），这表明该维度的测验功能偏差可以忽略不计。(3)“形象”维度各题项的 Mantel 卡方值在 0.190~2.319 的区间，LOR Z 值在-1.495~1.343 的区间，COX Z 值在-1.519~1.359 的区间，这表明各题项不存在项目功能偏差。“形象”维度的 DTF 检验效应值 v^2 为 0.001（权重 v^2 值为 0.001），这表明该维度的测验功能偏差可以忽略不计。(4)“名声”维度各题项的 Mantel 卡方值在 0.001~1.543 的区间，LOR Z 值在-1.228~1.243 的区间，COX Z 值在-1.232~1.245 的区间，这表明各题项不存在项目功能偏差。“名声”维度的 DTF 检验效应值 v^2 为 0.000（权重 v^2 值为 0.000），这表明该维度的测验功能偏差可以忽略不计。(5)“虚饰”维度各题项的 Mantel 卡方值在 0.272~1.461 的区间，LOR Z 值在-1.206~1.152 的区间，COX Z 值在-1.204~1.163 的区间，这表明各题项不存在项目功能偏差。“虚饰”维度的 DTF 检验效应值 v^2 为-0.001（权重 v^2 值为-0.001），这表明该维度的测验功能偏差可以忽略不计。(6)“权威”维度各题项的 Mantel 卡方值在 0.034~2.749 的区间，LOR Z 值在-1.552~1.481 的区间，COX Z 值在-1.584~1.510 的区间，这表明各题项不存在项目功能偏差。“权威”维度的 DTF 检验效应值 v^2 为 0.011（权重 v^2 值为 0.013），这表明该维度的测验功能偏差可以忽略不计。(7)“关系”维度各题项的 Mantel 卡方值在 0.001~1.244 的区间，LOR Z 值在-1.121~1.075 的区间，COX Z 值在-1.119~1.079 的区间，均处于合理的阈值范围内，这表明各题项不存在项目功能偏差。“关系”维度的 DTF 检验效应值 v^2 为-0.006（权重 v^2 值为-0.006），这表明该维度的测验功能偏差可以忽略不计。综上所述，脸面量表在接受过高等教育和未接受高等教育群组之间既不存在项目功能偏差，也不存在测验功能偏差。

表 6-5　脸面量表接受高等教育状况 DIF 检验结果

维度	项目	Mantel	L-A LOR	LOR SE	LOR Z	COX'S B	COX SE	COX Z
德操	德操 1	3. 317	0. 190	0. 108	1. 759	0. 127	0. 070	1. 822
	德操 2	3. 674	0. 212	0. 109	1. 945	0. 129	0. 065	1. 994
	德操 3	0. 344	−0. 062	0. 107	−0. 579	−0. 040	0. 068	−0. 589
	德操 4	0. 244	−0. 055	0. 113	−0. 487	−0. 035	0. 070	−0. 498
	德操 5	1. 218	−0. 116	0. 106	−1. 094	−0. 066	0. 060	−1. 096
	德操 6	0. 000	0. 000	0. 108	0. 000	0. 000	0. 068	0. 000
	德操 7	0. 001	−0. 003	0. 105	−0. 029	−0. 002	0. 062	−0. 033
	德操 8	1. 673	−0. 137	0. 105	−1. 305	−0. 075	0. 058	−1. 302
本事	本事 1	0. 007	0. 009	0. 105	0. 086	0. 005	0. 062	0. 080
	本事 2	2. 283	−0. 159	0. 107	−1. 486	−0. 098	0. 065	−1. 505
	本事 3	0. 593	0. 084	0. 108	0. 778	0. 053	0. 069	0. 764
	本事 4	0. 598	0. 083	0. 106	0. 783	0. 053	0. 068	0. 779
	本事 5	0. 022	−0. 016	0. 107	−0. 150	−0. 010	0. 069	−0. 146
	本事 6	0. 012	0. 012	0. 106	0. 113	0. 008	0. 072	0. 111
形象	形象 1	2. 319	−0. 160	0. 107	−1. 495	−0. 091	0. 060	−1. 519
	形象 2	1. 859	0. 145	0. 108	1. 343	0. 084	0. 062	1. 359
	形象 3	0. 190	0. 046	0. 105	0. 438	0. 027	0. 061	0. 443
	形象 4	1. 353	0. 127	0. 107	1. 187	0. 072	0. 062	1. 158
	形象 5	0. 264	0. 054	0. 104	0. 519	0. 031	0. 061	0. 509
	形象 6	0. 831	−0. 097	0. 105	−0. 924	−0. 056	0. 061	−0. 912
	形象 7	1. 019	−0. 108	0. 105	−1. 029	−0. 063	0. 063	−1. 005
名声	名声 1	1. 529	−0. 131	0. 107	−1. 224	−0. 086	0. 070	−1. 232
	名声 2	1. 493	0. 128	0. 105	1. 219	0. 090	0. 074	1. 223
	名声 3	1. 543	0. 133	0. 107	1. 243	0. 094	0. 076	1. 245
	名声 4	0. 001	−0. 004	0. 106	−0. 038	−0. 003	0. 076	−0. 040
	名声 5	0. 074	0. 029	0. 108	0. 269	0. 020	0. 072	0. 278
	名声 6	1. 515	−0. 124	0. 101	−1. 228	−0. 081	0. 066	−1. 225

续表

维度	项目	Mantel	L-A LOR	LOR SE	LOR Z	COX'S B	COX SE	COX Z
虚饰	虚饰 1	0. 107	−0. 035	0. 106	−0. 330	−0. 021	0. 064	−0. 326
	虚饰 2	1. 295	0. 119	0. 105	1. 133	0. 067	0. 059	1. 138
	虚饰 3	1. 342	0. 121	0. 105	1. 152	0. 070	0. 060	1. 163
	虚饰 4	0. 272	0. 054	0. 104	0. 519	0. 037	0. 071	0. 519
	虚饰 5	1. 117	−0. 111	0. 107	−1. 037	−0. 074	0. 070	−1. 057
	虚饰 6	1. 147	−0. 113	0. 106	−1. 066	−0. 069	0. 065	−1. 068
	虚饰 7	1. 461	−0. 129	0. 107	−1. 206	−0. 078	0. 065	−1. 204
	虚饰 8	0. 420	0. 071	0. 109	0. 651	0. 044	0. 068	0. 646
权威	权威 1	2. 749	−0. 289	0. 105	−1. 552	−0. 174	0. 063	−1. 584
	权威 2	0. 034	−0. 020	0. 107	−0. 187	−0. 013	0. 068	−0. 192
	权威 3	1. 938	0. 147	0. 107	1. 374	0. 098	0. 070	1. 392
	权威 4	0. 038	−0. 021	0. 107	−0. 196	−0. 014	0. 072	−0. 194
	权威 5	0. 299	0. 064	0. 117	0. 547	0. 036	0. 067	0. 541
	权威 6	2. 260	0. 157	0. 106	1. 481	0. 103	0. 068	1. 510
关系	关系 1	0. 953	−0. 105	0. 108	−0. 972	−0. 061	0. 063	−0. 968
	关系 2	1. 158	0. 114	0. 106	1. 075	0. 074	0. 069	1. 079
	关系 3	1. 244	−0. 120	0. 107	−1. 121	−0. 077	0. 069	−1. 119
	关系 4	0. 151	0. 040	0. 105	0. 381	0. 024	0. 061	0. 394
	关系 5	0. 004	−0. 007	0. 107	−0. 065	−0. 004	0. 064	−0. 062
	关系 6	0. 126	0. 038	0. 107	0. 355	0. 022	0. 063	0. 352
	关系 7	0. 069	0. 028	0. 106	0. 264	0. 016	0. 061	0. 264
	关系 8	0. 001	0. 004	0. 107	0. 037	0. 002	0. 060	0. 033

注："参照组"为"接受过高等教育"（N=537），"焦点组"为"未接受高等教育"（N=1021）。

脸面量表在不同地域间的项目功能偏差检验结果见表 6−6。（1）从"德操"维度各题项来看，Mantel 卡方值在 0. 000~2. 115 的区间，小于 3. 84 的临界值（p>0. 05）；LOR Z 值在−1. 471 ~ 1. 447 的区间，COX Z 值在−1. 458 ~ 1. 451 的区间，均处于（−2，2）的阈值范围内，这表明各题项在两个群组间不存在项目功能偏差。对"德操"维度实施测验功能偏差检验可以发现，效应值 v^2 为 0. 000（权重 v^2 值为 0. 001），而效应值小于 0. 07 则表明两个群组间的测验功能偏差较小可以忽略不计。(2)“本事”维度各题项的 Mantel 卡方值在 0.003~1.929 的区间，LOR Z 值在-1.069~1.392 的区间，COX Z 值在-1.068~1.395 的区间，这表明各题项不存在项目功能偏差。“本事”维度的 DTF 检验效应值 v^2 为-0.004（权重 v^2 值为-0.004），这表明该维度的测验功能偏差可以忽略不计。(3)“形象”维度各题项的 Mantel 卡方值在 0.000~1.002 的区间，LOR Z 值在-1.000~0.960 的区间，COX Z 值在-1.009~0.967 的区间，这表明各题项不存在项目功能偏差。“形象”维度的 DTF 检验效应值 v^2 为-0.004（权重 v^2 值为-0.004），这表明该维度的测验功能偏差可以忽略不计。(4)“名声”维度各题项的 Mantel 卡方值在 0.001~0.207 的区间，LOR Z 值在-0.433~0.461 的区间，COX Z 值在-0.430~0.455 的区间，这表明各题项不存在项目功能偏差。“名声”维度的 DTF 检验效应值 v^2 为-0.009（权重 v^2 值为-0.009），这表明该维度的测验功能偏差可以忽略不计。(5)“虚饰”维度各题项的 Mantel 卡方值在 0.040~1.455 的区间，LOR Z 值在-1.069~1.196 的区间，COX Z 值在-1.063~1.208 的区间，这表明各题项不存在项目功能偏差。“虚饰”维度的 DTF 检验效应值 v^2 为-0.005（权重 v^2 值为-0.005），这表明该维度的测验功能偏差可以忽略不计。(6)“权威”维度各题项的 Mantel 卡方值在 0.168~3.316 的区间，LOR Z 值在-1.820~1.196 的区间，COX Z 值在-1.823~1.817 的区间，这表明各题项不存在项目功能偏差。“权威”维度的 DTF 检验效应值 v^2 为 0.004（权重 v^2 值为 0.005），这表明该维度的测验功能偏差可以忽略不计。(7)“关系”维度各题项的 Mantel 卡方值在 0.048~1.524 的区间，LOR Z 值在-1.235~1.235 的区间，COX Z 值在-1.215~1.239 的区间，均处于合理的阈值范围内，这表明各题项不存在项目功能偏差。“关系”维度的 DTF 检验效应值 v^2 为-0.003（权重 v^2 值为-0.003），这表明该维度的测验功能偏差可以忽略不计。由此可见，脸面量表在不同地域群组之间既不存在项目功能偏差，也不存在测验功能偏差。

表 6-6 脸面量表的地域 DIF 检验结果

维度	项目	Mantel	L-A LOR	LOR SE	LOR Z	COX'S B	COX SE	COX Z
德操	德操 1	0. 104	0. 033	0. 102	0. 324	0. 021	0. 065	0. 321
	德操 2	0. 000	0. 002	0. 103	0. 019	0. 001	0. 061	0. 016
	德操 3	2. 115	0. 149	0. 103	1. 447	0. 093	0. 064	1. 451
	德操 4	0. 410	0. 069	0. 109	0. 633	0. 042	0. 066	0. 636
	德操 5	0. 677	−0. 083	0. 102	−0. 814	−0. 046	0. 056	−0. 820
	德操 6	2. 100	−0. 150	0. 102	−1. 471	−0. 093	0. 064	−1. 458
	德操 7	1. 620	0. 128	0. 101	1. 267	0. 073	0. 058	1. 267
	德操 8	1. 467	−0. 122	0. 101	−1. 208	−0. 066	0. 054	−1. 218
本事	本事 1	0. 098	−0. 031	0. 100	−0. 310	−0. 018	0. 059	−0. 307
	本事 2	0. 339	0. 059	0. 101	0. 584	0. 036	0. 062	0. 585
	本事 3	0. 003	−0. 006	0. 103	−0. 058	−0. 003	0. 065	−0. 046
	本事 4	1. 929	0. 142	0. 102	1. 392	0. 089	0. 064	1. 395
	本事 5	0. 345	−0. 060	0. 102	−0. 588	−0. 038	0. 064	−0. 593
	本事 6	1. 151	−0. 109	0. 102	−1. 069	−0. 072	0. 067	−1. 068
形象	形象 1	0. 812	−0. 092	0. 103	−0. 893	−0. 052	0. 057	−0. 906
	形象 2	1. 002	−0. 101	0. 101	−1. 000	−0. 059	0. 059	−1. 009
	形象 3	0. 210	−0. 046	0. 099	−0. 465	−0. 026	0. 058	−0. 451
	形象 4	0. 333	0. 059	0. 102	0. 578	0. 034	0. 058	0. 583
	形象 5	0. 662	0. 080	0. 099	0. 808	0. 047	0. 058	0. 816
	形象 6	0. 922	0. 097	0. 101	0. 960	0. 056	0. 058	0. 967
	形象 7	0. 000	0. 001	0. 101	0. 010	0. 001	0. 060	0. 017
名声	名声 1	0. 001	0. 003	0. 102	0. 029	0. 002	0. 067	0. 030
	名声 2	0. 207	0. 047	0. 102	0. 461	0. 032	0. 070	0. 455
	名声 3	0. 187	−0. 045	0. 104	−0. 433	−0. 031	0. 072	−0. 430
	名声 4	0. 040	−0. 020	0. 102	−0. 196	−0. 014	0. 072	−0. 195
	名声 5	0. 112	−0. 034	0. 103	−0. 330	−0. 023	0. 069	−0. 334
	名声 6	0. 180	0. 042	0. 098	0. 429	0. 027	0. 063	0. 428

续表

维度	项目	Mantel	L-A LOR	LOR SE	LOR Z	COX'S B	COX SE	COX Z
虚饰	虚饰 1	0. 058	−0. 024	0. 101	−0. 238	−0. 015	0. 062	−0. 241
	虚饰 2	0. 551	−0. 075	0. 101	−0. 743	−0. 042	0. 057	−0. 739
	虚饰 3	0. 843	0. 093	0. 102	0. 912	0. 053	0. 058	0. 912
	虚饰 4	0. 040	−0. 020	0. 101	−0. 198	−0. 014	0. 069	−0. 204
	虚饰 5	0. 076	−0. 028	0. 102	−0. 275	−0. 018	0. 067	−0. 268
	虚饰 6	1. 115	−0. 109	0. 102	−1. 069	−0. 066	0. 062	−1. 063
	虚饰 7	0. 176	0. 043	0. 103	0. 417	0. 026	0. 062	0. 418
	虚饰 8	1. 455	0. 128	0. 107	1. 196	0. 079	0. 065	1. 208
权威	权威 1	3. 128	−0. 201	0. 101	−1. 820	−0. 120	0. 060	−1. 823
	权威 2	0. 403	0. 065	0. 102	0. 637	0. 041	0. 065	0. 628
	权威 3	0. 314	0. 057	0. 102	0. 559	0. 038	0. 068	0. 561
	权威 4	0. 181	−0. 044	0. 103	−0. 427	−0. 030	0. 069	−0. 432
	权威 5	0. 168	−0. 047	0. 115	−0. 409	−0. 026	0. 064	−0. 406
	权威 6	3. 316	0. 186	0. 102	1. 824	0. 119	0. 066	1. 817
关系	关系 1	0. 048	0. 023	0. 104	0. 221	0. 013	0. 060	0. 216
	关系 2	0. 549	0. 076	0. 103	0. 738	0. 049	0. 066	0. 748
	关系 3	1. 282	−0. 116	0. 104	−1. 115	−0. 074	0. 065	−1. 133
	关系 4	0. 471	−0. 069	0. 101	−0. 683	−0. 040	0. 058	−0. 687
	关系 5	0. 133	0. 038	0. 103	0. 369	0. 022	0. 061	0. 361
	关系 6	0. 220	0. 049	0. 103	0. 476	0. 028	0. 060	0. 471
	关系 7	1. 524	0. 126	0. 102	1. 235	0. 071	0. 057	1. 239
	关系 8	1. 494	−0. 126	0. 102	−1. 235	−0. 070	0. 058	−1. 215

注："参照组"为"河南"（N=934），"焦点组"为"四川"（N=624）。

脸面量表在有宗教信仰和无宗教信仰群组之间的项目功能偏差检验结果见表 6-7。（1）在"德操"维度中，"德操 6"的 Mantel 卡方值大于 3. 84 的临界值（p<0. 05），其 LOR Z 值和 COX Z 值均超出了（-2，2）的阈值范围，这表明该题项在两个群组间存在项目功能偏差。三项指标显示该维度中其他题项均并不存在项目功能偏差。对"德操"维度实施测验功能偏差检验可以发现，效应值 v^2 为 0. 016（权重 v^2 值为 0. 015），而效应值小于 0. 07 则表明两个群组间的测验功能偏差较小可以忽略不计。（2）在"本事"维度中，

“本事1”的Mantel卡方值大于6.63的临界值（$p<0.01$），“本事5”的Mantel卡方值大于3.84的临界值（$p<0.05$），这两题项的LOR Z值和COX Z值均超出了（-2，2）的阈值范围，这表明两题项在两个群组间存在项目功能偏差。三项指标显示该维度中其他题项均并不存在项目功能偏差。“本事”维度的DTF检验效应值v^2为0.048（权重v^2值为0.053），这表明该维度的测验功能偏差可以忽略不计。（3）在“形象”维度中，“形象1”和“形象7”的Mantel卡方值大于6.63的临界值（$p<0.01$），其LOR Z值和COX Z值均超出了（-2，2）的阈值范围，这表明该题项在两个群组间存在项目功能偏差。三项指标显示，该维度中其他题项均并不存在项目功能偏差。“形象”维度的DTF检验效应值v^2为0.040（权重v^2值为0.032），这表明该维度的测验功能偏差可以忽略不计。（4）在“名声”维度中，“名声6”的Mantel卡方值大于3.84的临界值（$p<0.05$），其LOR Z值和COX Z值均超出了（-2，2）的阈值范围，这表明该题项在两个群组间存在项目功能偏差。三项指标显示该维度中其他题项均并不存在项目功能偏差。“名声”维度的DTF检验效应值v^2为0.007（权重v^2值为0.009），这表明该维度的测验功能偏差可以忽略不计。（5）在“虚饰”维度中，“虚饰8”的Mantel卡方值大于3.84的临界值（$p<0.05$），其LOR Z值和COX Z值均超出了（-2，2）的阈值范围，这表明该题项在两个群组间存在项目功能偏差。三项指标显示，该维度中其他题项均并不存在项目功能偏差。“虚饰”维度的DTF检验效应值v^2为0.006（权重v^2值为0.006），这表明该维度的测验功能偏差可以忽略不计。（6）在“权威”维度中，“权威2”和“权威5”的Mantel卡方值大于3.84的临界值（$p<0.05$），其LOR Z值和COX Z值均超出了（-2，2）的阈值范围，这表明该题项在两个群组间存在项目功能偏差。三项指标显示，该维度中其他题项均并不存在项目功能偏差。“权威”维度的DTF检验效应值v^2为0.028（权重v^2值为0.023），这表明该维度的测验功能偏差可以忽略不计。（7）在“关系”维度中，各题项的Mantel卡方值在0.088~2.994的区间，LOR Z值在-1.254~1.723的区间，COX Z值在-1.260~1.731的区间，均处于合理的阈值范围内，这表明各题项不存在项目功能偏差。“关系”维度的DTF检验效应值v^2为-0.002（权重v^2值为-0.002），这表明该维度的测验功能偏差可以忽略不计。综上所述，脸面量表共有9个题项在有宗教信仰和无宗教信仰群组之间存在项目功能偏差，但量表并不存在测验功能偏差。

表 6-7 脸面量表的宗教信仰状况 DIF 检验结果

维度	项目	Mantel	L-A LOR	LOR SE	LOR Z	COX'S B	COX SE	COX Z
德操	德操 1	2. 746	0. 219	0. 135	1. 622	0. 143	0. 086	1. 659
	德操 2	1. 914	0. 179	0. 136	1. 316	0. 110	0. 080	1. 382
	德操 3	0. 693	0. 108	0. 132	0. 818	0. 069	0. 083	0. 830
	德操 4	2. 627	-0. 216	0. 135	-1. 600	-0. 140	0. 087	-1. 617
	德操 5	0. 227	0. 062	0. 133	0. 466	0. 035	0. 074	0. 476
	德操 6	5. 523	-0. 308	0. 132	-2. 333	-0. 197	0. 084	-2. 351
	德操 7	1. 332	-0. 148	0. 129	-1. 147	-0. 087	0. 075	-1. 158
	德操 8	0. 398	0. 082	0. 130	0. 631	0. 044	0. 070	0. 629
本事	本事 1	15. 899	-0. 503	0. 129	-3. 899	-0. 305	0. 077	-3. 982
	本事 2	0. 493	0. 091	0. 131	0. 695	0. 056	0. 080	0. 698
	本事 3	0. 002	-0. 007	0. 135	-0. 052	-0. 004	0. 087	-0. 046
	本事 4	0. 815	0. 124	0. 135	0. 919	0. 077	0. 085	0. 906
	本事 5	6. 275	0. 345	0. 136	2. 537	0. 217	0. 087	2. 509
	本事 6	0. 147	0. 052	0. 133	0. 391	0. 035	0. 090	0. 389
形象	形象 1	7. 624	-0. 346	0. 131	-2. 641	-0. 208	0. 075	-2. 759
	形象 2	0. 282	-0. 067	0. 130	-0. 515	-0. 041	0. 078	-0. 525
	形象 3	1. 379	-0. 147	0. 127	-1. 157	-0. 089	0. 076	-1. 168
	形象 4	0. 009	0. 012	0. 133	0. 090	0. 007	0. 079	0. 089
	形象 5	0. 027	0. 021	0. 127	0. 165	0. 013	0. 077	0. 169
	形象 6	0. 853	0. 121	0. 133	0. 910	0. 071	0. 077	0. 928
	形象 7	12. 069	0. 492	0. 142	3. 465	0. 278	0. 080	3. 471
名声	名声 1	1. 604	-0. 165	0. 131	-1. 260	-0. 110	0. 087	-1. 264
	名声 2	0. 268	-0. 068	0. 131	-0. 519	-0. 048	0. 092	-0. 523
	名声 3	0. 171	-0. 055	0. 134	-0. 410	-0. 039	0. 095	-0. 411
	名声 4	1. 080	-0. 139	0. 133	-1. 045	-0. 097	0. 094	-1. 035
	名声 5	0. 526	0. 099	0. 134	0. 739	0. 066	0. 090	0. 730
	名声 6	5. 163	0. 285	0. 127	2. 244	0. 187	0. 082	2. 275

续表

维度	项目	Mantel	L-A LOR	LOR SE	LOR Z	COX'S B	COX SE	COX Z
虚饰	虚饰 1	0. 009	−0. 012	0. 130	−0. 092	−0. 008	0. 081	−0. 099
	虚饰 2	0. 637	0. 100	0. 130	0. 769	0. 059	0. 074	0. 803
	虚饰 3	0. 299	−0. 071	0. 135	−0. 526	−0. 042	0. 076	−0. 551
	虚饰 4	0. 308	0. 073	0. 132	0. 553	0. 050	0. 090	0. 556
	虚饰 5	1. 138	−0. 140	0. 134	−1. 045	−0. 094	0. 088	−1. 065
	虚饰 6	2. 261	0. 193	0. 134	1. 440	0. 122	0. 081	1. 499
	虚饰 7	0. 916	0. 123	0. 131	0. 939	0. 079	0. 082	0. 961
	虚饰 8	5. 245	−0. 312	0. 131	−2. 382	−0. 196	0. 086	−2. 290
权威	权威 1	0. 793	−0. 109	0. 128	−0. 852	−0. 067	0. 076	−0. 887
	权威 2	4. 127	−0. 265	0. 130	−2. 038	−0. 168	0. 083	−2. 031
	权威 3	3. 080	0. 230	0. 132	1. 742	0. 152	0. 087	1. 753
	权威 4	0. 347	0. 081	0. 134	0. 604	0. 052	0. 089	0. 584
	权威 5	4. 428	0. 326	0. 156	2. 090	0. 176	0. 084	2. 103
	权威 6	1. 744	−0. 178	0. 129	−1. 380	−0. 112	0. 085	−1. 325
关系	关系 1	1. 077	−0. 144	0. 134	−1. 075	−0. 082	0. 079	−1. 033
	关系 2	1. 579	−0. 168	0. 134	−1. 254	−0. 108	0. 086	−1. 260
	关系 3	0. 097	−0. 043	0. 137	−0. 314	−0. 027	0. 087	−0. 311
	关系 4	0. 207	0. 060	0. 133	0. 451	0. 035	0. 077	0. 455
	关系 5	0. 088	0. 039	0. 133	0. 293	0. 024	0. 080	0. 299
	关系 6	0. 426	0. 087	0. 133	0. 654	0. 051	0. 078	0. 658
	关系 7	0. 537	−0. 095	0. 132	−0. 720	−0. 055	0. 075	−0. 729
	关系 8	2. 994	0. 236	0. 137	1. 723	0. 130	0. 075	1. 731

注：“参照组”为“有宗教信仰”（N=277），“焦点组”为“无宗教信仰”（N=1281）。

从以上 9 个题项的 L-A LOR 值和 COX'S B 值的正负情况来看，“本事 5”“形象 7”“名声 6”“权威 5”等题项的 DIF 分析结果更支持有宗教信仰群组，“德操 6”“本事 1”“形象 1”“虚饰 8”“权威 2”等题项的 DIF 分析结果更支持无宗教信仰群组。为方便观察这些题在两群组当中的项目反应差异，本书特制作了 ICC 的群组对比图。在图 6-1 中，9 个题项的项目反应曲线的覆盖区域在两组间存在或多或少的差异，这正好与以上分析结果相互印证。

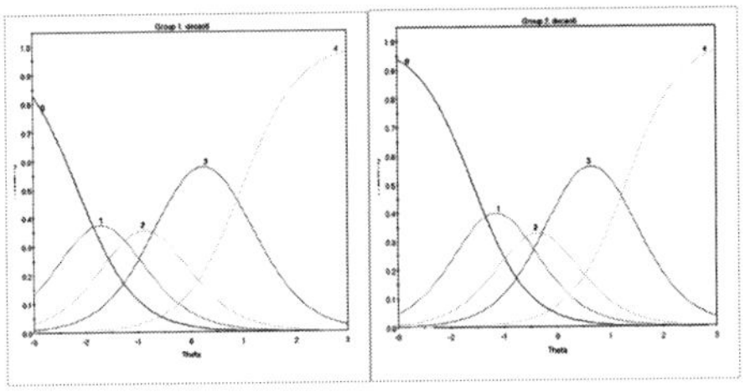

（Ⅰ）“德操6”ICC的群组对比

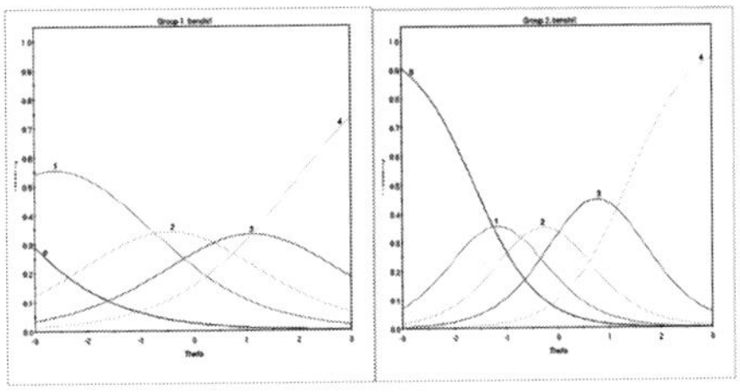

（Ⅱ）“本事1”ICC的群组对比

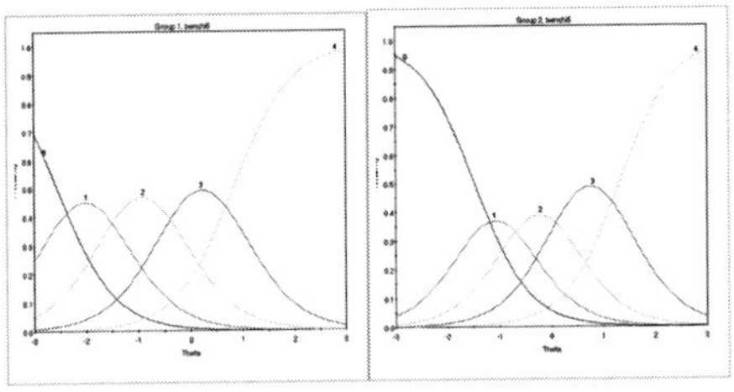

（Ⅲ）“本事5”ICC的群组对比

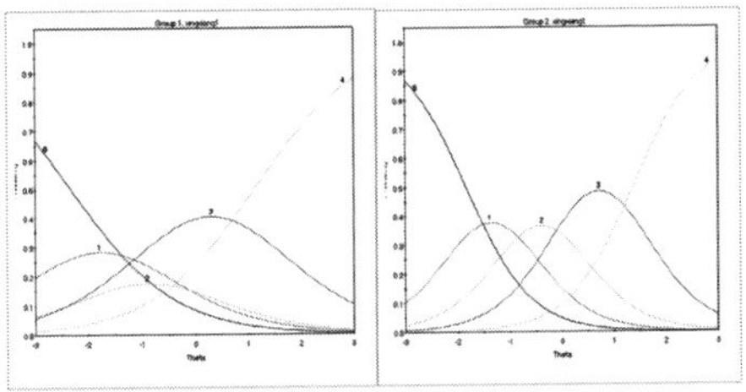

（Ⅳ）“形象1”ICC的群组对比

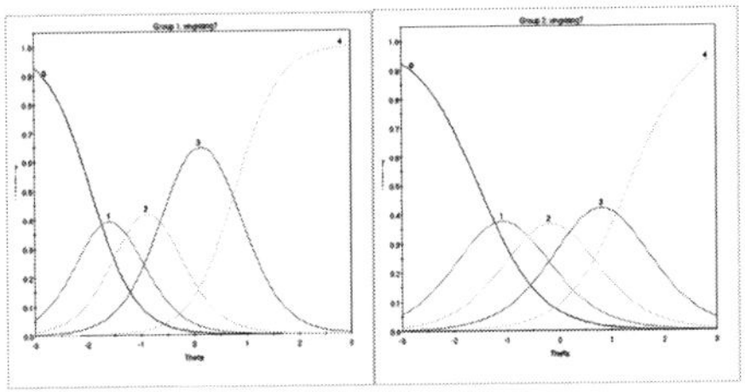

（Ⅴ）“形象7”ICC的群组对比

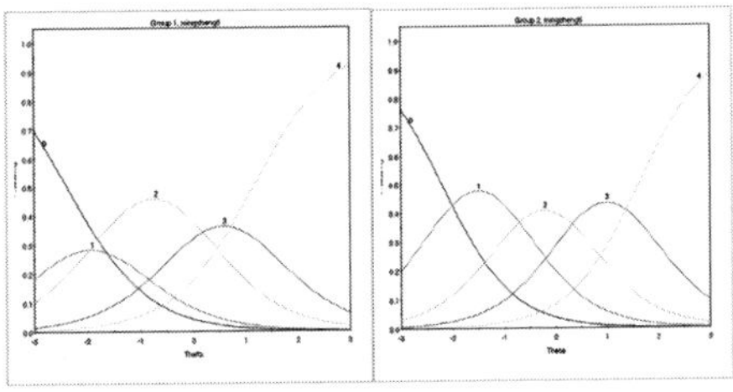

（Ⅵ）“名声6”ICC的群组对比

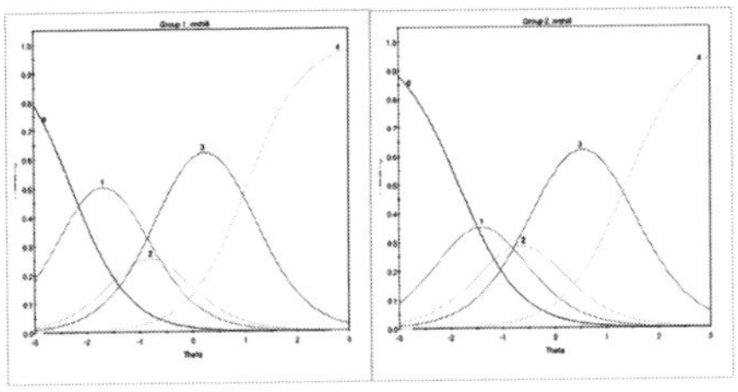

（Ⅶ）“虚饰8”ICC的群组对比

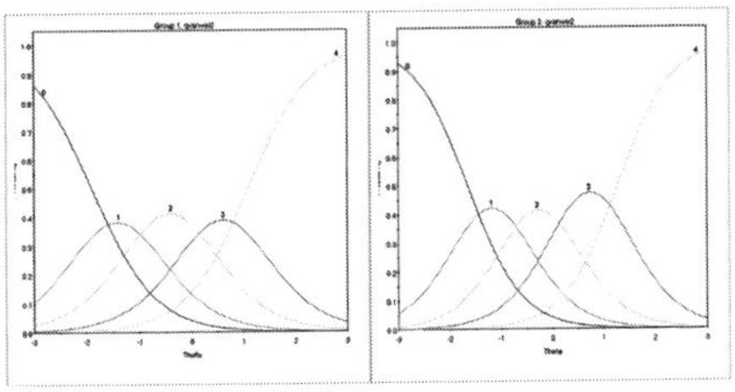

（Ⅷ）“权威2”ICC的群组对比

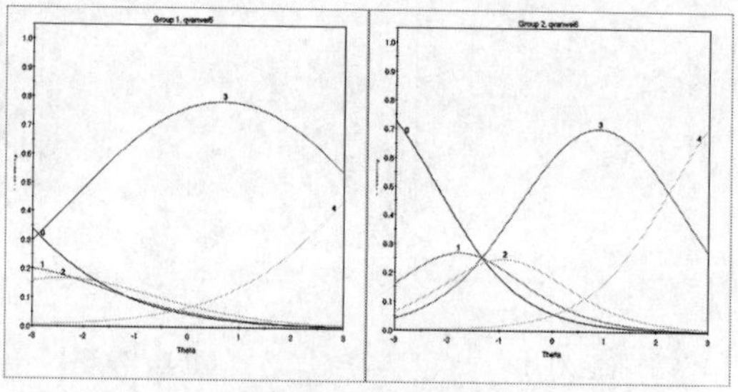

（IX）“权威5”ICC的群组对比

图 6-1　存在项目功能偏差题项的 ICC 群组对比

注：每组图的左边为有宗教信仰群组，右边为无宗教信仰群组。

三、讨论分析

本书采用了 1558 个调查样本，对脸面量表在不同性别、年龄、城乡属性、受教育程度、地域、宗教信仰的群组之间作了项目功能偏差分析。当然，由于研究资料限制，并没有作跨文化群组之间的偏差分析，这是本书的遗憾。从检验结果来看，该量表的所有题项在不同性别、年龄、城乡属性、受教育程度、地域群组之间均不存在项目功能偏差，整个量表在各个群组之间的测试功能偏差也可以忽略不计。在统计意义上可以认为，脸面量表的构念和测量在男性和女性之间，青年人和中年人、老年之间，在乡村和城镇居住的人之间，接受过高等教育和未接受过高等教育的人之间，以及河南人和四川人之间，并不存在被试群体反应模型的不一致，都可以直接进行比较。然而，在有宗教信仰和无宗教信仰的人之间虽没有出现测验功能偏差，但有 9 个题项存在项目功能偏差。因而，使用脸面量表对于有宗教信仰的群体进行施测时需要保持谨慎态度。

前文已经对脸面量表的有效性实施了验证。在量表本身没有问题的前提下可以假定，不同群体间心理与行动模式的不同，造成了其在反应模式上的差异。信仰决定人们的道德观、价值观及审美观，使人们形成独特的社会态度体系（张积家，2019）。社会态度指导人们的行为方式，形塑人们的人格特征。不同的宗教信仰，无论是内在的宗教观念和情感，还是外在的宗教行为与活动、宗教组织与制度方面都大相径庭。但宗教信仰也有共性，就是帮助人们超脱现实世界，完成自我救赎。（蔡毅、伊相如，2000）。相比之下，脸面现象的文化根源在于儒家文化，生成场域在于农业社会的世俗生活。脸面可以说是“入世”精神的体现，而与宗教的“出世”精神截然不同。有宗教信仰和无宗教信仰的群体对待脸面测量工具，是否具有相同的反应模式，值得研究者继续探讨。对于该问题的实证研究仍然不充分。主要是因为调查人数较少，且这些有宗教信仰的人虔诚程度如何尚未可知；也因人数较少，检验中进行了大类合并，细分的各种宗教信仰群组与参照群体之间存在何等偏差，也尚未探知，这些都需要继续论证。由于出现项目功能偏差的题项并未达到总题项的25%，且没有维度出现测验功能偏差，本书不将有宗教信仰的277个样本从所获样本中剔除，但暂不将宗教信仰作为解释变量。

以往不少研究对于量表和问卷的适用范围并没有认真考虑，较少涉及测量工具对于特定群体是否适用的问题。由此可见，许多研究在考虑自身方法的局限性时，更多地集中在样本抽样和变量控制方面，并未考虑到评估工具的项目功能偏差问题。实际上，若存在该问题，则无论是增强样本的规模与代表性，还是控制更多的额外变量，均难以准确地研究变量关系。本土研究尤其要注重这个问题。无论是采用西方翻译过来的，还是自己编制的量表和问卷，在对样本进行实验时，都应该考虑是否会出现群体间的项目功能偏差，甚至出现测试功能偏差。如果特定的群体因素对测验工具的目标特质的影响并非系统性，可以对存在项目功能偏差的题项实施测验等值，或者将其删除后，再作统计推论。如果这种影响具有系统性，则说明量表或问卷并不适合特定群体，需要在运用中果断放弃。

第二节　脸面的群体性差异

脸面量表有七个不同的维度，而各个维度有数量不等的题项。当获取原始数据后，无法直接对分数进行解释和运用，需要将调查所得的原始分数进行有效整合。这个把原始分数整合成量表分数的过程就是分数合成。分数合成是整个测验中非常重要的环节，为建立常模以及分数解释打下坚实基础，有利于将调查分数赋予意义，能够使测验分数真正被研究者所使用（阳辉、车宏生、卞冉，2008；戴海琦、罗照盛，2010）。分数合成有很多层次，包括维度的合成、量表的合成、整套测验的合成，本书只涉及题项维度和量表的合成。

基于经典测验理论对原始分数进行合成，通常运用简单的算术方法即可。比如，两点计分量表计算正确数（或正确率）、多级计分量表计算总分（或题项均值）等。如前文所述，这种方法基于的假设是被试的特质水平与原始分数呈线性关系，而该假设与实际情况可能背道而驰。在具体应用当中，基于经典测验理论的合成分数也有一些问题。由于估计值的计算采用简单的算术方法，对于每个题项也就赋予了相同的权重，尽管同一量表（维度）下的题项在检测目标特质的能力方面可能有大有小。当量表出现题项缺失或者增加题项时，相同量表（维度）的估计值往往不再具有可比性。量表及维度总分与题项分未必能保持最大限度的一致性。而对于这些问题，项目反应理论能提供更好的解决方案。本节将同时基于两种测量理论进行分数合成，并在描述与推断统计中呈现两种估计值的异同。

在完成分数合成后，便可以实施群际对比。通过"有和无"的问题之后，便可以继续关注"多和少"的问题。根据样本在脸量表上的得分（包括 CTT 值和 IRT 估计值），分别探讨样本在性别、年龄、城乡属性、受教育程度、地域之间人口统计学变量上的差异。此前已经证实，按照这些分类变量进行跨群有效性检验，脸面量表并不存在项目功能偏差，因此适合依据这些变量实施群组对比。脸面量表有诸多题项在有宗教信仰和无宗教信仰群组之间存在项目功能偏差，因此不将宗教信仰作为群组对比的分类因素。

一、研究方法

基于经典测验理论对脸面量表进行分数合成时，由于各维度题项数量不尽相同，所以采取了原始分均值的方法进行计算，以便合成分数更具有可比性，以下简称 CTT 值。基于项目反应理论进行分数合成的方法有很多种，本书主要采用较为常见的贝叶斯期望后验估计法（Expected A Posteriori，EAP）。EAP 估计法是在给定的可测反应模式 x_i 的情况下，特质水平（θ）后验分布均值的评估（Bock & Mislevy，1982）。EAP 估计法适用于任何反应模式，并且其估计值的平均误差小于其他 IRT 估计法。本节主要运用 IRTPRO 4.2 软件实施 EAP 估计。群际特征主要运用 SPSS 22.0 软件实施统计，分别探讨样本得分在性别、年龄、城乡属性、受教育状态、地域等类别变量上的差异。二分变量采用独立样本 t 检验，三分变量则采用单因素方差分析检验。此外，本书所用的被试样本与本章上一节的样本相同。

二、研究结果

如前文所述，脸面量表及其分维度的估计值采用了两种分数合成方法。两种估计值之间的关联程度，可以用相关系数来呈现。从表 6-8 来看，脸面量表及其各维度的两种对应估计值之间相关系数在 0.987~0.994 的区间，呈现极强的正相关，但并未达到完全相关。某量表（维度）的 CTT 得分与不同量表（维度）的 EAP 得分的相关系数，与某量表（维度）的 EAP 得分与该分量表（维度）的 CTT 得分的相关系数存在差异。比如，"德操" CTT 值与

"本事"EAP 值的相关系数为 0.479;"德操"EAP 值与"本事"CTT 值的相关系数为 0.484。以上表明，两种估计值尽管具有高度的相关性，但也存在微小的差异。

表 6-8 脸面量表两种估计值的相关性

	德操(CTT)	本事(CTT)	形象(CTT)	名声(CTT)	虚饰(CTT)	权威(CTT)	关系(CTT)	脸(CTT)	面子(CTT)
德操(EAP)	0.989**	0.484**	0.412**	0.227**	0.160**	0.184**	0.131**	0.789**	0.240**
本事(EAP)	0.479**	0.993**	0.533**	0.288**	0.218**	0.239**	0.144**	0.814**	0.304**
形象(EAP)	0.406**	0.530**	0.994**	0.305**	0.210**	0.272**	0.179**	0.802**	0.330**
名声(EAP)	0.224**	0.290**	0.300**	0.994**	0.382**	0.402**	0.329**	0.336**	0.716**
虚饰(EAP)	0.168**	0.222**	0.216**	0.382**	0.987**	0.376**	0.357**	0.250**	0.749**
权威(EAP)	0.184**	0.250**	0.281**	0.410**	0.392**	0.987**	0.275**	0.295**	0.686**
关系(EAP)	0.136**	0.143**	0.179**	0.336**	0.359**	0.274**	0.990**	0.190**	0.705**
脸(EAP)	0.758**	0.853**	0.792**	0.339**	0.246**	0.287**	0.187**	0.992**	0.362**
面子(EAP)	0.250**	0.322**	0.340**	0.767**	0.764**	0.684**	0.635**	0.376**	0.988**

注：皮尔逊相关分析；双尾检验，** 表示 $p<0.01$。

下面，本书将两种合成分数实施描述统计，样本分布情况见表 6-9。正态分布检验（Kolmogorov-Smirnov）表明，脸面量表及其各维度的分布并非呈正态分布。脸面量表及其分维度两种估计值的偏度均为负数，即分布都呈现负偏态，样本得分更集中在右侧；CTT 值均比 EAP 值的分布更倾向于负偏态。两种估计值合成分数的峰度均为负数，及其分布相较于标准正态分布都呈现出较为平坦的态势；CTT 值比 EAP 值的峰度低。换言之，EAP 值分布形态与 CTT 存在系统性差异。

表 6-9　脸面量表合成分数的样本分布情况

维度	CTT					EAP				
	最小值	最大值	偏度	峰度	(K) a	最小值	最大值	偏度	峰度	(K) a
德操	1.000	5.000	-0.685	-0.100	0.112***	-3.232	2.316	-0.431	-0.207	0.060***
本事	1.000	5.000	-0.484	-0.651	0.120***	-2.769	2.096	-0.372	-0.476	0.071***
形象	1.000	4.857	-0.581	-0.526	0.119***	-2.820	1.918	-0.493	-0.309	0.075***
名声	1.000	5.000	-0.516	-0.561	0.105***	-2.885	2.072	-0.445	-0.272	0.061***
虚饰	1.000	5.000	-0.651	-0.258	0.119***	-3.212	2.274	-0.436	-0.271	0.068***
权威	1.000	5.000	-0.596	-0.343	0.113***	-2.847	2.138	-0.387	-0.269	0.057***
关系	1.000	4.875	-0.765	-0.031	0.115***	-3.223	1.929	-0.522	-0.169	0.065***
脸	1.190	4.667	-0.523	-0.380	0.093***	-3.675	2.086	-0.432	-0.277	0.074***
面子	1.429	4.643	-0.606	-0.034	0.067***	-3.623	2.031	-0.534	0.007	0.056***

注：***表示 $p<0.001$。

本书就两种估计值分别建立了初步常模，见表 6-10，包括百分位常模和标准分常模。前者重在指出低于测验分数的人数百分比，以 5%的百分位数间隔建立脸面量表总分的百分位常模，被调查者在脸面量表上的得分越高，在百分位常模中所处的位置就越高。标准分常模重在将原始分数与平均数的距离以标准差为单位表示出来，CTT 值平均数在 3.353～3.604 的区间，标准差在 0.583～0.891 的范围；而 EAP 值平均数都为 0，标准差在 0.900～0.945 的范围。

表 6-10 脸面量表的初步常模

	常模		德操	本事	形象	名声	虚饰	权威	关系	脸	面子
CTT	标准分常模	*M*	3. 586	3. 408	3. 353	3. 428	3. 573	3. 499	3. 604	3. 457	3. 535
		SD	0. 759	0. 891	0. 856	0. 887	0. 776	0. 824	0. 774	0. 668	0. 583
	百分位常模	5%	2. 125	1. 667	1. 714	1. 667	2. 125	2. 000	2. 000	2. 188	2. 464
		10%	2. 500	2. 000	2. 000	2. 150	2. 500	2. 333	2. 500	2. 524	2. 750
		15%	2. 750	2. 333	2. 286	2. 333	2. 750	2. 500	2. 750	2. 762	2. 964
		20%	3. 000	2. 667	2. 571	2. 667	2. 875	2. 833	3. 000	2. 905	3. 071
		25%	3. 125	2. 833	2. 857	2. 833	3. 000	3. 000	3. 125	3. 000	3. 143
		30%	3. 250	2. 833	3. 000	3. 000	3. 250	3. 167	3. 250	3. 095	3. 250
		35%	3. 375	3. 000	3. 143	3. 167	3. 331	3. 333	3. 375	3. 190	3. 321
		40%	3. 500	3. 167	3. 143	3. 333	3. 500	3. 333	3. 500	3. 286	3. 414
		45%	3. 625	3. 333	3. 286	3. 333	3. 625	3. 500	3. 625	3. 381	3. 500
		50%	3. 750	3. 500	3. 571	3. 500	3. 750	3. 667	3. 750	3. 476	3. 607
		55%	3. 875	3. 667	3. 636	3. 667	3. 875	3. 833	3. 875	3. 619	3. 679
		60%	4. 000	3. 833	3. 714	3. 833	4. 000	3. 833	4. 000	3. 762	3. 750
		65%	4. 000	4. 000	3. 857	4. 000	4. 000	4. 000	4. 000	3. 857	3. 857
		70%	4. 125	4. 000	4. 000	4. 000	4. 125	4. 000	4. 125	3. 952	3. 929
		75%	4. 250	4. 167	4. 000	4. 167	4. 250	4. 167	4. 250	4. 048	4. 000
		80%	4. 250	4. 333	4. 143	4. 333	4. 250	4. 333	4. 250	4. 095	4. 071
		85%	4. 375	4. 333	4. 286	4. 333	4. 375	4. 333	4. 375	4. 190	4. 148
		90%	4. 500	4. 500	4. 286	4. 500	4. 500	4. 500	4. 500	4. 238	4. 250
		95%	4. 625	4. 667	4. 429	4. 667	4. 625	4. 667	4. 500	4. 381	4. 321

续表

	常模		德操	本事	形象	名声	虚饰	权威	关系	脸	面子
EAP	标准分常模	*M*	0.000	0.000	0.000	0.000	0.000	0.000	0.000	0.000	0.000
		SD	0.901	0.909	0.900	0.920	0.913	0.900	0.902	0.943	0.945
	百分位常模	5%	-1.631	-1.659	-1.637	-1.695	-1.683	-1.600	-1.672	-1.776	-1.727
		10%	-1.229	-1.260	-1.320	-1.323	-1.290	-1.314	-1.272	-1.245	-1.218
		15%	-0.951	-0.975	-1.049	-1.043	-0.959	-1.007	-0.969	-0.978	-0.986
		20%	-0.776	-0.780	-0.781	-0.781	-0.760	-0.776	-0.769	-0.785	-0.780
		25%	-0.632	-0.632	-0.599	-0.570	-0.612	-0.598	-0.606	-0.647	-0.627
		30%	-0.490	-0.511	-0.441	-0.437	-0.478	-0.464	-0.442	-0.521	-0.495
		35%	-0.340	-0.412	-0.305	-0.292	-0.353	-0.292	-0.295	-0.377	-0.366
		40%	-0.186	-0.239	-0.170	-0.175	-0.206	-0.158	-0.143	-0.249	-0.229
		45%	-0.028	-0.074	-0.032	-0.061	-0.039	-0.064	0.005	-0.111	-0.087
		50%	0.102	0.082	0.109	0.092	0.112	0.102	0.130	0.030	0.096
		55%	0.229	0.224	0.268	0.235	0.257	0.225	0.251	0.187	0.240
		60%	0.348	0.377	0.405	0.339	0.364	0.342	0.349	0.389	0.363
		65%	0.486	0.487	0.495	0.482	0.482	0.461	0.461	0.540	0.486
		70%	0.557	0.637	0.579	0.612	0.579	0.545	0.595	0.670	0.635
		75%	0.686	0.737	0.708	0.738	0.700	0.662	0.693	0.799	0.754
		80%	0.821	0.860	0.804	0.829	0.816	0.795	0.814	0.895	0.864
		85%	0.928	0.975	0.934	0.944	0.960	0.938	0.930	0.995	1.005
		90%	1.080	1.099	1.084	1.093	1.090	1.060	1.064	1.149	1.140
		95%	1.321	1.299	1.227	1.301	1.303	1.360	1.243	1.331	1.332

以性别为分类变量，以调查样本在脸面量表及其各个维度的合成分数为测量变量进行独立样本 t 检验。在表 6-11 中，两种估计值的统计判断具有较高的一致性。不同性别的中国人在脸面量表及其各个维度的得分有大小不等的差异，但除“德操”维度外，这些差异并未达到统计学上的显著水平（$p>0.05$）。观察“德操”维度的统计检验结果，男性组得分均值低于女性组，t 值分别为-2.541 和-2.620，p 值分别为 0.011 和 0.009，都达到 0.05 的显著水平。

表 6-11　脸面量表得分的性别差异

	性别	*M*	*SD*	*t*	*p*	*M*	*SD*	*t*	*p*
		CTT				EAP			
德操	男	3.539	0.743	-2.541	0.011	-0.057	0.874	-2.620	0.009
	女	3.637	0.774			0.063	0.926		
本事	男	3.399	0.895	-0.438	0.661	-0.007	0.909	-0.334	0.738
	女	3.418	0.888			0.008	0.909		
形象	男	3.329	0.847	-1.172	0.241	-0.024	0.895	-1.107	0.269
	女	3.380	0.865			0.026	0.905		
名声	男	3.419	0.908	-0.419	0.676	-0.011	0.943	-0.521	0.602
	女	3.438	0.863			0.013	0.895		
虚饰	男	3.599	0.766	1.385	0.166	0.030	0.902	1.338	0.181
	女	3.545	0.787			-0.032	0.924		
权威	男	3.515	0.825	0.839	0.402	0.018	0.905	0.838	0.402
	女	3.480	0.823			-0.020	0.895		
关系	男	3.609	0.770	0.252	0.801	0.006	0.896	0.252	0.801
	女	3.599	0.779			-0.006	0.910		
脸	男	3.429	0.660	-1.768	0.077	-0.036	0.927	-1.568	0.117
	女	3.489	0.675			0.039	0.960		
面子	男	3.545	0.596	0.742	0.458	0.014	0.964	0.589	0.556
	女	3.523	0.568			-0.014	0.924		

以城乡属性（居住在农村或城镇）为分类变量，以调查样本在脸面量表及其各个维度的合成分数为测量变量进行独立样本 t 检验，检验结果见表 6-12。两种分数的统计判断多数具有一致性，但也存在相矛盾的地方。居住在农村或城镇的中国人在脸面量表及其各个维度的得分有大小不等的差异，总量表及部分维度的差异已经达到统计学上的显著水平。（1）在“形象”维度上，城镇组均值高于农村组，t 值依次是 1.997 和 2.101，p 值为 0.036 和 0.046，都达到了 0.05 的显著水平。（2）在“虚饰”维度上，城镇组均值高于农村组，t 值依次是 1.965 和 1.818，p 值为 0.050 和 0.069，CTT 值的检验达到 0.05 的显著水平，而 EAP 值的检验并未达到 0.05 的显著水平。（3）在“权威”维度上，城镇组均值高于农村组，t 值依次是 4.225 和 3.807，p 值均达到了 0.001 的显著水平。（4）从“脸”量表得分的检验结果来看，城镇组

均值高于农村组，t 值依次是 2.264 和 2.238，p 值为 0.024 和 0.025，都达到了 0.05 的显著水平。(5) 观察“面子”量表得分的检验结果可以发现，城镇组均值高于农村组，t 值依次是 2.853 和 2.714，p 值为 0.004 和 0.007，都达到了 0.01 的显著水平。

表 6-12　脸面量表得分的城乡差异

	城乡属性	*M*	*SD*	*t*	*p*	*M*	*SD*	*t*	*p*
		CTT				EAP			
德操	城镇	3.627	0.792	1.913	0.056	0.049	0.943	1.914	0.056
	农村	3.552	0.730			−0.040	0.864		
本事	城镇	3.443	0.885	1.402	0.161	0.037	0.908	1.456	0.146
	农村	3.379	0.896			−0.030	0.909		
形象	城镇	3.403	0.843	2.101	0.036	0.050	0.885	1.997	0.046
	农村	3.312	0.865			−0.041	0.910		
名声	城镇	3.468	0.865	1.630	0.103	0.035	0.899	1.360	0.174
	农村	3.395	0.903			−0.029	0.937		
虚饰	城镇	3.615	0.762	1.965	0.050	0.046	0.904	1.818	0.069
	农村	3.538	0.786			−0.038	0.919		
权威	城镇	3.594	0.781	4.225	0.000	0.095	0.863	3.807	0.000
	农村	3.420	0.850			−0.078	0.923		
关系	城镇	3.590	0.780	−0.778	0.437	−0.018	0.909	−0.873	0.383
	农村	3.621	0.767			0.022	0.894		
脸	城镇	3.500	0.669	2.264	0.024	0.059	0.954	2.238	0.025
	农村	3.423	0.665			−0.048	0.932		
面子	城镇	3.581	0.563	2.853	0.004	0.071	0.918	2.714	0.007
	农村	3.497	0.596			−0.058	0.963		

以年龄为分组变量，以调查样本在脸面量表及其分维度得分为测量变量进行简单方差分析。将年龄按照 40 岁以下（青年人），40~60 岁（中年人）和 60 岁以上（老年人）进行分段。检验结果见表 6-13，两种分数的统计判断具有一致性。不同年龄段的被调查者在脸面量表及其各个维度的得分有大小不等的差异，脸面量表及六个维度的差异已达到统计学上的显著水平。(1) 观察

"德操"维度两种分数的统计检验结果可以发现，F 值依次是 43.232 和 45.506，均为 $p < 0.001$。四种得分的事后检验（LSD 法）具有一致判断，青年组的最显著低于老年组，而老年组显著低于中年组（$p < 0.05$）。(2) 在"本事"维度上，F 值依次是 19.104 和 18.894，均为 $p < 0.001$。事后检验（LSD 法）具有一致判断，青年组得分最显著低于老年组，而老年组显著低于中年组（$p < 0.05$）。(3) 在"形象"维度上，F 值依次是 3.305 和 3.159，p 值依次为 0.037 和 0.043，均在 0.05 水平上显著。事后检验（LSD 法）具有一致判断，中年组和老年组得分没有显著差异，两者都低于青年组（$p < 0.05$）。(4) 在"名声"维度上，F 值依次为 8.336 和 8.995，均为 $p < 0.001$。事后检验（LSD 法）具有一致判断，中年组和老年组得分没有显著差异，两者都高于青年组（$p < 0.05$）。(5) 在"虚饰"维度中，F 值依次是 2.333 和 2.714，均在 0.05 水平上显著。事后检验（LSD 法）具有一致判断，青年组和中年组得分低于老年组（$p<0.05$）。(6) 在"权威"维度上，F 值依次是 5.640 和 7.216，其 p 值分别是 0.004 和 0.001，前者在 0.01 水平上显著，后者在 0.001 水平上著。事后检验（LSD 法）具有一致判断，青年组最低，老年组最高，中年组居于二者之间，且与二者差异不显著（$p < 0.05$）。(7) 在"关系"维度上，F 值依次是 6.154 和 7.273，其 p 值在 0.002 和 0.001。事后检验（LSD 法）具有一致判断，青年组显著低于老年组，老年组显著高于中年组（$p < 0.05$）。(8) 在"脸"分量表上，F 值依次是 26.180 和 26.181，均为 $p< 0.001$。事后检验（LSD 法）具有一致判断，青年组显著低于老年组，老年组显著高于中年组（$p < 0.05$）。(9) 在"面子"分量表上，F 值依次是 9.803 和 10.988，均为 $p < 0.001$。事后检验（LSD 法）具有一致判断，青年组和中年组没有显著差异，老年组显著高于这两个群组（$p < 0.05$）。

表 6-13 脸面量表得分的年龄差异

	年龄	*M*	*SD*	*F*	*p*	*M*	*SD*	*F*	*p*
		CTT				EAP			
德操	青年	3.439	0.764	43.232	0.000	−0.176	0.890	45.506	0.000
	中年	3.851	0.705			0.335	0.854		
	老年	3.720	0.706			0.148	0.861		
本事	青年	3.302	0.893	19.104	0.000	−0.105	0.906	18.894	0.000
	中年	3.655	0.891			0.255	0.928		
	老年	3.458	0.842			0.041	0.852		

续表

	年龄	M	SD	F	p	M	SD	F	p
		CTT				EAP			
形象	青年	3.465	0.919	3.305	0.037	0.114	0.961	3.159	0.043
	中年	3.324	0.836			-0.041	0.870		
	老年	3.326	0.838			-0.023	0.888		
名声	青年	3.351	0.880	8.336	0.000	-0.083	0.914	8.995	0.000
	中年	3.502	0.847			0.076	0.873		
	老年	3.564	0.927			0.150	0.969		
虚饰	青年	3.540	0.768	2.333	0.097	-0.040	0.908	2.741	0.065
	中年	3.589	0.729			0.015	0.842		
	老年	3.649	0.847			0.099	0.998		
权威	青年	3.443	0.820	5.640	0.004	-0.068	0.895	7.216	0.001
	中年	3.534	0.836			0.042	0.904		
	老年	3.618	0.809			0.149	0.892		
关系	青年	3.559	0.761	6.154	0.002	-0.058	0.887	7.273	0.001
	中年	3.600	0.796			0.000	0.927		
	老年	3.738	0.771			0.168	0.899		
脸	青年	3.362	0.670	26.180	0.000	-0.130	0.949	26.181	0.000
	中年	3.667	0.676			0.307	0.955		
	老年	3.513	0.607			0.058	0.851		
面子	青年	3.484	0.622	9.803	0.000	-0.087	1.013	10.988	0.000
	中年	3.562	0.546			0.048	0.867		
	老年	3.649	0.480			0.196	0.788		

以接受高等教育状况（有接受或未接受）为分类变量，以调查样本在脸面量表及其各个维度的合成分数为测量变量进行独立样本 t 检验，检验结果见表 6-14。两种分数的统计判断具有一致性。有接受高等教育和未接受高等教育的中国人在脸面量表及其各个维度的得分有大小不等的差异，总量表及部分维度的差异已经达到统计学上的显著水平。（1）观察“本事”维度两种分数的统计检验结果可以发现，接受高等教育组均值高于未接受高等教育组，t 值依次是 2.359 和 2.429，p 值为 0.019 和 0.015，都达到了 0.05 的显著水平。（2）在“形象”维度上，接受高等教育组均值高于未接受高等教育组，t 值

依次是 3.485 和 3.401，均为 $p<0.001$。(3) 在“虚饰”维度上，接受高等教育组均值高于未接受高等教育组，t 值依次是 2.317 和 2.235，p 值为 0.021 和 0.026，都达到了 0.05 的显著水平。(4) 从“脸”分量表得分的检验结果来看，接受高等教育组均值高于未接受高等教育组，t 值依次是 3.071 和 3.098，p 值均为 0.002，都达到了 0.01 的显著水平。

表 6-14　脸面量表得分在教育程度上的差异

	有/未接受高等教育	*M*	*SD*	*t*	*p*	*M*	*SD*	*t*	*p*
		CTT				EAP			
德操	有接受	3.630	0.819	1.592	0.112	0.067	0.964	2.062	0.039
	未接受	3.563	0.725			-0.035	0.865		
本事	有接受	3.484	0.946	2.359	0.019	0.080	0.967	2.429	0.015
	未接受	3.368	0.859			-0.042	0.874		
形象	有接受	3.459	0.896	3.485	0.001	0.110	0.951	3.401	0.001
	未接受	3.297	0.829			-0.058	0.867		
名声	有接受	3.454	0.949	0.804	0.422	0.029	0.991	0.859	0.390
	未接受	3.414	0.852			-0.015	0.881		
虚饰	有接受	3.636	0.790	2.317	0.021	0.072	0.935	2.235	0.026
	未接受	3.540	0.766			-0.038	0.899		
权威	有接受	3.494	0.792	-0.287	0.774	-0.009	0.863	-0.525	0.599
	未接受	3.507	0.881			0.017	0.969		
关系	有接受	3.635	0.821	1.138	0.256	0.042	0.952	1.287	0.198
	未接受	3.587	0.747			-0.022	0.875		
脸	有接受	3.531	0.710	3.071	0.002	0.106	1.009	3.098	0.002
	未接受	3.419	0.642			-0.055	0.902		
面子	有接受	3.569	0.617	1.647	0.100	0.062	1.006	1.822	0.069
	未接受	3.517	0.563			-0.032	0.910		

以地域（河南或四川）为分类变量，以调查样本在脸面量表及其各个维度的合成分数为测量变量进行独立样本 t 检验，检验结果见表 6-15。两种分数的统计判断具有一致性。两个省的被调查者的脸面量表得分有些微小的差异，但差异均未达到统计上的显著水平（$p>0.05$）。

表 6-15　脸面量表得分在地域上的差异

	地域	*M*	*SD*	*t*	*p*	*M*	*SD*	*t*	*p*
		CTT				EAP			
德操	河南	3.616	0.750	1.920	0.055	0.032	0.898	1.731	0.084
	四川	3.540	0.771			−0.048	0.905		
本事	河南	3.431	0.893	1.244	0.214	0.027	0.916	1.441	0.150
	四川	3.374	0.889			−0.040	0.896		
形象	河南	3.365	0.859	0.686	0.493	0.009	0.907	0.500	0.617
	四川	3.335	0.851			−0.014	0.891		
名声	河南	3.442	0.868	0.736	0.462	0.015	0.901	0.787	0.431
	四川	3.408	0.913			−0.023	0.948		
虚饰	河南	3.556	0.801	−0.716	0.474	−0.013	0.943	−0.461	0.645
	四川	3.585	0.759			0.009	0.892		
权威	河南	3.521	0.811	1.327	0.185	0.021	0.884	1.122	0.262
	四川	3.464	0.842			−0.032	0.924		
关系	河南	3.588	0.807	−0.661	0.509	−0.017	0.939	−0.586	0.558
	四川	3.615	0.751			0.011	0.878		
脸	河南	3.480	0.672	1.608	0.108	0.030	0.954	1.552	0.121
	四川	3.424	0.660			−0.045	0.926		
面子	河南	3.514	0.610	−1.159	0.247	−0.029	0.991	−0.976	0.329
	四川	3.549	0.564			0.020	0.913		

三、讨论分析

本节涉及了脸面量表的分数合成，并尝试在分数合成中采用两种方法。CTT 法基于经典测验理论，而 EAP 估值法则是基于项目反应理论。从各描述和推断统计结果来看，两个估计值具有很大的同质性，但也存在微小的差异。观察两种估计值的相关性可以发现，两种合成分数具有很强的相关性，但并未达到完全相关的程度。通过描述统计可以发现，EAP 估值计的分布与 CTT 的分布有系统性差异。在群组对比当中可以发现，两种估值计的统计判断在多数情况下是一致的，但也可能出现不一致的判断。例如，本书对中国人脸面量表的城乡差异进行对比时，“虚饰”维度 CTT 估计的 t 检验为显著水平，而 EAP 估值的 t 检验未达到显著水平；“权威”维度两种估计值的 t 检验均为显著。在本土心理学研究中，这些微小的差异可能会使判断决策出现偏差。

相较于经典测验理论，项目反应理论在量表分数的合成方面具有独特的优势（Steinberg & Thissen，1996；杜文久，2014）：在实际测验中，无论添加题项或者删除题项，测验结果都能够保持良好的可比性；能够根据题项对于目标特质的鉴别能力对每个题项进行最优加权；可以提供更加精确的评估标准误；在进行分数修正时，能提供比 CTT 分数更灵活和稳健的修正方案；量表及维度总分始终与题项位置保持连续统。本书更倾向于运用项目反应理论实施分数合成。令人遗憾的是，尽量项目反应理论有如此多的优点，却至今没有在测量工具的开发中被广泛使用。正如笔者在文献回顾部分提到的，以往脸面相关的量表和问卷的编制基本都采用了经典测验理论。尽管经典测验理论存在一些问题，但在实际运用当中仍然有其优势，如易于理解、易于操作等，因而拥有较为广泛的应用场景。随着信息技术的进一步发展，项目反应理论操作较难的问题终将得到解决。

本书通过不同性别、城乡属性、年龄、受高等教育状况、地域的被试在脸面量表上得分的对比发现，量表（维度）得分在一些因素上存在显著差异，但其显著性水平的效应值往往较小，因此，我们不应该夸大脸面现象在中国人当中的群际差异。

脸面现象的性别差异，向来为人们所关注。但从调查结果来看，仅仅在“脸”分量表中的“德操”部分，女性得分要显著高于男性。传统文化给予女性很强的训诫与约束，“男尊女卑”“三从四德”导致女性在社会资源占有中的弱势地位，因而女性对规则比男性更加敏感，不敢拒绝社会规范，恐惧被家庭或社会抛弃。当然，并不能简单把道德要求作为真正的道德实践（萨孟武，2005），况且传统社会给予男性的道德约束未必弱于女性。在现代社会，女性的社会境遇已经得到改善，通过“德操”来树立和维持自我形象方面未必比男性更强烈。

中国传统社会是成熟的农业文明，而农业文明是本土心理的生成土壤。从这个角度讲，农村比城镇更容易孕育民族文化，承载本土心理与文化。然而，实证并不支持该推论。在农村居住的人在“脸”和“面子”分量表上的得分都低于在城镇居住的人。当然，城乡一体化的格局正在快速推进，农村人口的流动性已经大大加快，长期存在的城乡二元体制正在逐渐被打破（赵旭东，2018）。当然，城镇内部也存在较大差异，比如星罗棋布的小城镇更接近农村的社会形态，而屈指可数的千万级人口城市更接近现代城市的理想型社会形态，本书笼统归之为“城镇”可能忽略了这种复杂性。以上种种，使我们不必夸大脸面现象在农村与城镇间的差异。

从年龄段来看，中年人在“脸”量表上的得分最高，老年人在“面子”量表上得分最高，年轻人在两个分量表上得分都最低。可以尝试从不同的角度解释这种现象。从社会变迁的角度来看，随着全球化与现代化的推进，传统文化与外来文化发生冲突与整合，脸面现象在年青一代身上体现得比他们的父辈或祖辈更少。从社会生态与社会网络的角度来看，中年人比青年人和老年人承担了更多的社会责任和义务，更加深入地嵌入社会网络中，德操、本事、形象关乎社会协作效率，他们更需要也更容易有“脸”。老年人则退出了生产活动，渴望被尊重，也容易获得尊重，愿意让自己人生更圆满，因为更有“面子”。

接受过高等教育的人比未接受过高等教育的人在“脸”量表得分更高（尤其在“本事”“形象”维度显著高于后者），有的人在“面子”量表的“虚饰”维度得分更高。这似乎符合“读书人爱面子”的说法（温方伊，2013）。接受过高等教育的人获得了更多文化资本，这意味着他们更可能依靠个人本事获得社会资源。高学历的人更可能被社会文化所规训，呈现出更好的教养，更注重树立自己的形象。受过高等教育也能更好地“伪装”自己。然而，随着时代的发展，高等教育的区隔作用随着高等教育的普及而弱化（余秀兰，2014；杨中超，2016）。

本节最后对脸面现象的地域文化差异实施了检验。调查涉及了河南和四川两省的被试。从文化来看，河南属于典型的北方中原文化，而四川属于偏居西南一隅，属南方的巴蜀文化。从检验结果来看，两省的被试在脸面量表及分维度的得分并没有显著差异。当然，我们并不能因此认为，脸面现象在其他亚文化群体中也没有差异。比如，东南沿海地区在对外开放、经济发展等方面走在我国前列，他们的一些本土心理特征是否弱化？但本书受研究条件所限并未涉及这些省份。以后的研究还需要弥补调查样本涉及地域文化不足的问题。

从调查结果来看，脸面现象总体上呈现出一定的文化统合与文化认同。我们看到，尽管在文化群体内部可能存在社会阶层、民族、性别、城乡属性、年龄、受高等教育状况、地域间的差异，但大多数中国人更擅长与自己的同胞打交道，而不善于应付外国人；外国人也是如此，在与自己文化群体内部的人打交道时比与中国人相处更加轻松自如。虽然中国人并不总是能理解中国同胞的所作所为，但是通常而言，不太会像外国人那样对同胞的行为感到惊讶。每个文化群体内部的成员共同持有一些基本的信念、心态和期待，这些共同意识是人们打交道时的基本指标，使社会稳定和持久（许烺光，2017）。

第三节 脸面与个体网络

回顾以往构建的脸面运作模型，既有将个体置于微观的面子事件时的心理与行为过程模型（陈之昭，1989；朱瑞玲，1989a；佐斌，1997），也有将个体置于宏观的社会文化关系下的运作机制模型（黄光国，1987；翟学伟，2011）。尽管本书所评估的脸面为稳定的个人特质，但阐释这种特质时不应该忽略其文化与社会属性。“关系”是中国人文化与社会属性的重要体现。黄光国（1987）的“人情与面子的理论模型”，翟学伟（2011）的“脸面的连续统”均从各自角度探讨了“脸面”与“关系”这两个概念的联系。事实上，无论是日常言语沟通，还是在学术话语体系中，这两个概念常常被共置一处。可以说，要研究脸面，总是绕不开关系。翟学伟（2016）直接指出，关系包含面子和人情，也能连接权力，构成一个半封闭的社会网络。或者说，面子本身内嵌于关系中，这在脸面结构中已经有所体现。当然，以往学者通过定性方式对两者关系的探讨已经较为深入，本书将尝试通过定量方式探讨脸面与社会网络（Social Network）的关联性。

社会网络的概念最早由齐美尔（Georg Simmel）在20世纪初提出。此后，社会计量学者研究小群体人际关系模式、“派系”生成等问题，利用图论法推进了很多技术发展；结构功能人类学考察了部落和乡村社会的“社区”关系结构，为社会网络的发展奠定了基础（斯科特，2016）。20世纪80年代，已然形成完整的社会网络分析方法论（霍然，2019）。社会网络是由许多节点（个人或组织）构成的一种社会结构，由这些节点相互联系构成的社会网络代表各种社会关系，经由这些社会关系把人们组织串联起来。网络视角摒弃了“原子化”个体的观点，重视个体之间的相互影响。强调网络对于个体有重要影响，比起节点自身的特征或者属性，个体之间的关系更加重要。只有把个体放在网络之中去考察，才能完整地解释它。理解社会网络，就需要重视它的结构特征，因为结构特征既关乎个体，也关乎整个网络的生存和竞争力（巴拉巴西，2013；克里斯塔基斯、富勒，2013）。本书将着重关注脸面与网络结构特征的相关度。

不少研究对于社会网络、社会资本、关系等概念的使用缺乏清晰的边界。本书先简单作一下概念之间关系的澄清。首先，社会资本、关系更接近于人际网络的范畴。社会网络和人际网络是包含与被包含的关系。社会网络覆盖的范围更广一些，它不仅包括由人构成的人际关系网络，比如“工作网”“微信网”“拜年网”，还包括由人制造出来的网络，如论文引用网络、互联网、贸易网。接下来可以将社会网络的抽象程度降低到人际网络的层次。其次，社会网络并不能等同于社会资本。社会资本是无形的，社会网络可以是它的表现载体，甚至是形成社会资本的根源（Reagans & Zucker，2001；Reagans & Mc Evily，2003）。社会资本能够用来分析社会网络的形成和演变机理，而社会网络能够表现社会资本的结构状态（李宏贵、谢峰，2017）。然而，并不能将二者混为一谈，社会资本与人际网络在内涵和外延上都不是完全重合的。刘林平（2006）明确提出，不要把社会网络这一概念泛化，社会网络或社会资源是潜在的社会资本，而社会资本则是用来投资的社会资源。换言之，两者犹如“器”与“用”的关系。社会网络是研究社会资本的重要工具，但既非唯一工具，也非独享工具。哪怕仅停留在人际网络的抽象程度，围绕社会网络产生的一系列理论模型与应用场景也已超出社会资本的范畴。比如，人际网络中的“中心度”，调查相同被试，采用相同测量方法，既可以作为社会资本研究的评价指标，也可以作为传播学中意见领袖的指标，还可以作为公共卫生研究中疾病传播的指标。最后，社会网络也并不完全等同于“关系”。相对于社会资本，关系既有有效的成分，也有无效的成分（翟学伟，2009）。无论是费孝通的“差序格局”、梁漱溟的“伦理本位”、许烺光的情境中心、何有晖的“关系本位”，还是杨国枢的“社会取向”，都强调了关系的文化性与情境性。相较于关系概念，“社会网络”更能从文化性与情境性中抽离，也更能抛弃有效或无效的假定，集中于呈现人际关系或人际互动的结构属性。

社会网络可以分为个体网络和整体网络（刘军，2014），本书主要关注脸面与个体网络的相关性。测量个体网络的常用方法是“提名法”和“定位法”，二者都要求被试列出他们的社会关系（节点），然后评估每一个节点的连接特征（Seibert et al.，2001；罗家德，2010；吕涛，2012）。考虑到调查样本较大，“提名法”和“定位法”的运用存在很大困难，本书使用“问卷法”来测量个体网络的结构特征（Hoye et al.，2009）。对于网络结构特征的调查，有许多不同的侧面。本书关注网络特征的四个维度。（1）网络规模，指网络中节点（个体）数量的多少。拥有更多接受的节点，意味着在网络中，拥有更大的影响力。（2）网络中心度，指个体在网络中的重要程度。Freeman（1979）总结了关于网络中心性的三个度量指标：广泛度、密切度和中介度。以上三个度量指标分别代表个体活跃度、个体通过网络得到信息内容的效率高低、在网络中地位的高低。（3）网络关系强度，指网络当中节点之间连接的紧密程度。Granoveter（1973）提出了互动频率、互惠行动、密切程度以及情感强度四个衡量关系强度的指标。（4）网络异质性，代表在个体网络里每个有关联的节点之间的差别性。同质性连接更容易在同类相吸的原则上建立起来。对于情感取向的接连，同质性更加稳固，质量更高。要完成任务，实现具有挑战性的目标，异质性连接更有帮助（Uzzi，2013）。四种网络特征在个体网络研究中被反复关注，其问卷调查方法的研究已趋于成熟（周星，2008；王丽洋，2014；姜萍，2015；单冠桦，2016）。个体网络是动态的建构过程，网络在不停地生长，节点之间不断产生新的连接，但连接不是随机的，而是有选择的，网络仍然呈现一定程度的稳定性。四种特征之间具有某些关联性，比如中心度越高的节点，越能优先获得新的连接。这种稳定性与规律性，使得探讨脸面与个体网络之间的关系成为可能。

一、研究方法

（一）研究对象

本书采用随机调查的方式实施调查，在问卷发放、指导语、保密承诺等环节都力求做到规范化，确保被调查者都清楚填写要求，并独立完成调查，从而保证收集的数据真实有效。数据回收和整理后，获得有效数据 563 份；平均年龄 32.11 岁（标准差 7.74 岁）；男性 313 人（占 55.6%），女性 250 人（占 44.4%）；接受过高等教育 189 人（占 33.6%），未接受高等教育 374 人（占 66.4%）；农村地区 243 人（占 43.2%），城镇地区 320 人（占 56.8%）；北方 383 人（河南，占 68.0%），南方 180 人（四川，占 32.0%）。

（二）研究工具

问卷涉及四种个体网络特征的评估。（1）网络规模，参照王丽洋（2014）和单冠桦（2016）的问卷，从总体规模和重要交往网络规模两个角度评估网络规模。（2）网络中心度，按照 Freeman 的思路，参考周星（2008）、王丽洋（2014）和单冠桦（2016）的问卷进行中心度的评估。（3）关系强度，参考 Granoveter（1973）提出的四个衡量关系强度的指标，结合周星（2008）、王丽洋（2014）和单冠桦（2016）对于社会网络的测量量表，编制了关系强度问卷。（4）网络异质性，借鉴单冠桦（2016）和周星（2008）的问卷，从地域、行业或专业、年龄三个方面对网络异质性进行测量。问卷采用李克特五点计分。数据分析表现，网络规模内部一致性系数为 0.791，网络中心度为 0.845，关系强度为 0.827，异质性为 0.812，可见，该问卷具有较好的信度。验证性因子分析显示，拟合指数（$\chi^2/df = 1.125$，RMSEA = 0.015，GFI = 0.984，TLI = 0.997，CFI = 0.998，SRMR = 0.017）在可接受范围内，这表明问卷具有良好的结构效度。

脸面量表同样采用李克特五点计分。“脸”量表中德操、本事、形象三个分维度的内部一致性系数依次是0.868、0.830、0.804，总量表为0.901，可见，该量表具有较好的信度。验证性因子分析结果显示：$\chi^2/df=1.763$，RMSEA=0.037，GFI=0.948，TLI=0.966，CFI=0.970，SRMR=0.041，拟合指数均在可接受的范围，这表明脸量表拥有较好的结构效应。“面子”量表中名声、虚饰、权威、关系四个分维度的内部一致性系数依次是0.848、0.877、0.902、0.811，总量表为0.907，可见，该量表具有较好的信度。验证性因子分析结果显示：$\chi^2/df=2.498$，RMSEA=0.052，GFI=0.915，TLI=0.927，CFI=0.934，SRMR=0.037，拟合情况同样较好，这表明面子量表也拥有较好的结构效应。此外，还控制了性别、年龄、城乡属性、受高等教育状况、所在区域等变量（黄荣贵、桂勇，2010）。

二、研究结果

（一）同源方差分析

由于研究资源的限制，本书采用的研究方法可能导致数据存在同源方差问题，因而需要先将该问题事先排除。先通过探索性因子分析进行Harman检验（熊红星等，2012）。把社会网络问卷四个维度和脸面量表七个维度的所有测项放在一起进行探索性因子分析，未旋转前的第一个因子解释率为20.8%，因子累积解释率为58.7%的方差。虽然未旋转的第一个因子的解释方差最大，但并没有超过所解释的一半，因此，可以认为本书的研究不存在严重的同源方差问题。

（二）变量描述统计与相关系数

本节运用SPSS统计软件对各变量间的相关系数进行了计算。表6-16显示了各主要变量的均值、标准差以及变量之间的相关系数。在表6-16中，社会网络四个维度（网络规模、中心度、关系强度、异质性）和脸面七个维度（德操、本事、形象、名声、虚饰、权威、关系）两两之间呈现显著正相关。从相关系数的大小来看，脸面与社会网络各维度主要呈现出弱相关和中等相关，少数相关关系极弱（如脸与中心度、德操与中心度），不存在强相关和极强相关。

表 6-16 描述统计与相关分析

	M	SD	网络规模	中心度	关系强度	异质性	德操
网络规模	3.608	1.105					
中心度	3.580	1.012					
关系强度	3.582	1.040	0.434**				
异质性	3.631	1.027	0.540**	0.366**			
德操	3.600	0.816	0.322**	0.188**	0.377**		
本事	3.419	0.899	0.168**	0.306**	0.286**	0.227**	
形象	3.338	0.847	0.212**	0.462**	0.255**	0.228**	0.522**
名声	3.453	0.867	0.306**	0.452**	0.300**	0.356**	0.452**
虚饰	3.630	0.812	0.459**	0.407**	0.397**	0.427**	0.257**
权威	3.514	0.950	0.425**	0.249**	0.419**	0.300**	0.173**
关系	3.647	0.752	0.426**	0.410**	0.327**	0.307**	0.223**
脸	3.461	0.675	0.313**	0.113**	0.285**	0.219**	0.138**
面子	3.572	0.576	0.283**	0.497**	0.345**	0.333**	0.806**
	本事	形象	名声	虚饰	权威	关系	脸
形象	0.535**						
名声	0.291**	0.332**					
虚饰	0.248**	0.249**	0.405**				
权威	0.273**	0.303**	0.468**	0.413**			
关系	0.146**	0.213**	0.299**	0.389**	0.236**		
脸	0.827**	0.814**	0.357**	0.273**	0.332**	0.205**	
面子	0.325**	0.371**	0.735**	0.771**	0.692**	0.690**	0.395**

注：** 表示 $p<0.01$。

（三）回归模型分析

首先，采用多元回归分析探讨脸面和网络规模之间的关系。模型 1 加入了年龄、性别、学历、城乡属性、地域等控制变量，这些控制变量与网络规模的关系均不显著。模型 2 在控制变量的基础上，加入脸和面子。结果表明，在控制额外变量后，脸与网络规模之间呈现显著正向关系（$\beta=0.076$，$p<0.05$），面子也与网络规模之间呈现显著正向关系（$\beta=0.536$，$p<0.001$），但脸的标准化回归系数明显小于面子。模型 3 再加入脸和面子的交互项。结果显示，脸与面子的交互作用并不显著（$\beta=0.236$，$p>0.05$）。模型 4 在控制变量的基础上，只加入脸和面子的七个分维度。德操、本事不能显著预测网络规模（$\beta=-0.031$，$p>0.05$；$\beta=-0.020$，$p>0.05$），形象、名声、虚饰、权威、关系均显著正向预测网络规模（$\beta=0.135$，$p<0.01$；$\beta=0.234$，$p<0.001$；$\beta=0.194$，$p<0.001$；$\beta=0.184$，$p<0.001$；$\beta=0.106$，$p<0.01$）。

表 6-17　脸面与网络规模关系的多元回归分析（OLS）

	模型 1			模型 2			模型 3			模型 4		
	非标 β	标化 β	p	非标 β	标化 β	p	非标 β	标化 β	p	非标 β	标化 β	p
（常量）	3.961		0.000	-0.728		0.075	0.067		0.948	-0.338		0.397
年龄	0.000	0.001	0.992	0.003	0.021	0.597	0.003	0.022	0.574	0.005	0.034	0.389
性别	-0.019	-0.009	0.841	0.072	0.032	0.362	0.072	0.032	0.36	0.065	0.029	0.406
学历	-0.006	-0.003	0.951	0.066	0.028	0.421	0.075	0.032	0.366	0.042	0.018	0.612
城乡属性	-0.118	-0.053	0.210	-0.034	-0.015	0.659	-0.035	-0.016	0.653	-0.011	-0.005	0.888
地域	-0.101	-0.043	0.365	-0.014	-0.006	0.882	-0.016	-0.007	0.865	-0.011	-0.005	0.906
脸				0.124	0.076	0.049	-0.130	-0.080	0.673			
面子				1.027	0.536	0.000	0.791	0.413	0.006			
脸×面子							0.073	0.236	0.400			
德操										-0.042	-0.031	0.463
本事										-0.025	-0.020	0.651
形象										0.176	0.135	0.003
名声										0.299	0.234	0.000
虚饰										0.264	0.194	0.000
权威										0.214	0.184	0.000
关系										0.155	0.106	0.007

续表

	模型 1			模型 2			模型 3			模型 4		
	非标 β	标化 β	p	非标 β	标化 β	p	非标 β	标化 β	p	非标 β	标化 β	p
R^2	0.005			0.323			0.324			0.333		
调整 R^2	-0.004			0.314			0.314			0.318		
F	0.526			37.828***			33.171***			22.869***		

注：*** 表示 $p<0.001$。

其次，采用多元回归分析探讨脸面和网络中心度之间的关系。模型 1 加入了年龄、性别、学历、城乡属性、地域等控制变量，除年龄（$\beta=-0.135$，$p<0.01$）以外，其他控制变量与网络中心度的关系均不显著。模型 2 同样在控制变量的基础上，把脸和面子作为主变量。结果表明，在实施变量控制后，脸与网络中心度之间呈现显著正向关系（$\beta=0.387$，$p<0.001$）；面子与网络中心度之间呈现显著正向关系（$\beta=0.235$，$p<0.001$），脸的标准化回归系数明显大于面子。模型 3 再加入脸和面子的交互项。结果显示，脸和面子的交互作用并不显著（$\beta=-0.257$，$p>0.05$）。模型 4 在控制变量的基础上，只加入脸和面子的七个分维度。德操、虚饰、关系均不能显著预测网络中心度（$\beta=-0.001$，$p>0.05$；$\beta=-0.003$，$p>0.05$；$\beta=-0.068$，$p>0.05$），而本事、形象、名声、权威均能显著正向预测网络中心度（$\beta=0.246$，$p<0.001$；$\beta=0.189$，$p<0.001$；$\beta=0.188$，$p<0.001$；$\beta=0.216$，$p<0.001$）。

表 6-18 脸面与中心度关系的多元回归分析（OLS）

	模型 1			模型 2			模型 3			模型 4		
	非标 β	标化 β	p	非标 β	标化 β	p	非标 β	标化 β	p	非标 β	标化 β	p
（常量）	4.533		0.000	0.478		0.206	-0.314		0.741	0.923		0.009
年龄	-0.018	-0.135	0.004	-0.011	-0.087	0.030	-0.011	-0.088	0.027	-0.009	-0.068	0.075
性别	0.042	0.021	0.621	0.062	0.030	0.396	0.061	0.030	0.399	0.056	0.028	0.417
学历	-0.075	-0.035	0.403	0.034	0.016	0.653	0.026	0.012	0.740	0.001	0.001	0.987
城乡属性	-0.041	-0.020	0.629	0.001	0.001	0.985	0.002	0.001	0.978	0.065	0.032	0.348
地域	-0.195	-0.090	0.052	-0.125	-0.058	0.144	-0.123	-0.057	0.151	-0.120	-0.055	0.142
脸				0.580	0.387	0.000	0.834	0.557	0.004			
面子				0.413	0.235	0.000	0.647	0.369	0.016			
脸×面子							-0.073	-0.257	0.365			
德操										-0.001	-0.001	0.988

续表

	模型1			模型2			模型3			模型4		
	非标β	标化β	*p*	非标β	标化β	*p*	非标β	标化β	*p*	非标β	标化β	*p*
本事										0.277	0.246	0.000
形象										0.225	0.189	0.000
名声										0.220	0.188	0.000
虚饰										-0.004	-0.003	0.940
权威										0.230	0.216	0.000
关系										-0.092	-0.068	0.069
R^2	0.040			0.309			0.310			0.376		
调整 R^2	0.032			0.300			0.300			0.362		
F	4.663			35.387***			31.057***			27.628***		

注：***表示 $p<0.001$。

再次，采用多元回归分析探讨脸面和网络关系强度之间的关系。模型1加入了年龄、性别、学历、城乡属性、地域等控制变量，除性别（$\beta=0.095$，$p<0.05$）外，其他控制变量与关系强度的关系均不显著。模型2同样在控制变量的基础上，再加入脸和面子。结果显示，在控制额外变量后，脸与关系强度之间呈现显著的正向关系（$\beta=0.177$，$p<0.001$），面子同样与其呈现显著的正向关系（$\beta=0.437$，$p<0.001$），脸的标准化回归系数明显小于面子。模型3再加入脸和面子的交互项。结果显示，交互项与关系强度的关系并不显著（$\beta=0.054$，$p>0.05$）。模型4在控制变量的基础上，只加入脸和面子的七个分维度。统计结果表明，本事和权威都不可以显著预测关系强度（$\beta=-0.002$，$p>0.05$；$\beta=0.067$，$p>0.05$），而德操、形象、名声、虚饰、关系都可以显著正向预测关系强度（$\beta=0.123$，$p<0.01$；$\beta=0.094$，$p<0.05$；$\beta=0.181$，$p<0.001$；$\beta=0.244$，$p<0.001$；$\beta=0.094$，$p<0.05$）。

表6-19　脸面与关系强度的多元回归分析（OLS）

	模型1			模型2			模型3			模型4		
	非标β	标化β	*p*	非标β	标化β	*p*	非标β	标化β	*p*	非标β	标化β	*p*
（常量）	3.593		0.000	-0.729		0.064	-0.559		0.573	-0.472		0.221
年龄	0.000	-0.002	0.963	0.004	0.027	0.498	0.004	0.028	0.494	0.004	0.027	0.511
性别	0.198	0.095	0.025	0.262	0.125	0.001	0.262	0.125	0.001	0.246	0.118	0.001
学历	-0.022	-0.010	0.817	0.061	0.028	0.445	0.063	0.029	0.435	0.051	0.023	0.526

续表

	模型 1			模型 2			模型 3			模型 4		
	非标 β	标化 β	p	非标 β	标化 β	p	非标 β	标化 β	p	非标 β	标化 β	p
城乡属性	-0.099	-0.047	0.265	-0.031	-0.015	0.676	-0.032	-0.015	0.675	-0.040	-0.019	0.599
地域	-0.074	-0.033	0.478	0.005	0.002	0.959	0.004	0.002	0.962	0.002	0.001	0.979
脸				0.273	0.177	0.000	0.218	0.142	0.465			
面子				0.788	0.437	0.000	0.737	0.409	0.008			
脸×面子							0.016	0.054	0.851			
德操										0.157	0.123	0.005
本事										-0.002	-0.002	0.967
形象										0.116	0.094	0.039
名声										0.217	0.181	0.000
虚饰										0.313	0.244	0.000
权威										0.073	0.067	0.123
关系										0.130	0.094	0.018
R^2	0.013			0.289			0.289			0.297		
调整 R^2	0.004			0.280			0.279			0.282		
F	1.461			32.277***			28.197***			19.393***		

注：*** 表示 $p<0.001$。

最后，采用多元回归分析探讨脸面和网络异质性之间的关系。模型 1 加入年龄、性别、学历、城乡属性、地域等控制变量，除地域（$\beta=-0.103$，$p<0.05$）外，其他控制变量与网络异质性的关系均不显著。模型 2 在控制变量的基础上，加入脸和面子。结果显示，在控制变量后，脸与网络异质性之间呈现显著正向关系（$\beta=0.199$，$p<0.001$）；面子与网络异质性之间呈现显著正向关系（$\beta=0.347$，$p<0.001$），脸的标准化回归系数明显小于面子。模型 3 再加入脸和面子的交互项。结果显示，交互项与网络异质性的关系并不显著（$\beta=0.047$，$p>0.05$）。模型 4 在控制变量的基础上，只加入脸和面子的七个分维度。回归分析结果表明，德操、本事、权威、关系不能显著预测网络异质性（$\beta=0.035$，$p>0.05$；$\beta=-0.030$，$p>0.05$；$\beta=0.066$，$p>0.05$；$\beta=0.034$，$p>0.05$），形象、名声、虚饰均能显著正向预测网络异质性（$\beta=0.224$，$p<0.01$；$\beta=0.269$，$p<0.001$；$\beta=0.098$，$p<0.05$）。

表 6-20 脸面与网络异质性的多元回归分析（OLS）

	模型 1			模型 2			模型 3			模型 4		
	非标 β	标化 β	p	非标 β	标化 β	p	非标 β	标化 β	p	非标 β	标化 β	p
（常量）	4. 122		0. 000	0. 365		0. 369	0. 512		0. 618	0. 611		0. 119
年龄	0. 008	0. 057	0. 225	0. 012	0. 087	0. 039	0. 012	0. 087	0. 039	0. 013	0. 098	0. 019
性别	-0. 079	-0. 038	0. 366	-0. 032	-0. 015	0. 683	-0. 032	-0. 015	0. 684	-0. 031	-0. 015	0. 686
学历	-0. 104	-0. 048	0. 257	-0. 026	-0. 012	0. 749	-0. 025	-0. 011	0. 766	-0. 045	-0. 021	0. 575
城乡属性	-0. 094	-0. 045	0. 284	-0. 039	-0. 019	0. 612	-0. 040	-0. 019	0. 611	-0. 014	-0. 007	0. 858
地域	-0. 227	-0. 103	0. 028	-0. 159	-0. 072	0. 083	-0. 160	-0. 073	0. 083	-0. 132	-0. 060	0. 146
脸				0. 303	0. 199	0. 000	0. 256	0. 169	0. 405			
面子				0. 618	0. 347	0. 000	0. 575	0. 322	0. 047			
脸×面子							0. 013	0. 047	0. 876			
德操										0. 044	0. 035	0. 433
本事										-0. 035	-0. 030	0. 525
形象										0. 271	0. 224	0. 000
名声										0. 319	0. 269	0. 000
虚饰										0. 124	0. 098	0. 026
权威										0. 072	0. 066	0. 134
关系										0. 046	0. 034	0. 412
R^2	0. 014			0. 223			0. 223			0. 260		
调整 R^2	0. 005			0. 213			0. 212			0. 244		
F	1. 599			22. 79***			19. 909***			16. 095***		

注：*** 表示 $p<0.001$。

三、讨论分析

对于脸面而言，既可以在宏观上将其视为特殊的文化与社会现象，也可以在微观上将其理解为个体的稳定的心理与行为特质。按照文化动态建构论，个体被置于特定的语言情境和文化脉络，经过生命历程的试错，在文化认知的基础上建构了与脸面相关的共享的心理表征。脸面观念和行为的获得又使得脸面相关的社会运作得以动态持续。脸面既源于日常实践，也在日常实践中呈现。脱离文化与社会孤立地谈脸面是不适合的。社会网络可以呈现人际关系或人际互动的结构属性。本书探索脸面与个体网络的关系，意在从一个侧面将脸面的个体性与社会性联系起来。整体而言，在控制人口学变量的情况下，脸和面子均与个体网络特征存在显著的正向关系，且不存在显著的交互作用。对比标准化回归系数可以发现，脸更能正向预测网络中心度，而面子更能正向预测网络规模、关系强度和异质性。调查结果在一定程度上验证了脸面异质性的存在。当然，各个脸面维度与个体网络特征在关系类型与强度方面都存在差异。

德操仅能正向预测关系强度，与网络规模、中心度和异质性没有显著的正向关系。高德操者惯于遵守行为规范与社会准则，做事情踏踏实实，比较容易赢得别人的信任，为良好的人际互动建立基础。这种行动不越界，保持社会赞许的行为模式，易于被社会圈里的人所接受。但道德操守可能更有利于维持和强化既有网络，维持好长期固定关系，而未必有利于拓展网络，以及树立个体在网络中的中心位置。倘若太在意别人的看法，过于有羞耻感，便会束手束脚，反而不能大胆与人交往（朱浚贤，2008）。再者，过分坚持原则，凡事循规蹈矩，能让志同道合的人趋之若鹜，也容易让有道德瑕疵的人对其敬而远之。反过来看，社会网络与德操的关系同样比较复杂。在社会网络中，可能有志趣相投的人，“同声相应，同气相求”，也可能有臭味相投的人，“群居终日，言不及义，好行小慧”。在网络里容易出现“网络传染”的现象，即一个人跟随他人行动，进而导致整个网络都拥有相同特征或偏好（杰克逊，2019）。异质性强，可能意味着正直宽容，与人交往能做到广结良缘，也可能意味着交往过滥，社交圈鱼龙混杂。中心度高，既可能是以德服人、以理服人，也可能是以力服人。综上所述，德操只与关系强度有显著的预测关系。

本事仅能正向预测中心度，与网络规模、关系强度和异质性没有显著的正向关系。如前文所述，中心度反映的是个体在网络中的重要程度。本事高的人有为个人或群体创造社会价值、争取社会资源的特质。社会圈里其他人更可能对这样的人有所需要，因而其更可能赢得尊重，使别人愿意与其建立联系，向其索取帮助。换言之，本事使得个体在人际互动中产生向心力，从而在社会网络中获得和巩固其重要位置。但这样的人未必合群。本事高的人对他人需求较少，而不容易顺从与向别人妥协。本事更体现个体专注于事，而非专注于人。专注于事，可能不会花更多的资源在拓展和强化个体网络上。他们更容易相信“求人不如求己”，不愿主动向人求助，没有向人求助的客观需要，从而失去很多人际互动的机会。同样，网络规模大，可能是后天努力的结果，也可能是先天的资源禀赋；网络紧密程度高，可能是个人能够给网络中其他人提供信息和帮助，也可能是网络中的情感性或工具性联结较多；

网络的异质性强，可能表明本事强，也可能只是善于交往。因此，本事与网络中心度有正向关系。

形象、名声与个体网络四个维度均呈正相关关系。由此可见，在所处的社会情境中呈现出的符合他人期待的外在形象，可能更容易获得认同，有利于提升人际互动的数量和质量。好的形象是遵守交往规则和秩序，在人际互动中做到得体。既能做到“以礼自防”，给别人和自己都留颜面，又能使自己在网络处于优势地位。相比之下，负面形象表现为破坏交往规则和秩序，容易招致社会排斥，使其在人际互动中处于劣势地位。比如，与人交往时，态度嚣张，言语粗鄙，时常盛气凌人，便不会有人愿意与其交往。名声的维护会让人屈从于社会规范而不追求工具性的利益。追求好的名声是中国人的本能反应，拥有好名声是在未来能够吸引更多资源的重要策略（罗家德，2015）。名声在社会网络中具有很强的传播性，同样可能影响人际互动的数量和质量。

虚饰能够正向预测网络规模、关系强度和异质性，但与中心度没有显著的正向关系。换言之，在长期的互动中，虚饰有利于拓展网络规模，强化互动关系，增强网络丰富性。如前文所述，虚饰是人际关系的“润滑剂”，为人过于真诚，不注重场合，反倒可能被贴上“憨”“傻”的标签，使得其他人不愿与其交往。但虚饰似乎并不能提升个体在网络中的重要程度，这可能在于中心度包括分享信息和提供帮助，而虚饰与这些“实”的内容无关。

权威能够正向预测网络规模、中心度和关系强度，但与异质性没有显著的正向关系。如前文所述，中国人讲究贵贱、尊卑、长幼、亲疏有别，所以制定有差别性的行为规范（瞿同祖，2011）。越讲究服从与权威，越表明个体对网络中既有的等级秩序的承认，也表明个体有在网络中获得合法的权力与地位的心理与行为。倘若网络中的个体能够各安其位、各司其职、各得其所，便可以有效地避免和化解冲突，强化彼此之间的联结。然而，当等级秩序过强时，可能增强网络的同质性，而非异质性。反过来看，网络的异质性过强未必有利于等级秩序的建立和巩固。

关系能够正向预测网络规模和关系强度，但与中心度和异质性没有显著的正向关系。从网络的角度来看，个体所追求或者已经享有的“关系”便是网络的一部分，这可能使得关系与网络规模显著正相关。要获得、维持和强化“关系”，就需要有“关系学”或“关系术”。使用关系术最终可能导致互动频率变高，互惠行动增多，密切程度更强，情感强度提升。“搞关系”的对象指向于地位比自己高、社会资源比自己多的人。使用关系术后便有了关系，有了关系便可能有求于人。然而，当这些地位比自己高、社会资源比自己多的人被纳入个体网络后，未必能够增加个人在网络中的重要程度。另外，这些互动对象往往与个人有某种同质性，比如相同地域、相同行业等，才能方便“人熟好办事”，反倒难以增强网络的异质性。

脸面不仅仅表现在言语沟通中，更体现在广泛的行动实践中。脸面在社会互动中，既有有效的一面，也有无效的一面。本书所测量的脸面是相对稳定的心理与行为特质，影响人们社会互动的意识、途径、方式、对象，从而形塑结构性的网络特征。而网络特征反过来也会影响人们社会互动的空间，决定个体所获得的心理地位，影响其在他人心目中的形象。脸面与网络特征可谓是一种动态的、双向建构的过程。当然，本书尚存在局限。调查网络特征仅采用了问卷法，而“提名法”“定位法”等能够反映网络特征的更多侧面，描述也更加精确详细；对变量的控制不够严格；缺乏对更为复杂过程机制的探讨。

第七章　结论与展望

脸面是中国人调节社会交往的最细腻的一种标准，它既抽象，又不可捉摸。如果把胡先晋（Hu, 1944）的论文视为开端，那么脸面问题进入社会科学的学术殿堂已有 70 余年历史。这 70 余年正是现代化、全球化迅速推进的时期，与之相应的是社会科学领域频频出现的各种热点问题。相比之下，脸面问题的研究从来是不瘟不火的状态。换言之，脸面问题虽没有站在学术舞台的中央，但也从来没有被学术界抛弃，反倒不断出现新的研究，这恰恰反映了与脸面在不同的时代背景、文化背景下，具有不同的文化特征，是需要研究者持续探讨的。

第一节　讨论与总结

本书基于文化社会心理学的视角，借助“文化/社会/历史脉络观”和“文化动态建构论”确立了分析框架，从多个维度探讨了脸面相关的一系列悬而未决的问题。我们对于脸面进行了语言分析，在关注日常话语实践的基础上，探讨了脸和面子是否能够画等号，以及脸和面子具有怎样的内涵结构。为了解释中国人为何如此重视脸面，结合思想、历史和传统社会结构探讨了脸面的文化脉络。结合经典测验理论和项目反应理论，开发了脸面的测量工具。围绕脸面的社会表征，评估了脸面测量在文化内部的跨群有效性和脸面的群际差异，并探讨了脸面与个体网络的关系。

一、脸面的语言分析

由于脸面的模糊性和隐喻性，对其准确界定并非易事。一方面，研究者必须针对脸面概念用现代生活语言在自身文化的脉络中进行整理；另一方面，又不能完全脱离常规学科语言及思路。脸面是中国人日常话语体系中的一部分，为了更好地理解脸面，本书先进行了话语与实践分析。特定文化群体的话语决定知识生产的方式和语言表达的合法性，影响人们的思维模式、价值判断和行为方式。福柯（1998）在《知识考古学》中认为，虽然“话语”的外在表现为语言形式，但它并不是纯粹的语言问题，而是思想及相应的历史以语言的方式表达，具有人文力量与实践力量的二重性。话语与实践分析为理解脸和面子的内涵打下了坚实基础。学者们已经意识到，面子具有复杂和多维度的特性（Ting-Toomey & Cocroft，1994；周晓虹、赵鼎新、翟学伟等，2018）。为了更深入地理解脸面，我们需要将其构念化，即将脸面转换为可以付诸实证检验的研究构念。要理解脸面的结构内涵，我们先要解决脸与面子是否应该加以区分的问题。有些学者并未将两个概念进行严格区分（Goffman，1955；Ho，1976；Brown & Levinson，1978，1987；Ting-Toomey，1988；黄光国，1988；陈之昭，1989；张妙清等，2001），另一些学者则分别定义了两个概念（Hu，1944；佐斌，1997；翟学伟，1995，2011；高永平，2006；Zhou & Zhang，2017）。为解决这个充满分歧的问题，本书沿用词汇学途径，在借鉴前人研究路径的基础上运用了对应分析技术。区分脸和面子对于理解其概念有很大帮助，但这种区分还不足以体现脸面的复杂性（Kinnison，2017）。因而，本书又采用概念构图法研究脸和面子的内涵结构。脸面的构念化延续了阿尔伯特、卡特尔等学者开创的词汇学研究路径（张积家，2019）。无论是对应分析还是概念构图法，主要思维是系统收集前人研究中与脸面相关的关键词，对关键词进行分类化简，得到数据有限的维度，并对维度进行更加深入的分析和界定。

本书借助文献法和词汇学途径，在对脸面实施话语和实践整理分析的基础上，在概念范畴构念化方面做出了新的探索。（1）从以往研究文献中收集了46个与脸面有紧密关系的关键词，通过“脸面意识启动+关键词清单+脸面属性判断”的调查步骤收集了数据，对数据采取对应分析后发现：与面子在语义场上存在重合的关键词比脸的关键词更多，这表明人们对面子的重视程度要超过对脸的重视；脸和面子的“语义场”存在异质性和同质性，且异质性较强，脸具有价值取向、自控性、非互动性、稳定性，强调失去的严重性，而面子具有现实取向、他控性、互动性、情境性，强调得到的重要性；脸可以定义为个体（或群体）在迎合某一社会圈内公认的价值与行为法则时，通过一系列有利于自己或相关者的路径和策略，在一定社会情境中做出的符合他人期待的行为；面子可定义为个体（或群体）在做出一系列符合他人期待的行为后，判断他人的评价与自我期待是否一致的心理过程，其基本目的是获得自己在他人心目中的序列地位的提升，外在表现为社会赞许的程度。（2）借助概念构图法，界定脸和面子各自的内涵结构。脸可以分为三个维度。德操脸，为迎合某一社会圈内公认的伦理道德，通过对社会规范与行为准则的遵守，从而在所处的社会情境中做出符合他人期待的行为。本事脸，为迎合某一社会圈内公认的能力评价标准，通过展示为个人或群体创造社会价值、争取社会资源的特质，从而在所处的社会情境中做出符合他人期待的行为。形象脸，为迎合某一社会圈内公认的社交容忍度，能在特定的场合按照自己的社会角色进行自我形象的管理，从而在所处的社会情境中做出符合他人期待的行为。运用同样的方法分析面子，面子分为四个维度。虚饰面，个体做出一系列符合他人期待但未必客观真实的行为后，期待他人承认自己所呈现的形象，并使自己在他人心目中的序列地位得到提升，外在表现为社会赞许的程度。名声面，个体做出一系列符合他人期待的行为后，能够产生自尊感与满足感，使自己在他人心目中的序列地位得到提升，外在表现为社会赞许的程度。权威面，个体做出一系列符合他人期待的行为后，他人愿意支持和服从自己，使自己在他人心目中的序列地位得到提升，外在表现为社会赞许的程度。关系面，个体做出一系列符合他人期待的行为后，期望自己拥有利用社会关系、调动社会资源的能力，使自己在他人心目中的序列地位得到提升，外在表现为社会赞许的程度。

二、脸面的文化脉络

如前文所述，本书立足于考察“特定文化中的面子”，而不是考察“跨文化普遍意义的面子”（Eelen，2001；André，2013）。斯托夫（Stover，1962）最早指出，戈夫曼的“面子”既非严格的中国概念，也非严格的西方概念，他认为必须在中国本土语境中探讨“面子”。布朗和列文森的礼貌理论也不能很好地解释特定文化现象，以至于自 20 世纪 80 年代末以来就受到越来越多的批评（Chen，He & Hu，2013）。Gu（1990）指出了中西方的礼貌有不同的内涵。Mao（1994）认为中国人关于面子的话语与实践并不能用积极面子和消极面子来描述，礼貌理论的根本问题在于过度“以自我面子为中心，缺乏足够的灵活性来理解他人的行为”。还有研究认为礼貌理论过分强调“理性行动者”，即行动者会不断地计算个人利益，这种理论假设显然在注重关系和人情的中国文化中并不成立（Ji，2000；Yu，2003）。礼貌理论中强调面子是跨文化概念的基本假设也受到驳斥，因为这忽略了对面子在特定文化中进行充分考察。贾文山对礼貌理论将面子研究的“普遍性置于特殊性之上”给予了批评（Jia，2001b）。丁允珠（1987）的面子协商理论考虑到了文化的特殊性，比如看到了中国文化强调关系的一面，但她所构建的理论模型企图在世界上所有文化中都有解释力，反而使得该模型不能对特定文化进行很好的解释。贾文山认为，“像戈夫曼、布朗和列文森一样，丁允珠并没有将面子和面子功夫的社会功能和实际后果视为特定文化中的作用力”（Jia，2001b）。中国人的心理与行为建立在传统中国文化的延长线上。传统“流淌”于我们的血脉，“栖息”在我们的心智，从而表现出“领域—特异性”（赵志裕、康萤仪，2011）。如果没有厘清脸面背后的文化脉络，就无法真正理解中国人的脸面观。当然，不是所有的文化都可以叫传统文化，真正的传统文化在今天仍持续产生影响。以往已经有不少研究从儒家的角度探讨脸面的文化根源（黄光国，1985；陈之昭，1986；Chang&Holt，1996；Jia，2001b；佐斌，1997；翟学伟，2011，2013）。当然，跟儒家同样属于诸子百家的道家、法家、墨家也对中国思想文化产生了影响，但它们并没有削弱儒家文化的影响力，而是不断与儒家交汇融合，互动补足，形成以儒家为主干的互补结构（许纪霖，2021）。因而，本书在探讨脸面的文化脉络时，主要基于儒家文化，结合传统社会结构，从“名实相怨”的儒学传统、“形式主义”的皇权实践、“情理相融”的国家治理、“道德二元”的整合路径等方面探讨了脸面异质性的文化根源，在此基础上分析了七个脸面维度的文化内核。

本书对于脸面文化脉络的分析主要借助历史文献法和比较法。（1）脸与面子的内在紧张性是由儒家自身的矛盾性，以及儒家价值文化与中国现实文化之间的差距所造成的。儒家的“名实论”产生于名实关系混乱的先秦社会，孔子的“正名”说、孟子的“五伦”及“正名以正政”、荀子的“制名”思想，本身反映出儒学妥协于现实又无法解决现实问题的境况。中央集权社会的到来，并未使名实关系混乱的局面得到改善。传统社会结构呈现“葫芦形”，葫芦的上半截包括最上层的皇权，以及辅助治理国家的官僚系统，下半截包括“士、农、工、商”组成的社会下层。在构建社会制度和社会结构时，儒家难以解释皇权来源的合法性问题，皇权便制造了“宗庙、年号”等形式主义的表演景观，塑造权威崇拜。儒家难以调和中央集权与宗法社会之间的矛盾，导致国家治理面临儒法互补、情理交融的状态，这种国家治理状态形塑了一种特殊的集体意识，让人们认为伦理秩序或规章制度不是用来遵循的，而是供人操纵和利用的，人情与制度需要维持一种微妙的动态平衡。儒家赋予了社会阶层以道德属性，使得其道德伦理向下传播容易遭遇自身的思想壁垒。在“底层秩序的道德二元主义”下，以原本对“君子”的要求来规范“小人”时，非但没有把人们都培养成德才兼备的君子，反倒助长了善于掩饰真情实感的虚假文化，使得人们呈现出“表面的无违”。（2）在儒家文化中占据核心地位的“礼”，以及代表儒家人生价值观的“三不朽”构成了“脸”内涵结构的文化内核。儒家所规范的人伦纲常强调尊卑长幼、亲疏远近，即“尊尊”与“亲亲”原则，可视为“权威面”和“关系面”的基石。然而，关系运作一旦配合等级、权威形成合力，“名声面”和“虚饰面”便会凸显。

三、脸面的心理评估

文化与人心互为表里，互相转化，互相促进，互相作用，人们将文化规范内化，并透过个体的行为，让文化规范巩固和繁衍（赵志裕、康萤仪，2011）。在探索文化心理时，离不开心理测量学。心理测量学能够联结文化、行为与心理，使细化的个体与群体特征研究成为可能（童辉杰，2016）。世界上最早的心理测量学出现在中国，但适用于中国人的心理测量工具并不多，以至于主流的量表几乎都来自西方。这种现象受到“本土心理学”研究者的反思和批评。杨国枢等学者倡导，必须真正研究中国人自己的心理与行为。受到这种思潮的影响，不少华人学者编制了各种原创、本土的心理测量工具，如“中庸”（杨中芳，2014）、“孝道”（杨国枢，2005）、“道家人格”（涂阳军，2007）、“厚黑人格”（汤舒俊、郭永玉，2015）等量表。但也必须看到，对本土概念的构念化研究，有些学者仍然有意或无意地套用西方的个体心理的构念内核（如“知、情、意、行”），这容易使得本土概念沦为西方理论的“套壳”概念而丧失其文化内涵，本书注意避免这方面问题。本书细致讨论了此前的面子测量工具（张妙清、梁觉、张建新，2001；王轶楠，2006；张军华，2008；巩文冰，2013），发现了不少问题，于是在实施严格的脸面内涵结构研究的基础上，借助经典测验理论和项目反应理论，编制了自陈式脸面量表，以便提升评估的有效性。测量主要考察非情境性的、稳定的脸面特质，而不关注情境性、流动性的脸面状态。研究内容的明确为确保测量结果的有效性奠定了基础。本书通过对比和权衡，选择自陈量表法作为中国人脸面的评估形式。测量形式的确定为确保测量结果的科学性做好了准备。脸面量表的编制过程坚持了多元结合原则，经历了专家对于量表结构的审查、个体访谈、开放式问卷、撰写量表题库、预测题本实测和正式实测等环节，实测结束，根据参数结果筛选出最合适的题项，组成了正式量表。

通过量表编制和调查数据分析，可以得出一些有趣的结论。（1）运用项目反应理论进行脸面量表的编制和修订。该理论能够很好地克服经典测验理论存在的一些理论假设与应用实践问题。在函数模型的选择上，本书根据实际情况采用了双参数单维多级评分的项目反应理论模型。对脸面量表进行编制和修订后，最终量表满足单维性假设、局部独立性假设，拥有较好的模型拟合情况；七个维度各个题项的区分度、难度等参数全部在可接受范围内；项目特征曲线和项目信息曲线均表明各个题项有较好的测量有效性；脸面量表的七个维度的测验信息量均达到良好的状态。基于项目反应理论，脸面量表具有较好的有效性。(2) 运用经典测验理论对脸面量表进行验证。鉴于项目反应理论在脸面测量工具的开发中运用较少，本书还运用了常见的经典测验理论实施量表验证。题总相关及临界比率分析表明，量表所有项目都具有较好的区分度。脸面量表各维度的内部一致性系数均在可接受的范围，每个项目均对量表的信度有贡献。所有项目均处于其预测的内容或行为特质范围内，这表明量表具有较高的内容效度。验证性因子分析表明，脸面量表的拟合指标均处于合理区间，这表明量表具有较好的结构效度。将梁觉和张建新(2001) 编制的《华人人格量表》中的“面子”分量表，以及王轶楠 (2006) 编制的《大我争面子导向量表》作为效标量表，各维度得分和效标间的相关均达到了显著性水平，这表明量表拥有较好的效标关联效度。通过认真地编制、修订和验证表明，脸面量表显示出较好的测量性质。

四、脸面的社会表征

文化服从于社会和个体的需要，而文化的创造和传承又必须依赖人们的社会活动完成，文化便受到社会和个人心理需求的制约。社会也会透过文化传递约束个体的行为。面子是规范中国人社会交往的最微妙的行为法则（林语堂，2018）。脸面有力塑造了中国人的社会阐释模式和社会行动方式(Hinze，2005)。面子帮助中国人“安排他们的日常生活，影响他们彼此互动的方式，将传统哲学思想精妙地融入日常生活领域”（Chang & Holt，1994）。中国人的社会生活总是与脸面形影相随，很多研究者都将脸面作为分析社会和个人行为的关键概念（Haugh & Bargiela-Chiappini，2010）。但这并不表明，脸面特质在中国社会呈现出千篇一律的特性。中国社会本身具有多元复合的风貌。个体的思想、言语和行为方式都受到多文化、多群体成员身份的微妙影响（吴莹，2016；陶水平，2019）。因而，本书考察了所建构的脸面模型是否在文化内各群体间有共同的心理表征。先后探讨脸面在各类群体间的“质的差异”和“量的差异”。跨群有效性的验证旨在解决脸面在各类群体间“质的差异”的问题，项目功能偏差检验是解决跨群有效性的有效方法。之后再作脸面的群际差异检验，即“量的差异”。此外，在讨论脸面的社会表征时，不得不考虑中国人心理与行为模式的特殊性。在中西方的比较研究中，费孝通 (2015) 以“差序格局”对应“团体格局”，许烺光 (2017) 以“情境中心”对应“个人中心”，利维 (Marion J. Levy) (1992) 以“家族取向”对应“个人取向”等。中国社会重血缘、讲关系、论等级，个人的行为往往不是由自己的真实意愿所引导的，而是由满足他人期望的必要性所决定的。与脸面相关的心理表征只有体现在关系网络与人际互动中，才能形成与脸面相关的社会行动。因而，本书考察了脸面与个体网络的关系。

脸面的社会表征的考察主要采用问卷调查法。(1) 量表跨群有效性的验证。问卷或者量表的项目功能差异问题越来越受到学者们的关注。当题项层面的项目功能偏差较多，较为严重时，可能出现量表及分量表的测量功能偏差，导致某个群组的调查缺乏有效性，或者调查结果在群组间不能实施有效对比。性别、年龄、城乡属性、教育状况、地域上的不同，并未造成脸面量表的项目功能差异；脸面量表有 9 个题项在有宗教信仰和无宗教信仰群组间存在项目功能偏差。脸面现象的文化根源在于儒家文化，生成场域在于农业社会的世俗生活。脸面可以说是"入世"精神的体现，而与宗教的"出世"精神截然不同。我们可以认为，宗教因素影响了脸面的跨群有效性，这表明信众与非信众在脸面相关的心理表征上存在一些本质差异。(2) 脸面的群体差异。本书同时基于经典测验理论和项目反应理论进行了量表（分维度）的分数合成。前者采取了原始分均值的方法进行计算，后者采取贝叶斯估计法。调查分析表明，脸面及子维度在不同的性别、年龄、户籍、教育状况之间存在微妙差异。女性在"德操"维度的得分显著高于男性；城镇地区的人在"脸"和"面子"分量表上的得分都高于农村地区的人；中年人在"脸"量表上得分最高，老年人在"面子"量表上得分最高，年轻人在"脸"和"面子"分量表上得分都比中老年人低；接受过高等教育的人比未接受过高等教育的人在"脸"上得分明显更高（前者在"本事""形象"维度的得分显著高于后者），接受过高等教育的人在"面子"的"虚饰"维度上得分也更高。总体来看，脸面在中国人中显示出一种文化统合与文化认同。(3) 脸面与个体网络特征的关系。社会网络可以呈现人际关系或人际互动的结构属性。调查结果表明，脸与网络中心度有更强的正向关系，而面子与网络规模、关系强度和异质性有更强的正向关系。具体而言，德操与关系强度呈显著正相关，但与网络规模、中心度和异质性没有显著的正向关系；"本事"与中心度呈显著正相关，与网络规模、关系强度和异质性没有显著的正向关系；"形象""名声"均能正向预测个体网络四个维度；"虚饰"能够正向预测网络规模、关系强度和异质性，但与中心度没有显著的正向关系；权威能够正向预测网络规模、中心度和关系强度，但与异质性没有显著的正向关系；关系能够正向预测网络规模和关系强度，但与中心度和异质性没有显著的正向关系。研究结论显示了脸面与个体网络特征双向建构的关系，同时也在一定程度上验证了脸面异质性的存在。

第二节　主要创新之处

按照杜瓦斯（2011）关于社会心理学解释水平的划分，以往出现的各种解释水平的脸面研究，有些侧重个体内水平，即最为微观也最为心理学化的解释水平（佐斌，1997；Buckley，Clegg & Tan，2006；韩贵香，2012）；有些侧重人际与情景水平，关注在给定的情景中所发生的人际交往过程（Bao，Zhou & Su，2003；Somogyi et al.，2011；Chen et al.，2019）；也有些研究侧重群体内水平，关注社会行动者在社会位置中的情景差异（段宜祥、林育纬，2015；毛磊，2018）；还有研究侧重群际水平，这是最为宏观也最为社会学化的解释水平（景晓强，2007；吴飞，2009）。本书并不局限于特定的解释水平，致力于推进对脸面这一社会实在的整体把握和解释。在认真参考借鉴前人关于脸面的研究视角、方法和理论的基础上，也努力地做出一些创新。(1) 把实证研究与本土研究的"脉络观"结合起来，力求避免简单地嫁接、拼凑和复制西方的研究，努力发现和深化自己的问题；拓展了儒家文化对于中国人心理与行为影响的研究，也利用了社会科学的多元性来补充哲学与史学对于儒家文化的研究。(2) 细化了对于脸面概念的理解。通过构念化明确了脸面的多重维度，将有助于研究者在社会认知和情感层面更好地对面子进行操作化研究（Ting-Toomey & Cocroft，1994），也便于提供"更加细致和复杂的分析"（Haugh，2013）。本书在充分参考词汇学途径的基础上，设计了适合研究脸面构念化的路线。(3) 为脸面的实证研究提供了更有效的工具。从近年来的实证研究资料来看，定量研究多于定性研究，而在定量研究中问卷调查法最为常用，这无疑需要高质量的脸面测量工具进行辅助。现有的脸面测量工具还存在很多值得改进的地方，比如，虽然脸和面子存在异质性，但实证研究中只有"面子"的测量，没有"脸"的测量；以往的面子量表或问卷的编制主要是基于经典测验理论，但经典测验理论已经受到越来越多的质疑。本书从构念和方法上突破过去面子测量工具的局限性，构建更为复杂的脸面模型，基于项目反应理论进行量表编制，努力提高测量的科学性和有效性。总之，本书希望通过探讨脸面的相关问题，助力拓展本土社会科学研究，为构建我国社会科学的理论话语体系尽绵薄之力。

第三节　可供开拓的议题

本书可为该领域提供以下可供开拓的议题：（1）理论研究方面。本书着重考察了脸面的特质性，对其情境性考察不够。情境性反映了脸面现象的丰富性与复杂性。在今后的实证研究中，可以将特质性与情境性因素同时融入研究框架中，以便更加有效地考察脸面在中国人心理与行为的生成机制和效应机制。还可以实施脸面的世代对比研究。本书的调查研究主要来自当下的历史截面，虽然涉及了脸面量表在不同年龄段的跨群有效性，以及各年龄群体的差异对比，但是代际对比上并没有深入下去，对于各个时代脸面现象的微妙变化缺少精细的刻画。今后的研究中，需要更深入的横向与纵向研究来回答相关问题。本书中定性研究与个体研究较少，可以使用历史文献法对典型人物进行个案分析。在个体微观层面，可以关注脸面的情绪与认知神经研究，利用一些生理和神经评价指标。（2）在应用研究方面，与理论研究相比，脸面的应用研究比较活跃，但仍有不少相关课题值得深入探讨。例如，在心理咨询工作中，如何关照来访者的脸面心理，降低来访者的防御心理，帮助他们解决生活中面子带来的认知与情绪困扰。在人力资源管理与组织行为研究中，在考察岗位胜任特质、人岗匹配、团队动力等问题时，可将脸面因素纳入考察范围。在市场营销的研究中，如何利用而不滥用顾客的脸面心理，树立品牌形象，提升顾客忠诚度；在社会治理中，如何减少面子消费，杜绝面子工程，这些应用性问题还需要继续探讨。在社会科学的因素研究中，脸面不应仅仅是一个影响变量，还可以成为一种视角，一条剖析问题的路径。

主要参考文献

［1］蔡毅、伊相如：《幻想的太阳：民族宗教与文学》，昆明：云南人民出版社 1992 年版。

［2］陈鼓应：《春蚕吐丝——殷海光最后的话语》，北京：中华书局 2019 年版。

［3］陈瑛：《中国古代道德生活史》，北京：中国社会科学出版社 2012 年版。

［4］陈蕴茜：《崇拜与记忆：孙中山符号的建构与传播》，南京：南京大学出版社 2009 年版。

［5］陈之昭：《面子心理的理论分析与实际研究》，载杨国枢主编《中国人的心理》，台北：桂冠图书公司 1988 年版。

［6］仇立平：《社会研究方法（第 2 版）》，重庆：重庆大学出版社 2015 年版。

［7］戴海琦：《心理测量学》，北京：高等教育出版社 2010 年版。

［8］丁树良、罗芬、涂冬波等：《项目反应理论新进展专题研究》，北京：北京师范大学出版社 2012 年版。

［9］丁毅伟：《隐喻 · 文化 · 认知》，南京：南京大学出版社 2018 年版。

［10］范明林、吴军、马丹丹：《质性研究方法》，上海：格致出版社、上海人民出版社 2018 年版。

［11］范瑞平：《当代儒家生命伦理学》，北京：北京大学出版社 2011 年版。

［12］费孝通：《中国士绅》，北京：外语教学与研究出版社 2011 年版。

［13］费孝通：《乡土中国》，北京：人民出版社 2015 年版。

［14］费孝通：《文化与文化自觉》，北京：群言出版社 2016 年版。

［15］费孝通、吴晗等：《皇权与绅权》，上海：华东师范大学出版社 2015 年版。

[16] 风笑天：《社会研究方法（第五版）》，北京：中国人民大学出版社 2018 年版。

[17] 冯契：《中国哲学通史简编》，上海：生活・读书・新知三联书店 2019 年版。

[18] 冯友兰：《中国哲学简史》，北京：北京大学出版社 2012 年版。

[19] 傅雷：《傅雷家书》，西安：陕西师范大学出版社 2018 年版。

[20] 顾海根：《心理与教育测量》，北京：北京大学出版社 2008 年版。

[21] 菅志翔：《族群归属的自我认同与社会定义：关于保安族的一项专题研究》，北京：社会科学文献出版社 2017 年版。

[22] 胡适：《先秦名学史》，合肥：安徽教育出版社 2006 年版。

[23] 霍然：《牌桌上的区块链》，北京：中信出版集团 2019 年版。

[24] 金龙：《中国式面子学》，北京：台海出版社 2012 年版。

[25] 孔子：《大学・中庸》，王文锦译注，北京：中华书局 2008 年版。

[26] 孔子：《论语》，陈晓芬译注，北京：中华书局 2016 年版。

[27] 孔子：《礼记》，胡平生、张萌译注，北京：中华书局 2017 年版。

[28] 孔子：《周易经传》，李申编译，北京：中华书局 2018 年版。

[29] 老舍：《面子问题》，载老舍《老舍文集（第十卷）》，北京：人民文学出版社 1986 年版。

[30] 雷戈：《秦汉之际的政治思想与皇权主义》，上海：上海古籍出版社 2011 年版。

[31] 黄仁宇：《黄河青山：黄仁宇回忆录》，上海：生活・读书・新知三联书店 2015 年版。

[32] 李宏贵、谢峰：《社会资本与企业创新能力：内外差异性的视角》，北京：机械工业出版社 2017 年版。

[33] 李零：《去圣乃得真孔子》，上海：生活・读书・新知三联书店 2008 年版。

[34] 梁启超：《梁启超修身三书》，上海：上海古籍出版社 2018 年版。

[35] 梁漱溟：《中国文化要义》，上海：上海人民出版社 2005 年版。

[36] 林语堂：《吾国与吾民》，黄嘉德译，长沙：湖南文艺出版社 2018 年版。

[37] 刘禾：《跨语际实践：文学、民族文化与被译介的现代性》，上海：生活・读书・新知三联书店 2017 年版。

[38] 刘禾：《语际书写：现代思想史写作批判纲要》，桂林：广西师范大学出版社 2017 年版。

［39］刘军：《整体网分析：UCINET 软件实用指南（第二版）》，上海：上海人民出版社 2014 年版。

［40］刘瑞琳：《温故（之五）》，桂林：广西师范大学出版社 2005 年版。

［41］刘泽华：《八十自述：走在思考的路上》，上海：生活·读书·新知三联书店 2017 年版。

［42］鲁迅：《且介亭杂文》，沈阳：万卷出版公司 2016 年版。

［43］罗家德：《社会网分析讲义（第二版）》，北京：社会科学文献出版社 2010 年版。

［44］毛磊：《面子和风险态度的经济学分析》，北京：北京师范大学出版社 2018 年版。

［45］孟子：《孟子译注》，杨伯峻译注，北京：中华书局 2010 年版。

［46］牟宗三：《中国哲学十九讲》，上海：上海古籍出版社 2005 年版。

［47］潘光旦：《中国人的性格》，海口：海南出版社 1998 年版。

［48］彭兆荣：《饮食人类学》，北京：北京大学出版社 2013 年版。

［49］任晓润：《牟宗三哲学与文化论集》，南京：南京大学出版社 2010 年版。

［50］钱理群：《话说周氏兄弟》，济南：山东画报出版社 1998 年版。

［51］萨孟武：《红楼梦与中国旧家庭》，桂林：广西师范大学出版社 2005 年版。

［52］苏力：《大国宪制：历史中国的制度构成》，北京：北京大学出版社 2018 年版。

［53］汤一介：《在儒学中寻找智慧》，北京：中国人民大学出版社 2015 年版。

［54］陶水平：《文化研究的学术谱系与理论建构》，北京：社会科学文献出版社 2019 年版。

［55］涂阳军：《道家人格：概念、测量、功能与反思》，北京：中国社会科学出版社 2012 年版。

［56］万崇华、许传志：《调查研究方法与分析》，北京：中国统计出版社 2016 年版。

［57］王登峰：《解读中国人的人格》，北京：中国社会科学文献出版社 2005 年版。

［58］王剑：《别让面子害了你：人际关注处世之道》，成都：成都时代出版社 2014 年版。

［59］王小章：《中国社会心理学》，杭州：浙江大学出版社 2008 年版。

［60］王永彬、张德建：《围炉夜话》，北京：中华书局 2014 年版。

［61］温方伊：《蒋公的面子》，南京：南京大学出版社 2013 年版。

［62］吴思：《潜规则：中国历史中的真实游戏》，昆明：云南人民出版社 2001 年版。

［63］吴莹：《文化、群体与认同：社会心理学的视角》，北京：社会科学文献出版社 2016 年版。

［64］吴莹、韦庄旺、邹智敏：《文化与社会心理学》，北京：知识产权出版社 2017 年版。

［65］熊逸：《春秋大义：中国传统语境下的皇权与学术》，桂林：广西师范大学出版社 2007 年版。

［66］熊逸：《王阳明——一切心法》，北京：北京联合出版公司 2016 年版。

［67］熊逸：《熊逸书院：中国思想经典讲稿》，北京：北京联合出版有限责任公司 2020 年版。

［68］许纪霖：《家国天下：现代中国的个人、国家与世界认同》，上海：上海人民出版社 2017 年版。

［69］许纪霖：《脉动中国——许纪霖的 50 堂传统文化课》，上海：生活·读书·新知三联书店 2021 年版。

［70］荀子：《荀子》，方勇等译注，北京：中华书局 2011 年版。

［71］颜之推：《颜氏家训》，檀作文译注，北京：中华书局 2016 年版。

［72］杨国枢：《中国人的心理》，南京：江苏教育出版社 2005 年版。

［73］杨国枢：《中国人的蜕变》，北京：中国人民大学出版社 2013 年版。

［74］杨懋春：《一个中国村庄：山东台头》，南京：江苏人民出版社 2012 年版。

［75］杨中芳：《如何研究中国人：心理学研究本土化论文集》，重庆：重庆大学出版社 2009 年版。

［76］于阳：《江湖中国》，北京：当代中国出版社 2006 年版。

［77］余英时：《现代儒学的回顾与展望》，上海：生活·读书·新知三联书店 2012 年版。

［78］余英时：《余英时文集（第二卷）：中国思想传统及其现代变迁》，桂林：广西师范大学出版社 2014 年版。

［79］袁方：《社会研究方法教程》，北京：北京大学出版社 2013 年版。

［80］翟锦程：《先秦名学研究》，天津：天津古籍出版社 2005 年版。

［81］翟学伟：《中国人行动的逻辑》，北京：社会科学文献出版社 2001 年版。

［82］翟学伟：《中国社会中的日常权威：关系与权力的历史社会学研究》，北京：社会科学文献出版社 2004 年版。

［83］翟学伟：《中国人的脸面观：形式主义的心理动因与社会表征》，北京：北京大学出版社 2011 年版。

［84］翟学伟：《中国人的关系原理：时空秩序、生活欲念及其流变》，北京：北京大学出版社 2011 年版。

［85］翟学伟：《人情、面子与权力的再生产》，北京：北京大学出版社 2005 年版。

［86］翟学伟：《中国人的日常呈现：面子与人情的社会学研究》，南京：南京大学出版社 2016 年版。

［87］张昌华：《百年风度：文化名人的背影》，桂林：广西师范大学出版社 2012 年版。

［88］张慧：《羡慕嫉妒恨：一个关于财富观的人类学研究》，北京：社会科学文献出版社 2016 年版。

［89］张积家等：《民族心理学》，上海：华东师范大学出版社 2019 年版。

［90］张灵芝：《话语分析与中国高等教育变迁》，北京：清华大学出版社 2015 年版。

［91］张文彤、董伟：《SPSS 统计分析高级教程》，北京：高等教育出版社 2013 年版。

［92］赵秉志：《死刑改革之路》，北京：中国人民大学出版社 2014 年版。

［93］赵克斌：《超越转型：中国与中东欧的社会变迁》，北京：社会科学文献出版社 2016 年版。

［94］赵旭东等：《城乡中国：深入探究城乡关系视野下的理想中国》，北京：清华大学出版社 2018 年版。

［95］赵志裕、康萤仪：《文化社会心理学》，北京：中国人民大学出版社 2011 年版。

［96］郑立华：《交际与面子博弈：互动社会语言学》，上海：上海外语教育出版社 2012 年版。

［97］［德］马克斯·韦伯：《经济与社会》，林荣远译，北京：商务印书馆 1997 年版。

［98］［德］马克斯·韦伯：《韦伯作品集（卷三）：支配社会学》，康乐、简惠美译，桂林：广西师范大学出版社 2004 年版。

[99] [法] 布迪厄：《实践感》，蒋梓桦译，南京：译林出版社 2012 年版。

[100] [美] 福山：《信任：社会美德与创造经济繁荣》，郭华译，桂林：广西师范大学出版社 2016 年版。

[101] [美] 麦坚泰、米勒：《心理测量（第 2 版）》，骆方、孙晓敏译，北京：中国轻工业出版社 2009 年版。

[102] [美] 明恩溥：《中国人的性格》，陶林、韩利利译，南京：江苏文艺出版社 2017 年版。

[103] [美] 贾雷德·戴蒙德：《枪炮、病菌与钢铁》，上海：上海译文出版社 2006 年版。

[104] [美] 理查德·尼斯贝特：《思维版图》，北京：中信出版集团 2017 年版。

[105] [美] 罗伯特·M. 卡普兰、丹尼斯·P. 萨库佐：《心理测验：原理、应用和争论》，陈国鹏、席居哲等译校，上海：上海人民出版社 2010 年版。

[106] [英] 麦高温：《中国人生活的明与暗》，朱涛、倪静译，北京：中华书局 2006 年版。

[107] 单冠桦：《大学生社会网络对其创业知识获取的影响研究》，山西财经大学 2016 年硕士论文。

[108] 傅绪荣：《面子交换现象的理论与实证研究》，江西师范大学 2014 年硕士论文。

[109] 巩文冰：《大学生面子作为问卷的编制及特点研究》，西南大学 2013 年硕士论文。

[110] 姜萍：《大学生社会网络、创业警觉性与创业机会识别的关系研究》，吉林大学 2015 年硕士论文。

[111] 李春玲：《面子心理及其与自我和谐的关系》，华中师范大学 2008 年硕士论文。

[112] 梁丹：《婴儿羞耻情绪的发生研究》，辽宁师范大学 2012 年硕士论文。

[113] 刘晓露：《中英商务邮件中面子策略的性别差异研究》，天津商业大学 2015 年硕士论文。

[114] 吕小康：《社会转型与秩序变革：潜规则盛行的社会学阐释》，南开大学 2009 年博士论文。

[115] 马庆林：《中国面子文化与法律语言："博弈—互补"范式》，陕

西师范大学 2018 年博士论文。

［116］王胜利：《基于语料库的当代汉语剧本中作为面子威胁行为的请求拒绝策略研究》，上海外国语大学 2011 年博士论文。

［117］王晓婧：《基于印象管理的汉语机构话语交际面子研究》，东北师范大学 2015 年博士论文。

［118］王轶楠：《为大我争面子：探究中国人的自我增强》，中山大学 2006 年博士论文。

［119］王颖：《基于高等教育影响的个人就业能力研究》，大连理工大学 2006 年硕士论文。

［120］王影：《基于经典测量理论和项目反应理论的中文版肌肉骨骼功能评估简表的评价》，南方医科大学 2015 年博士论文。

［121］宝贡敏、赵卓嘉：《面子需要概念的维度划分与测量——一项探索性研究》，载《浙江大学学报（人文社会科学版）》2009 年第 2 期，第 82-90 页。

［122］常涛、刘智强、王艳子：《绩效薪酬对员工创造力的影响研究：面子压力的中介作用》，载《科学学与科学技术管理》2014 年第 35 卷第 9 期，第 171-180 页。

［123］陈昊、李文立、陈立荣：《组织控制与信息安全制度遵守：面子倾向的调节效应》，载《管理科学》2016 年第 3 期，第 1-12 页。

［124］程碧英：《文化象征的符号——〈论语〉中“君子”与“小人”文化现象探析》，载《四川师范大学学报（社会科学版）》2001 年第 2 期，第 19-22 页。

［125］丁香桃：《信任与秩序：从传统社会到现代社会》，载《江西社会科学》2009 年第 5 期，第 79-88 页。

［126］董泽芳、陈新忠：《高等教育分流影响社会分层流动的实证研究》，载《华中师范大学学报（人文社会科学版）》2013 年第 5 期，第 147-154 页。

［127］窦刚、黄希庭：《当代大学生自比型价值观数据的潜在结构》，载《心理科学》2006 年第 6 期，第 1331-1335 页。

［128］付伟：《城乡融合发展进程中的乡村产业及其社会基础——以浙江省 L 市偏远乡村来料加工为例》，载《中国社会科学》2018 年第 6 期，第 71-90 页。

［129］耿亮、竺培梁：《情绪智力量表（EIS）中文版的项目功能差异分析》，载《外国中小学教育》2008 年第 9 期，第 42-46 页。

[130] 郭汉民、袁洪亮：《近代中国国民性改造思潮简论》，载《广东社会科学》2000 年第 6 期，第 93-97 页。

[131] 郭怡、刘钒、朱秋锦：《传统性、现代性家庭价值观对职业流动影响的实证研究——基于 CGSS 2015 数据》，载《湖北社会科学》2020 年第 4 期，第 35-43 页。

[132] 黄飞：《尊严：自尊、受尊重与尊重》，载《心理科学进展》2010 年第 7 期，第 1136-1140 页。

[133] 黄光国：《互助论与社会交易社会心理学本土化的方法论问题》，载《本土心理学研究》1993 年第 2 期，第 94-142 页。

[134] 黄荣贵、桂勇：《社会网络规模的影响因素：不同估计方法的比较》，载《社会学研究》2010 年第 4 期，第 107-125 页。

[135] 李文利：《高等教育之于学生发展：能力提升还是能力筛选?》，载《北京大学教育评论》2010 年第 1 期，第 8-22 页。

[136] 刘林平：《企业的社会资本：概念反思和测量途径——兼评边燕杰、丘海雄的〈企业的社会资本及其功效〉》，载《社会学研究》2006 年第 2 期，第 204-216 页。

[137] 龙佳解、张叶寒：《儒学——在人际关系中的自我转换之学——评杜维明对孔子的“仁学”的诠释》，载《求索》2003 年第 1 期，第 146-149 页。

[138] 罗诗钿：《论“耻”的文化向度与价值呈现》，载《船山学刊》2014 年第 1 期，第 83-90 页。

[139] 吕涛：《社会资本的网络测量——关系、位置与资源》，载《广东社会科学》2012 年第 1 期，第 233-239 页。

[140] 刘文、边玉芳、陈玲丽等：《马洛-克罗恩社会赞许性量表在跨文化研究中的项目功能偏差检验》，载《心理科学》2010 年第 6 期，第 1473-1476 页。

[141] 沈毅：《人际交往中的名与实——论面子功夫中的断裂》，载《学术论文》2003 年第 4 期，第 127-130 页。

[142] 施卓敏、郑婉怡、邝灶英：《中国人面子观在 RM 和 FM 模型中的测量差异及其对绿色产品偏好的影响研究》，载《管理学报》2017 年第 8 期，第 1208-1218 页。

[143] 时中：《中国传统伦理社会与臣民道德研究》，载《辽宁大学学报（哲学社会科学）》2004 年第 2 期，第 82 页。

[144] 史达：《关系、面子与创业行为：社会资本视角的研究》，载《财

经问题研究》2011年第328卷第3期，第34-40页。

［145］宋明爽：《伦理、道德之别与中西文化的不同路径》，载《山东社会科学》2002年第3期，第129-132页。

［146］宋晓兵：《感知面子对行为意向影响的跨文化比较研究》，载《预测》2012年第31卷第4期，第9-14页。

［147］王恩界、乐国安：《东西方文化背景下的道德观差异——来自于文化心理学视角的分析》，载《道德与文明》2006年第2期，第41-45页。

［148］王颂、解蕴慧、马力：《中国员工基于组织自尊的内容探析：概念构图法的应用》，载《心理科学》2014年第1期，第146-149页。

［149］王艳子、罗瑾琏、李倩：《“面子”文化情境下团队领导外部社会网络对团队创造力的影响》，载《中国科技论坛》2016年第3期，第145-149页。

［150］王轶楠、杨中芳：《小我争（护）面子与大我争面子导向之关系的探讨》，载《西南大学学报（社会科学版）》2007年第6期，第20-27页。

［151］夏柱智、贺雪峰：《半工半耕与中国渐进城镇化模式》，载《中国社会科学》2017年第12期，第117-208页。

［152］谢天、俞国良：《社会转型：当代中国社会心理特征嬗变及其走向》，载《河北学刊》2016年第3期，第166-171页。

［153］熊红星、张璟、叶宝娟等：《共同方法变异的影响及其统计控制途径的模型分析》，载《心理科学进展》2012年第5期，第757-769页。

［154］徐水晶：《大学文凭与中国社会的分层固化》，载《安徽师范大学学报（人文社会科学版）》2014年第6期，第8页。

［155］燕良轼、姚树桥、谢家树等：《论中国人的面子心理》，载《湖南师范大学教育科学学报》2007年第6期，第119-126页。

［156］阳辉、车宏生、卞冉：《分数合成：测评中不可忽视的重要环节》，载《中国人才》2008年第5期，第49-51页。

［157］杨继平、郑建君：《运用MDS对明清晋商组织管理结构的分析》，载《心理与行为研究》2006年第4期，第258-263页。

［158］杨宜音：《关系化还是类别化：中国人“我们”概念形成的社会心理机制探讨》，载《中国社会科学》2008年第4期，第149-159页。

［159］杨中芳：《现代化、全球化是与本土化对立的吗？——试论现代化研究的本土化》，载《社会学研究》1999年第1期，第57-72页。

［160］叶红心、张朋柱：《社会面子与合作博弈》，载《管理工程学报》2003年第17卷第2期，第1-4页。

[161] 余秀兰：《教育还能促进底层的升迁性社会流动吗》，载《高等教育研究》2014 年第 7 期，第 9-15 页。

[162] 喻丰、许丽颖：《中国人的道德结构：道德差序圈》，载《南京师大学报（社会科学版）》2018 年第 6 期，第 65-74 页。

[163] 翟学伟：《中国人际心理初探："脸"与"面子"的研究》，载《江海学刊》1991 年第 4 期，第 74-93 页。

[164] 翟学伟：《中国人的脸面观：有关其向度的若干假设》，载《本土心理学研究》1994 年第 2 期，第 338-348 页。

[165] 张涛：《汉代"以孝治天下"的德化作用》，载《人民论坛》2017 年第 33 期，第 140-142 页。

[166] 赵守盈、郭海辉、潘运等：《当代大学生职业兴趣结构特征研究》，载《心理科学》2011 年第 3 期，第 761-766 页。

[167] DeMars C, "Item response theory", New York: Oxford University Press, 2010.

[168] Eelen, G, "A Critique of Politeness Theories", Manchester: St Jerome Publishing, 2001.

[169] Embretson SE, Reise SP, "Item response theory for psychologists", Mahwah, NJ Lawrence Erlbaum, 2000.

[170] Filieri R, Lin Z, "Computers in human behavior the role of aesthetic , cultural , utilitarian and branding factors in young Chinese consumers repurchase intention of smartphone brands", Computer Human Behaviour, 2017(67): 139-150.

[171] Fletcher CV, Nakazawa M, Chen Y W, et al. , "Establishing cross-cultural measurement equivalence of scales associated with face-negotiation theory: a critical issue in cross-cultural comparisons", Journal of International and Intercultural Communication, 2014, 7 (2): 148-169.

[172] FraleyRC, Waller NG, Brennan KA. , "An item response theory analysis of self- report measure of attachment", Journal of Personality and Social Psychology, 2000, 78 (2): 350-365.

[173] Fteagans R, Zuckerman E, "Networks, diversity and performance: The social capital of R&D units", Organization Science, 2001 (12): 502-517.

[174] Buckley PJ, Clegg J, Tan H, "Cultural awareness in knowledge transfer to China — the role of guanxi and mianzi", Journal of World Business, 2006 (41): 275-288.

[175] Chang WM, "Emotivity and face: Displaying and soliciting emotivity

in Chinese mediation interactions", Lingua, 2018 (213): 43-62.

[176] Zhou L, Zhang SJ, "How face as a system of value-constructs operates through the interplay of mianzi and lian in Chinese: a corpus-based study", Language Sciences, 2017 (64): 152-166.